とことん
わかりやすく
解説した
中学3年分の英語

長沢寿夫
Toshio Nagasawa

はじめに

　最近、英語の教科書では、This is a pen.(これはペンです。) のような英語を習うことがなくなりましたが、昔は、ほとんどの教科書の一番最初に載っている英語が、This is a pen.でした。

　大人の人がよく「This is a pen.から始まる教科書で英語を習ったから、私たちは英語が話せない」と言う人がいますが、それは言い過ぎだと思います。

　確かに、最近の英語の教科書では、実際に役に立つ表現から習うようになっていますが、これはまるで土台のないところに家を建てるようなものです。役に立つ表現を覚えるだけでは、自分の意思を相手に伝えることはできません。

　言葉は、色々な文や単語の組合せで成り立っており、その時によって、また人によって、言い方が違ってくるのです。

　言葉は生き物のように動くのです。決まり表現だけを覚えるのは、得な勉強の仕方ではないのです。

　この本を読んでくださっているあなたには、ぜひこのことを知っていただきたいのです。この本は、**文法を理解するための方法と覚えると役に立つ表現の2本立てになっています。**

　英語の力をつけたかったら、私の言うことに耳を傾けてください。

❶　英文法をしっかり理解してください。

❷　英文法が理解できたら、その時はじめて覚えなければならない英文があれば、完全に覚えてください。

❸　英文法がわかるようになったら、そこではじめて決まり文句をいっぱい覚えてください。この本の中には、ぜひとも覚えていた

だきたい表現がたくさんのせてあります。

　決まり文句であっても英文法にしたがって英文ができているはずなので、英文法をよく理解していると、ただ単に丸暗記するよりも速く暗記できますし、忘れにくいのです。

❹　知っている英語が増えてくれば、英語を聴き取りやすくなってきます。知らない英語は基本的には聴き取れません。

　文法をまったく知らなかったら、いくら英単語を覚えていても英語そのものは、なかなかわかるようになりません。

　ある程度の英語を覚えられたら、できるだけたくさんの英語を毎日聴いてください。

❺　聴くことができるようになってきたら、徐々に英語が話せるようになってきます。

　これは、はじめは単語しか聴き取れなかったものが、文章で聴き取れるようになったために、聴き取れるものを使って話すことができるようになるためです。

❻　もしあなたが英語で話したいと思っているならば、英語を日本語に訳す勉強よりも、日本語を英語に訳す勉強に時間をかけてください。そして、徐々に日本語を忘れて、英語だけを使うようにしてください。よく使う表現はいつの間にか日本語がなくても英語で言えるようになるからです。以上の❶～❻で私が説明したやり方を信じて勉強を続けてください。

最後に私の好きな言葉を贈ります。
「独学には土曜も日曜もない」

　　　　　　　　　　　　　　　　　　　　　　　　　　長沢寿夫

とことんわかりやすく解説した中学3年分の英語 ●目次

第1章　冠詞と代名詞の関係について—13

1　a、this、that、the の使い分け—14
2　This is a picture.と This is the picture.の意味の違い—16
3　A Ms. Wada と Ms. Kaoru Wada の意味の違い—20
4　a cup of と a glass of の使い分け方—22

第2章　数えられる名詞と数えられない名詞—25

1　hair と a hair と hairs の使い分け方—26
2　「私はナシが好きです。」と「私はスイカが好きです。」を英語で表す方法—28
3　fruit（くだもの）と vegetables（野菜）の使い方—37
4　a piece of の使い方—44
5　a pair of の使い方—47
6　set（セット）、pack（パック）、group（グループ）の使い方—49

第3章　時制について—51

1　時制について—52
2　現在時制について—53
3　be 動詞と一般動詞について—54
4　一般動詞とはどんなものか—55
5　過去時制とよく間違える現在時制—57
6　現在進行形にできない動詞について—61
7　have a cold と catch a cold の使い分け方—69
8　[現在、過去、未来、現在完了] 進行形について—72
9　楽しくなる現在進行形の表現—77
10　過去進行形で使われる便利な表現—81
11　2種類のタイプがある疑問詞の使い方—82
12　同じ意味を表す現在完了形と現在完了進行形—87
13　現在完了の4つの用法—88

14 継続と経験を表す I have lived in Tokyo for three years.—89
15 has been to と has gone to について—90
16 経験を表す Have you ever～？と Did you ever～？—93
17 現在完了の結果用法と過去形との違いについて—95
18 継続用法と結果用法について—96
19 疑問文の作り方について—98
20 現在完了の決まり文句—100
21 yet と already、not yet と still not の意味の違いについて—101

第4章 命令文について—107

1 命令文について—108
2 be 動詞からはじまる命令文について—112
3 否定命令文について—116

第5章 強調について—127

1 「本当に」または「私が言っていることは本当ですよ」を表す方法—128
2 強調の do を使って命令文を作ることができる—134

第6章 アクセントについて—137

1 アクセントについて—138
2 名詞＋名詞の場合のアクセントについて—139
3 同じ英語でもアクセントの位置によって意味がかわることがある—141

第7章 感嘆文について—143

1 感嘆文について—144
2 感嘆文の How と What を使い分ける方法—146
3 How を使う疑問文と感嘆文について—149
4 What＋a または an＋名詞！のパターン—153
5 What といっしょに使う数えられる名詞と数えられない名詞—154
6 形容詞を使って感嘆の意味を表す方法—160

第8章　There is ［are］〜.構文について—169

1. There is ［are］〜.構文について—170
2. There is〜.と There is〜！の使い分け方—173
3. coin と money の使い方に注意—175
4. no と not any、few と a few と some の使い方—177
5. There is A in B.と B has A.の正しい使い方—179
6. There を強く発音するときはどんなときなのか—182
7. There is A in B.を使った便利な英語表現—190
8. There is something＋形容詞＋about Judy.を使った表現—191
9. There is ［are］〜.構文の成り立ちについて—197

第9章　Here is ［are］〜.構文について—205

1. Here is〜.の構文について—206

第10章　here と there を使った決まり文句について—209

1. There is〜.構文と Here is〜.構文を整理しましょう—210

第11章　助動詞について—217

1. 助動詞について—218
2. 否定文と疑問文の公式の使い方を覚えましょう—220
3. can と be able to の使い方—228
4. 推測と可能性の表し方について—237
5. 「きっと〜に違いない」を表す表現の使い分け方—239
6. should と ought to について—241
7. can、could、may、might について—243
8. 否定を表す助動詞について—246
9. can は強く読む場合と弱く読む場合とでは発音が違う—249
10. 「〜しなければならない」を表す表現—252
11. 「〜するつもりです」を英語で表すにはどうすればよいか—253
12. 助動詞にはなぜ2つの違う意味があるのか—256

13 人に依頼する時に使えるていねいな表現—258
14 「私が〜しましょうか」を英語で表す方法—262
15 must not と don't have to はなぜ意味が違うのか—265
16 May I come in？に対するいろいろな受け答えを覚えましょう—272
17 Will you〜？と Can you〜？とではどちらがていねいなのか—274
18 Could you〜？と Would you〜？とではどちらがていねいなのか—275
19 「〜してはいけない」を表す英語表現—284
20 will と would の使い分け方—287

第12章　不定詞について—291

1 不定詞について—292
2 不定詞の3つの用法について—295
3 I have to do something. と I have something to do. の違いについて—298
4 不定詞の副詞的用法について—302
5 人称代名詞の変化を覚えましょう—308
6 不定詞の形容詞的用法のうちの限定用法について—310
7 something cold to drink の成り立ちについて—319
8 something と anything の使い分け方—320
9 肯定文で使う any と anything、some school と some schools の使い分けについて—322
10 no＝not any、nothing＝not〜anything について—324
11 名詞的な働きをする to 不定詞についてくわしく勉強しましょう—329
12 補語とはどういう意味なのか—331
13 to と〜ing はどのような時に使うのか—335
14 too＋形容詞＋to のパターンはなぜ「〜することができない」と訳すのか—343
15 自動詞と他動詞の区別の仕方について—348
16 他動詞＝自動詞＋前置詞と覚えましょう—350
17 for me to＋動詞の使い方—355
18 for me to と of me to の使い方—359

第13章　不定詞と動名詞について—363

1. 不定詞の名詞的用法と動名詞の関係について—364
2. to＋動詞と〜ing の正しい使い分け方—366
3. I like to swim. I like swimming.と I want to swim.の関係について—368
4. どうすれば enjoy（〜を楽しむ）の次に to を取るか ing を取るかがわかるのか—370

第14章　比較について—375

1. 比較について勉強しましょう—376
2. er や est をつけるときの注意について—378
3. more や most を er や est の代わりに使う形容詞とはどんなものがあるのか—380
4. very と much の使い分け方について—385
5. better、(the) best はどのような単語の変化なのかをしっかり覚えましょう—391
6. good、better、the best、as good as の使い方を覚えましょう—393
7. well、better、the best、as well as の使い方を覚えましょう—395
8. I'm taller than he.と I'm taller than him.は同じ意味なのか—397
9. This tree is as tall as that one.には2つの意味がある—401
10. 「私の本はあなたの本の3倍の大きさがあります」を英語でどう言うのか—403
11. 「〜の中で」を表す in と of の使い分け方—411
12. Which do you like better, tea or coffee ? に対する答え方—413

第15章　受動態について—417

1. 受け身を勉強しましょう—418
2. 能動態を受動態に書きかえる方法—421
3. 疑問詞のついている疑問文を受動態にする方法—425
4. どのような時に by you、by us、by them を省略することがあるのか—427

5　for me と to me の使い分け方のコツ—432
6　Everyone knows you.の受動態は何か—438
7　English interests me.と同じ意味の表現があと 2 種類ある—440
8　surprise、surprising、surprised の使い方を覚えましょう—441
9　過去分詞には、動詞の変化と考えられる場合と、形容詞と考えたほうがよいものがある—443
10　interested の便利な使い方—445
11　surprised の便利な使い方—446
12　動作と状態を表す受動態—447
13　be＋過去分詞＋前置詞で使われる決まり文句を覚えましょう—452
14　be made of と be made from の使い分け方はあるのか—454
15　very、much、very much の使い分け方—459
16　主語＋動詞＋目的語になっているといつも受動態にすることができるのか—462

第 16 章　関係代名詞について—465

1　関係代名詞について—466
2　「文」を「かたまり」にする練習をすると関係代名詞の使い方がわかる—469
3　who を使って次の日本語を英語に訳してみましょう—473
4　whose を使って次の日本語を英語に訳してみましょう—475
5　whom を使って次の日本語を英語に訳してみましょう—477
6　関係代名詞を省略しても同じ意味を表すこともある—482
7　関係代名詞を使わずに訳す方法—484
8　who、whose、whom と which、whose、which の使い分け方について—490
9　関係代名詞の入っている英文を日本語に訳す練習をしてみましょう—494
10　who、whom、which の代わりに使うことができる that—498
11　2 つの英文を関係代名詞を使って 1 つにする方法—501
12　関係代名詞がよく省略される英文—505
13　関係代名詞を使った会話に使える英語表現—507
14　関係代名詞を使った愛の表現—509

発音について

- [æ]［エァ］エの口の形でアと言えばこの音を出せます。
- [v]［ヴ］下くちびるをかむようにしてブと言えばこの音を出せます。
- [əːr]［ア〜］口を小さく開けて［アー］と言います。
- [ɑːr]［アー］口を大きく開けて［アー］と言います。
- [l] はこの本では［オ］と表記しています。舌を上の歯ぐきのうらにつけて発音します。
- [r]［ゥル］ウと軽く言ってルと言えば［ゥル］の音を出せます。
- [dz] ツの音をにごらせた［ヅ］の音で発音してください。
- [z] スの音をにごらせた［ズ］の音で発音してください。
- th の音を表す［θ］［す］と［ð］［ず］はひらがなで表しています。舌先を上の歯のうらに軽くあてて［す］と言うつもりで息を出すと［θ］の音が出ます。声を出すと［ð］の音が出ます。
- [・] は音の省略の記号として使っています。
  - ˜ing［iŋ］［イン・］グの音は言わないほうが英語らしく発音できます。
  - big book［big buk］［ビッ・ブック］g と b がローマ字にならないときは、g を発音しないほうが英語らしく聞こえるので［・］をつけてあります。

    母音（ア、イ、ウ、エ、オ）が 2 つ続いているときは、前の母音を長く強く言ってから 2 つめの母音を軽くつけ加えるように言います。
- [ei]［**エ**ーィ］
- [ai]［**ア**ーィ］
- [ou]［**オ**ーゥ］
- [au]［**ア**ーゥ］

第1章
冠詞と代名詞の関係について

1 a、this、that、the の使い分け

［場面1］
あなた：このペンいただけますか。
店　員：はい、どうぞ。

［場面2］
あなた：ペンください。
店　員：どんなペンですか。

［場面3］
あなた：あのペン取ってください。
店　員：このペンですか。
あなた：はい。そのペンです。

　これはあなたと店員さんとのやり取りです。さて、問題です。この3つの場面の中で、今のままではペンを買うことができないのはどれでしょうか。

　もうおわかりだと思いますが、［場面2］のやり取りから考えて今のままではあなたの好きなペンは買えません。

　このようにどのペンなのかはっきりしていない時に、a pen のように pen の前に a をつけます。このことから、**a には はっきりしない**という意味があることがわかります。

このペン　あのペンのように言うと、どのペンかがはっきりしているので、はっきりしていないという意味の **a** を使うことはできないのです。英語では、**このペン**を **this pen**、**あのペン**を **that pen** と言います。

ここを間違える

日本語では、物が話し手の近くにある時、「これ」と言います。話し手の遠くにある物をさす時には、聞き手の近くにある物を「それ」、聞き手の遠くにある物を「あれ」と言います。英語では、物理的にも心理的にも話し手に近いと感じる場合には this、遠いと感じる場合には that を使います。

英語の this は「これ」に相当しますが、that は「それ」と「あれ」の両方に相当します。

英語では、もうひとつ間違いやすいことがあります。

その場所に1つしかない物を表す時に **the＋名詞**で表すことがあります。**このテーブル**と言う時は、日本語流に考えて英語に訳すと **this table** となりますが、英語では、**the table** としても正しい英語なのです。

●単語を覚えましょう
this [ヂィス] これ、この　　the [ざ] 1つしかない、その、この　　that [ぜアットゥ] あれ、それ、あの　　a [ア] ある、ひとつの　　pen [ペンヌ] ペン

2 This is a picture.と This is the picture.の意味の違い

あなたは、ある日家に友だちを招待することに決めました。あなたはまずあなたの家族を紹介するでしょう。
そんな時に便利な表現が This is～.というパターンです。

　This is my father Tony.
　(こっちにいるのが私の父のトニーです。)

家族の自己紹介が終わると、あなたは家の中を案内します。そのような時にも This is～.を使うことができます。
　ここであなたに問題です。次の (1) と (2) の英文の違いがよくわかるように説明するとどのようになると思いますか。

(1) This is a picture. (これは写真です。)
(2) This is the picture. (これはその写真です。)

先ほど a と the の意味の違いについて説明をしたので、もし理解ができていれば、意味の違いが少しはわかっていただけると思います。

(1) This is a picture.
a picture は pictures (2枚以上ある写真) の中の**1枚の写真**を指していることから、**これは、いくらかある写真の中の1枚の写真なんですよ。**という意味になります。つまり、This is a picture.と言ってから、次々と話が続いていくのが自然な流れなのです。

(2) This is the picture.
the picture は、**あなたと友だちがすでに話題にしたことがあるその写真**という意味になります。つまり、This is the picture.とだけ

言って話を止めてしまうと、友だちは何のことをあなたが言っているのかがさっぱりわからないのです。

このように、a と the は気をつけて使わないと、意味がわかりにくくなることがあるということがわかっていただけたと思います。

これだけは覚えましょう

(1) これは私の父の所有している内の 1 枚の写真です。
This is a picture of my father's.
(2) これは私の父を撮影した 1 枚の写真です。
This is a picture of my father.
(3) これは私の父によって撮影された 1 枚の写真です。
This is a picture by my father.

解説します。

of [アヴ] には、**の**という意味と**〜の内の**という意味があります。ところがどうしても、**ひとつの**と**私の**をいっしょに使いたい時があります。そのような時に、

<u>a book</u>　　<u>of</u>　　<u>mine</u>　=<u>a book</u>　　<u>of</u>　　<u>my books</u>
1 冊の本　の内の　私のもの　1 冊の本　の内の　　私の本

つまり、**私の持っている本の内の 1 冊の本**を a book of mine で表すことができるのです。

(1) 例文の場合、my father（私の父）という英語に 's をつけることで **my father's** となり、**私のお父さんのもの**を表しているのです。

(2) a picture of my father の of は**〜に関する**という意味です。

<u>a picture</u>　　<u>of</u>　　<u>my father</u>
1 枚の写真　に関する　私の父＝私の父を撮影した写真

(3) a picture by my father の **by** [バーィ] は**〜によって**という意味です。

<u>a picture</u>　　<u>by</u>　<u>my father</u>
1枚の写真　によって　私の父＝私の父によって撮影された1枚の写真

　練習問題をやってみましょう。
（問題）

　　a teacher　**1人の先生**、他にも先生がいっぱいいる
　　the teacher　他に先生はいないことから、**1人しかいない先生**
　　teachers　**2人以上の先生**、他にも先生はいっぱいいる
　　the teachers　他には先生がいないことから、**そこにいる先生全員**
　これを参考にして次の英語を日本語に訳してください。

(1) I am a teacher at this school.
(2) I am the teacher of this school.
(3) We are teachers at this school.
(4) We are the teachers of this school.

　注意　この学校のにあたる単語の使い分けはむずかしく、at を使う人と of を使う人がいます。

　the がつく時は of、a や s がつく時は at を使う人が多いように思います。

（答え）
(1) 私はその学校の教師（の内の1人）です。
(2) 私はこの学校の1人しかいない教師です。
(3) 私たちはこの学校の教師の一部です。
(4) 私たちはこの学校の教師全員です。

第1章　冠詞と代名詞の関係について

(問題)

次の（　　）に a か the を入れてください。

『こころ』は夏目漱石によって書かれた小説です。

<u>Kokoro</u> is (　) <u>novel</u>　<u>written</u>　<u>by</u>　Soseki Natsume.
こころ　　　　　　小説　　書かれた　によって

(答え) 夏目漱石が書いた小説はいっぱいあることがわかっているので、『こころ』はそのたくさんある内の1つの小説なので、a が答えになります。

3 A Ms. Wada と Ms. Kaoru Wada の意味の違い

　中学校の英語では、名前には a をつけることはないと教えていますが、実際には a ＋名前で使われることもよくあります。

　日本語に**固有名詞**という文法用語があります。

　その名前を言うとだれのことだとか、どこにあるものであるかがはっきりわかるもののことを**固有名詞**と呼びます。

　たとえば、人や物の悪口を言っている人に対して、「固有名詞は出さないでください」のように使うことがあります。

　英語では、**固有名詞には a をつけることはできません。**ここまで、この本を読んでこられたあなたであれば、なぜ a をつけることができないかがはっきりおわかりのことだと思います。

　同じような種類の物がたくさんある中からどれでもよいから 1 つの物を表したい時に a をつけるのですから、**何を指しているのかがはっきりしている固有名詞には a をつけることができない**のです。ということは、**はっきりしていなければ a がつく**ということになりますよね。

　たとえば、和田さんと言ってもどこのだれだかわかりませんが、和田かおるさんと言えば、はっきりします。

　このことから次のように使い分けることができることがわかります。

第1章　冠詞と代名詞の関係について

（1）和田さんという女の方から電話があなたにありましたよ。
　　　<u>A Ms. Wada</u>　　　　　<u>called</u>　　　<u>you.</u>
　　和田さんという女の人が　電話をかけてきた　あなたに

（2）和田かおるさんからあなたに電話がありましたよ。
　　<u>Ms. Kaoru Wada</u>　　　<u>called</u>　　　<u>you.</u>
　　和田かおるさんが　　電話をかけてきた　あなたに

4 a cup of と a glass of の使い分け方

　英語には、数えられる名詞と数えられない名詞があります。

　今までは数えられる名詞について説明してきましたが、ここからは数えられない名詞について話を進めたいと思います。

　容器に入れないと、どう数えていいのかがわからなかったり、あまりにも数が多くて数えることができないものを、数えられない名詞と考えてください。

　たとえば、水、ミルクなどの液体はコップやグラスなどに入れると、どれぐらいの量があるのかがはっきりとわかります。

　たとえば、200cc 入るコップが 5 つあれば、1 リットルの水を入れることができます。

　つまり、量が問題になる**名詞**の場合には、容器に入れてその容器の数を数えれば、だれにとってもよくわかるのです。

　英語の場合も日本語の場合と同じように考えればよいのです。

　数えられない名詞の場合には、いくらたくさんの量であっても、名詞に s をつけることはありません。その代わりに容器の数が 2 つ以上ある場合は、容器を表す単語の後ろに s をつけます。もし容器が 1 つならば**a＋容器を表す単語**にしなければなりません。

（例）

a cup of tea [ア　カッパヴ　ティー] 1 杯の紅茶

two cup**s** of tea [トゥー　カップサヴ　ティー] 2 杯の紅茶

第1章　冠詞と代名詞の関係について

　あなたと友だちは、紅茶を飲みながら話をしていました。その時、友だちが急に変なことを言いかけたのです。

友だち「今、急に気になりかけたんだけど、水を入れて飲むのはコップよね。でも、コーヒーを入れるのはコーヒーカップじゃない。」

あなた「コップは紙コップ、すきとおっているプラスティックのコップ、ガラスのコップを想像するよね。それに対してカップは、計量カップか陶器でできたコーヒーカップを思い浮かべると思うよ。」

友だち「そう言えば、日本酒をそのままで飲む場合は、ガラスのコップで飲んだりするね。ところが温めて飲む場合は、陶器でできたおちょこで飲むよね。西洋のお酒はガラスのコップで飲むけれど、ワインやブランデーのような西洋のお酒はグラスに注いで飲むんだよね。」

あなた「結局、時と場合によって、コップといったり、カップといったり、グラスといったりするわけなんですね。いつの間にかひとつひとつ使い分けて覚えているんだよね。」

これだけは覚えましょう

　英語では次のように容器を使い分けています。
　　冷たい飲み物は、glass [グレァス] グラス、コップ
　　温かい飲み物は、cup [カップ] カップ、コップ
　ただし、計量カップの場合は、cup でよいのです。
（例）a glass of water [ァ　グレァサヴ　ウォータァ] 1杯の水
　　　a cup of water [ァ　カッパヴ　ウォータァ] 計量カップ1杯の水
　　　a cup of tea [ァ　カッパヴ　ティー] 1杯の紅茶

第2章

数えられる名詞と数えられない名詞

1 hair と a hair と hairs の使い分け方

友だち「あなたって、1人住まいだよね。」
あなた「そうだけど、どうかしたの。」
友だち「テーブルの上に毛が1本落ちているけど、何の毛かしら、人の毛のようには思えないけど、あなたは何も飼っていないよね。このマンションではペットを飼ってはいけないよね。」
あなた「実家に帰っていたので、きっとネコの毛がついて来たのよ。」

毛が1本テーブルの上に落ちていた。という場合の毛は1本、2本というように**数えることができます**が、人間の毛を数えることはほとんど不可能だし、数える必要がありません。

ここが大切

hair [ヘァァ] 髪の毛、毛

hair は数えることができる場合、または 数える必要がある場合は、数えることができる名詞と考えることができます。

<u>There is</u>　<u>a hair</u>　<u>on the table.</u>
あります　1本の毛　テーブルの上に

ただし、普通は hair を数えることはほとんどないので、数えられない名詞として使う場合が多いのです。

<u>I have</u>　<u>black hair.</u>
私にはあります　　黒い髪

数えられる名詞と数えられない名詞を区別するためには、実際に数えられるか、数えられないかを考えてみると、すぐにどちらの名詞で使われているかがわかることが多いのですが、正確に知りたい場合には、高校生用の英和辞典で調べるしか手はありません。英和辞典に **c** と書いてあると**数えることができる名詞**で、**un** と書いてあると**数えられない名詞**であることがすぐにわかるのです。同じ単語でも意味によって **c** と **un** になっていることもあります。もし中学生用の英和辞典しか持っていないとおなげきのあなたに私からのアドバイスです。中学生用の英和辞典の場合には、単語の使い方の用例を見てください。

　まずあなたの知りたい単語を英和辞典で調べます。そして、その単語の例文を調べます。その時に、**a＋名詞**　または　**名詞 s** のようになっていれば、数えられる名詞であるということがすぐにわかります。数えられない名詞の場合には、**名詞**に a や s がついていないはずです。

(例)　私は失業中です。

　　I am out of **work**.

　　I am out of **a job**.

　work [ワ~ク] は a が work の前にないことから、数えられない名詞であることがわかります。

　job [ヂァブ] は a job となっていることから、数えられる名詞であることがわかります。

ここが大切

　work と job はどちらも仕事という意味の単語なのですが、使い方が違うので、上の例文をまとめて覚えておくとよいでしょう。**out of** [アーゥタヴ] **＋仕事**で**仕事がない**という意味を表しています。

2 「私はナシが好きです。」と「私はスイカが好きです。」を英語で表す方法

あなたと友だちはおなかがすいてきたので、くだものを食べることにしました。

あなた「どんなくだものが好き？」
友だち「スイカが好きだけど、今は秋なのでナシかな。」
あなた「それじゃ、ナシを食べましょう。」
友だち「ナシで思い出したんだけど、ナシ狩りに行ったことある？」
あなた「あるよ。私はナシが好きなので、いくらでも食べられるのよ。」

この会話に出てきた、**スイカ**と**ナシ**について考えてみたいと思います。

　スイカは、watermelon［ウォータァメランヌ］
　ナシは、pear［ペァァ］

この watermelon と pear はどちらも数えられる名詞なので、1個を表していると **a＋単語**、2個以上を表していると**単語 s** のようにしなければなりません。

つまり、実際に使う時は、a watermelon　または　watermelons、a pear　または　pears のようにしなければならないのです。

第2章 数えられる名詞と数えられない名詞

ここが大切

学校英語で、like [ラーィク] 好きです、という単語を使う時は、I like + **単語 s.** のように使います。
(例)
　　I like cats.（私はネコが好きです。）
　　I like dogs.（私は犬が好きです。）
　　I like books.（私は本が好きです。）

単語　I [アーィ] 私は　cats [キャッツ] 2匹以上のネコ
dogs [ドーッグズ] 2匹以上の犬　books [ブックス] 2冊以上の本

解説　私はネコが好きです。という日本語で考えてもわかりますが、ネコ好きな人で1匹だけネコが好きな人は実際にはあり得ません。英語でも同じように考えて、いつも cats のように s をつけて使うのです。

ここまでは、学校英語で教えているレベルの話です。実際にはもっと大切なことがあります。

コミュニケーションのための英語情報

　(1) 私はスイカが好きです。
　(2) 私はナシが好きです。
この2つの日本語の意味していることは次のようなことです。
　(1) 私はスイカを食べるのが好きです。
　(2) 私はナシを食べるのが好きです。
　一見どちらの日本語も同じようなことを表しているように見えますが、英語になると少し違ってくるのです。
　食べ方の違いによって、単語に s をつけるかつけないかが決まってきます。くだものを食べる時に、丸かじりをして食べることが可能な場合には**単語 s** になりますが、いくつかに切って食べるのが一般的な

場合には**単語**を like の後ろに置くだけでよいのです。

このことから、**スイカ**は丸かじりが不可能で、いくつかに切って食べるのが一般的なことから watermelon、それに対して**ナシ**はナシ狩りに行った時は丸かじりで食べることができることから pears にすればよいことがわかるのです。

（1）私はスイカが好きです。　　I like watermelon.
（2）私はナシが好きです。　　　I like pears.

このことから、数えられる名詞であっても、a も s もつけずに使うことがあるということがわかります。このことは英文法書や中学・高校の英語の時間にも習うことはほとんどありません。

この本をお読みのあなただけの英語情報なのです。

もう少し単語の使い方について考えてみたいと思います。

　　chicken ［チキンヌ］ にわとり

たとえば、chicken という単語を like といっしょに使うとどうなるでしょう。

　　I like chickens.

この英語を日本語に訳すとどうなると思いますか。普通に訳すと、**私はにわとりが好きです。**となります。この日本語はどんな意味を表しているのか、よく考えてみましょう。

（1）**私はにわとりを飼うのが好きです。**
（2）**私はにわとりを観賞するのが好きです。**

この2つの意味を思い浮かべます。

もしあなたが、**私はにわとりを食べるのが好きです。**と考えたとします。この場合、たぶん、**私はにわとりの肉を食べるのが好きです。**という意味だと思います。それでは、**にわとりを食べる時はどうやって食べますか。**もし1匹まるまる食べるのであれば、chickens になります。ところが実際には、にわとりをしめて鳥肉として食べたり、

手羽の部分を食べたり、どちらにしても、にわとりの一部分を食べているわけです。

このことから、chicken と言うのが正しいことがわかります。

まとめると次のようになります。
  私はにわとりが好きです。   I like chickens.
  私は鳥肉が好きです。   I like chicken.

chicken の使い方がだいたいわかっていただけたと思います。あなたがどれぐらい理解できたか、確認をしてみたいと思います。

(問題) 次の英文を日本語に訳してください。
(1) I ate a chicken.
(2) I ate chicken.
〈ヒント〉ate [エーィトゥ] 食べた

(答え)
(1) 私はにわとりを1匹まるまる食べた。
(2) 私は鳥肉を食べた。

解説　(1) の英語は、**キツネなどの野性動物が**にわとり小屋を襲っ**て1匹まるまる食べた**のような場合以外は、普通ではありません。

もうひとつ練習問題をしていただきます。
(問題) 2つの英文の内のどちらが正しいか考えてみてください。
(1) 私はホットケーキが好きです。
  ① I like hot cakes.
  ② I like hot cake.
〈ヒント〉hot cake [ハッケーィク] ホットケーキ

(2) 私はピザが好きです。
　　① I like pizzas.
　　② I like pizza.
〈ヒント〉pizza [ピッツァ] ピザ

(答え)
(1) ホットケーキは何枚も食べるので、I like hot cakes.
(2) ピザは大きい1枚のピザを切り分けて食べるので、I like pizza.

　あなたと友だちが話をしていると、郵便が来ました。
あなた「ちょっと待ってね。郵便が来たみたいだから。」
友だち「何かいいものが来てる？」
あなた「チェコスロバキアに行ってトンネルを造っている植村さんという人から、絵はがきが1枚と母からの手紙が1通来ているよ。」

　英語では同じような意味の単語でも、使い方が違うということを先ほど説明しましたが、間違いやすいものがいくつかあるのでひとつずつ考えてみたいと思います。
(1) mail [メーィオ] 郵便、郵便物
(2) letter [レタァ] 手紙
(3) postcard [ポーゥストゥカードゥ] はがき
(4) picture postcard [ピクチァ　ポーゥストゥカードゥ] 絵はがき

　この4つの単語の中で、数えることができるのはどれだと思いますか。手紙は1通、2通、はがきと絵はがきは、1枚、2枚と数えるでしょう。それに対して**郵便**は、郵便というシステムはこのようなものだというようなイメージがあるものなので、数える必要がないと考えるとよいと思います。この考え方は英語も同じなのです。

このことから、letter、postcard、picture postcard は a や s をつけて使う単語で、mail は a や s をつけることができない単語であるということがわかるのです。

(例)

1通のファンレター　　a fan letter

2通のファンレター　　two fan letters

ファンレター　　　　　fan mail

たとえば、あなたがタレントさんだとしてください。マネージャーに「私にファンレター来てる？」と英語でいいたければ次のように言えばよいのです。

<u>Are there</u>　　<u>any fan letters</u>　　<u>for me?</u>
ありますか　いくつかのファンレターが　　私に

　<u>Is there</u>　　<u>any fan mail</u>　　<u>for me?</u>
ありますか　いくつかのファンレターが　　私に

fan letters のように s がついていると Are there になり、fan mail のように s がついていないと Is there になるということをしっかり覚えておきましょう。

来ているものがありますかという表現を使って英語に訳してあります。**私には、私のために、私のための**という意味だと考えて、**私のために、私のための**を表す英語の for me を**私に**という意味で使ってあるのです。

もう1つ例をあげて考えてみたいと思います。
(1) baggage [ベァギッヂ] 手荷物
(2) luggage [ラギッヂ] 手荷物
(3) bag [ベァッグ] かばん、バッグ
(4) suitcase [スートゥケーィス] スーツケース

この4つの単語も次のように考えると、数えられるか、数えられないかがわかります。
[店での会話]
あなた「手荷物をください。」
店　員「バッグのことですか？　それともスーツケースのことですか？」
このことから**手荷物**は、イメージで表している言葉で商品ではないので、いくつ在庫があると言えないので、数えることができません。それに対して、バッグとスーツケースは店に在庫がいくつあるかがわかるので、数えることができるということがわかります。

　友だちとあなたはケーキの話を始めました。
友だち「あなたの誕生日がもうすぐやってくるわね。確か1月5日だったよね。」
あなた「そう、そう、よく覚えていたわね。」
友だち「私、ケーキを作ってくるからね。」
あなた「どんなケーキ？」
友だち「デコレーションケーキよ、もちろん。」
あなた「デコレーションケーキって、どんなケーキ？」
友だち「大きなケーキで誕生日やクリスマスケーキのようにチョコレートで飾ったり、字を書いたりしたケーキのことよ。」
あなた「そんなの作るの大変でしょ、ショートケーキでもいいよ。」

友だち「何言っているのよ、大切なあなたの誕生日でしょ。がんばって作るからね。」
あなた「そこまで言ってくれるのなら、お言葉に甘えさせていただくわね。」

　この会話に出てくる**ケーキ**の食べ方に注意しながら cake [ケーィク] という単語に a がつけられるのか、つけられないのかについて考えてみたいと思います。

　　私はケーキが好きです。　　I like cakes.

　チョコレートケーキは1度にいくつも食べることができるので、cakes [ケーィクス] とすればよいことがわかります。ところが、次のように考えることができます。デコレーションケーキのような大きなケーキを丸ごと1個食べることはありますか。普通はいくつかに切って食べるのではないでしょうか。このように考えるとI like cake.という考え方も成り立つのです。

ここが大切

　次のように考えることもできます。
　　I like cakes.　　私は色々な種類のケーキをいくつも食べるのが好きです。
　　I like cake.　　私はケーキというものを食べるのが好きです。

　それでは、次はチョコレートについて考えてみましょう。
　　chocolate [チョークリットゥ] チョコレート
　あなたはチョコレートと聞くと何を連想しますか。板チョコを1個ずつ包まれたチョコレートを思い浮かべるのではありませんか。
　板チョコはどうやって食べますか。もちろん、食べやすい大きさに割って食べると思います。つまり、板チョコのイメージの場合は、数

えることができないので、chocolate に a や s をつけることができないのです。

　ところが 1 個ずつ包まれたチョコレートの場合だと、1 個、2 個と数えられることから chocolate に a や s をつけることができるのです。このことから、ケーキの場合と同じように考えることができることがわかります。

　　私はチョコレートが好きです。
　　I like chocolate. [チョークリットゥ]
　　I like chocolates. [チョークリッツ]

　プリンについてもケーキと同じように考えることもできます。
　　私はプリンが好きです。
　　プリン　pudding [プディン･]　　puddings [プディン･ズ]
　　I like pudding.　　私はプリンというものが好きです。
　　I like puddings.　　私は色々な種類のプリンをいくつも食べるの
　　　　　　　　　　　が好きです。

3 fruit(くだもの)と vegetables(野菜) の使い方

これだけは覚えましょう

（1）fruit [フゥルートゥ] くだもの
　　　数えられない名詞なので s をつけることは普通はしません。
（2）vegetable [ヴェヂタボー] 野菜
　　　数えられる名詞なので s をつけることができます。

このことから、次のように覚えておくとよいでしょう。
　　私はくだものが好きです。　　I like fruit.
　　私は野菜が好きです。　　　　I like vegetables.

ここを間違えると危険

I like fruits. と言ってしまうと大変なことになることがあります。
それほど、使われているわけではないのですが、**fruits で男性の同性愛者**をさす時がアメリカ英語であります。I like の後ろにどうしても fruit を使いたい時は fruit にしてください。

ここが大切

fruit のように、基本的には数えられない名詞であっても、意味によっては数えられる名詞になるものもあります。このような名詞に s をつけると次のような意味になります。

　　fruits [フゥルーツ] 色々な種類のくだもの

fruit 以外にも **fish** [フィッシ] **魚**が同じように使われます。基本的には、数えられない名詞なのですが、s をつけると**種類**を表すことができます。

　　fishes [フィッシィズ] 色々な種類の魚

次に進む前に、fish、fruit の使い方が理解できているかをチェックしてみたいと思います。

(問題) 次の英語を日本語に訳してください。
(1) I like fruits.　　　(2) I like fruit.
(3) I caught three fish.　(4) I caught three fishes.

〈ヒント〉caught [コートゥ] 釣った、捕まえた

(答え)
(1) 私は男性の同性愛者が好きです。
(2) 私はくだものが好きです。
(3) 私は魚を3匹釣った〔捕まえた〕。
(4) 私は3種類の魚を釣った〔捕まえた〕。

(問題) 次の日本語を英語にした時、fruits、fruit のどちらを使えばよいでしょうか。
(1) リンゴ、モモ、ナシはくだものです。
　　<u>Apples</u>,　<u>peaches</u>　<u>and</u>　<u>pears</u>　<u>are</u>　(　　).
　　　リンゴ　　　モモ　　　そして　　ナシ　　　です
(2) ほとんどのくだものは、木になります。
　　<u>Most (　　)</u>　<u>grow</u>　<u>on</u>　<u>trees.</u>
　　ほとんどのくだもの　なる　に　　木

　発音　　apples [エァポーズ]　peaches [ピーチィズ]　and [アン・]　most [モーゥス

トゥ] grow [グゥローゥ] on [アン または オン] trees [チュリーズ]

(答え)
(1) と (2) の両方とも fruit の種類について言っているので、どちらも fruits

　あなたもここまでで、数えられる名詞と数えられない名詞と like の関係について、かなりおわかりになったと思います。
　これぐらいくわしく名詞の使い方を習うことは普通ではありませんからね。ただ英語がわかってくればくるほど疑問に思うことが増えることも事実です。あなたは私の説明を聞いて次のような疑問を持ちませんでしたか。
　　baggage [ベァギッヂ] 手荷物
　　luggage [ラギッヂ] 手荷物
この2つの単語はどちらも数えられない名詞であるということを以前に説明しました。私の説明で大体は納得がいったと思うのですが、**手荷物**だって数えることがあるのではないかと思いませんでしたか。**手荷物**はバッグやスーツケースと違って店には売っていないので、「**手荷物**ください。」と言っても買うことができません。それに引き換え、カバンやスーツケースは店に売っているので、「このカバン2つください。」と言えば、カバンを買うことができます。「このスーツケースは1個しか在庫はありません。」のように店員さんに言われることもあります。バッグとスーツケースは数えることができることはだれにでもすぐにわかります。このことは日本語も英語もまったく同じなのです。
　それでは、**手荷物**を数える時はどんな時でしょうか。「飛行機の機内に持ち込めるのは、**手荷物1個**だけですか。」のように尋ねたりする時が日本語ではあります。これを英語で言いたければ、**手荷物1**

個を表す英語がなければ困るわけです。

これだけは覚えましょう

数えられない名詞をどうしても数えたい時は次のようにすればよいのです。

　a piece of baggage [ア　ピーサヴ　ベァギッヂ] 1個の手荷物
　two pieces of baggage [トゥー　ピースィザヴ　ベァギッヂ]
　　2個の手荷物

ただし、すべての名詞が a piece of を使うわけではありません。

次はチョコレートについてくわしく考えてみたいと思います。
　chocolate [チョークリットゥ] チョコレート

チョコレートの場合も、数えられない名詞として使うことがありました。それは、板チョコのような場合でしたね。

どうしても**板チョコ**の枚数を表したい時は次のように言えばよいのです。
　a bar of chocolate [アー　バーゥラヴ　チョークリットゥ] 板チョコ1枚
　a piece of chocolate [アー　ピーザヴ　チョークリットゥ] 板チョコ1切れ
　two bars of chocolate [トゥー　バーズ] 板チョコ2枚
　two pieces of chocolate [トゥー　ピースィザヴ] 板チョコの2切れ

チョコレートを数えられる名詞で使うと次のようになります。
　a chocolate [ア　チョークリットゥ] 1個のチョコレート
　two chocolates [トゥー　チョークリッツ] 2個のチョコレート
　a box of chocolates [ア　バックサヴ] チョコレート1箱
　two boxes of chocolates [トゥー　バックスィザヴ] チョコレート2箱

chocolate には次のような意味もあります。

　　chocolate　チョコレート飲料、ココア

（例）a cup of hot chocolate　　コップ1杯のココア
　　　[ア　**カッパヴ**　ハッ・**チョーク**リットゥ]

　　two cups of hot chocolate　　コップ2杯のココア
　　　[**トゥー　カップサヴ**　ハッ・**チョーク**リットゥ]

ここが知りたい

（質問）letter は数えられるが、mail は数えられないということを教えていただきましたが、最近はやりのメールやEメールも数えることはできないのですか。メールが出てくるまでは手紙やはがきのみでしたが、今では手紙やはがきのかわりにメールを使っているように思います。

　このことから、メールは数えられるような気がします。メールやEメールは数えられる名詞ではないのでしょうか。

（答え）実はとてもむずかしい問題なんですよ。3年ほど前の辞典だと数えられない名詞になっていたと思います。

　理由は、**郵便**という意味の mail が数えられない名詞であったからです。ところが、ご推察通り手紙やはがきの代わりに使われているので、最近では数えられる名詞として使われるようになったようです。ただし、正確には数えられる名詞で使う時と数えられない名詞で使う時があるように思います。

　次のように考えて使い分けるとよいと思います。**メール　またはEメールというもの**という意味で使う時は数えられない名詞で使い、**10通のメール**のようにメールの数について話をする時は、数えられる名詞として使う。

　ただし、**たくさんのメール**という意味の時は、たくさんの量のメー

ルと考えて a lot of mail [ア ラッタヴ メーィォ] のように言うことが多いように思います。

ここが大切

(1) E メールを英語で表す時は次の 3 種類の書き方があります。
① e-mail　② email　③ E-mail

(2) mail や e-mail を動詞で使うこともできます。
(例)　<u>Please</u>　　<u>e-mail</u>　　<u>me.</u>（私に E メールをください。）
　　　してください　E メールを送る　私に

単語　please [プリーズ] ～してください　e-mail [イーメーィォ] E メールを送る

　　<u>Please e-mail</u>　　<u>your photo</u>　<u>to me.</u>（あなたの写真を私に E メ
E メールで送ってください　あなたの写真　私に　ールで送ってください。）

単語　your photo [ユァ フォーゥトーゥ] あなたの写真　to [トゥ] に　me [ミー] 私

(3) e-mail の e は electronic [イレクトゥラニック] 電子の、という意味を表しているので、**e-mail を日本語に訳すと E メール、または電子メール**と言えばよいのです。

ここを間違える

an e-mail [アニーメーィォ] 1 通のメール
two e-mails [トゥー イーメーィォズ] 2 通のメール
an e-mail address [アニーメーィォ エァジュレス] メールアドレスを 1 つ

解説　mail を数える時は、an e-mail、two e-mails のように数えますが、address（住所）という数えられる名詞の前に mail を入れる場合には、mail を名詞ではなく、形容詞（名詞を説明する時に使う言葉）として使っているので、mail に s をつけることができません。

第2章 数えられる名詞と数えられない名詞

●あなただけにこっそり教える役に立つ情報

(1) 私はダイヤモンドが好きです。

I like diamond. [ダーィマンドゥ]

（私は色々な宝石の中でダイヤモンドが好きです。）

I like diamonds. [ダーィマンツ]

（私はダイヤモンドを身につけるのが好きです。）

(2) 私はひまわりが好きです。

I like sunflowers. [サンフラーゥァズ]

（私はひまわりを育てたり、観賞するのが好きです。）

I like sunflower.

（私はひまわり模様が好きです。）

(3) 私は犬が好きです。

I like dogs. [ドーッグズ]

（私は犬を飼うのが好きです。）

I like dog.

（私は犬の肉を食べるのが好きです。）

(4) 私はハーブティーが好きです。

I like herb tea.

（私はハーブティーを飲むのが好きです。）

I like herb teas. [ア〜ブ ティーズ]

（私は色々な種類のハーブティーを飲むのが好きです。）

(5) 私はバナナが好きです。

I like bananas. [バネァナズ]

（私はバナナを食べるのが好きです。）

I like banana.

（私はバナナ味〔風味〕が好きです。）

4 a piece of の使い方

　英語では数えられない名詞をどうしても数えたい時があります。そのような時に a piece of [ア ピーサヴ] を使います。

(1) news [ニューズ] ニュース、知らせ
　　a piece of news [ア ピーサヴ ニューズ] ひとつのニュース
　　two pieces of news [トゥー ピースィザヴ ニューズ] 2つのニュース
(2) information [インファメーィシュンヌ] 情報
　　a piece of information 1つの情報
(3) advice [アジュヴァーィス] アドバイス、忠告、助言
　　a piece of advice 1つのアドバイス
(4) fruit [フゥルートゥ] くだもの
　　a piece of fruit 1個のくだもの、1切れのくだもの
(5) chalk [チョーク] チョーク
　　a piece of chalk 1本のチョーク
(6) paper [ペーィパァ] 紙
　　a piece of paper 1枚の紙
(7) bacon [ベーィクン] ベーコン
　　a piece of bacon 1切れのベーコン
(8) furniture [ファ～ニチァ] 家具
　　a piece of furniture 1つの家具
(9) research [ゥリーサ～チ] 研究
　　a piece of research 1つの研究

第 2 章　数えられる名詞と数えられない名詞

(10) sugar [シュガァ] 砂糖
　　　a piece of sugar　角砂糖 1 個
(11) wood [ウッドゥ] 材木
　　　a piece of wood　1 本の材木

　あなたと友だちは小説の話になりました。
あなた「私はミステリー小説が好きなんだけど、あなたはどんな小説
　　　　が好きなの。」
友だち「私は SF かな。そう言えば、あなたは大学の時小説を書いて
　　　　いなかったっけ。」
あなた「書いていたよ。小説を 3 作品書いたよ。趣味で書いていた
　　　　んだけど。」
友だち「すごいじゃない。」

　上の会話の中で、SF という言葉が出てきますが、あなたはこの意味を知っていますか。SF とは science fiction [サーィアンス　フィクシュンヌ] の略で科学小説という意味です。fiction は**数えられない名詞**で、novel は**数えられる名詞**なのです。わざわざ使い方の違う単語があるのには理由があるのです。**小説を 3 冊**書いたと言っていますが、このような場合に、数えられる novel を使って three novels ということができます。数えられない名詞の fiction を使いたい場合は、work（作品）という単語といっしょに使って、three works of fiction [すゥリー　ワ～クサヴ　フィクシュンヌ] **小説を 3 作品**と言わなければなりません。

ここが大切

歴史小説

a historical novel [ヒストーゥリコー]

historical fiction

私は歴史小説が好きです。

I like historical novels.

I like historical fiction.

解説 使い方の違う同じ意味の単語をまったく同じ意味で使うこともできます。

第2章 数えられる名詞と数えられない名詞

5 a pair of の使い方

　あなたと友だちは高校時代のクラブ活動の話で盛り上がりました。
友だち「あなたと私がテニスのペアーとして兵庫県大会に出ていた
　　　時、確か、沢松、松岡ペアーが優勝したよね。あのペアーが
　　　いなかったら、私たちが優勝したかもしれないよね。」
あなた「1回戦の時は 20 ペアーもいたんだから、私たちもよく頑
　　　張ったものね。」
友だち「ほんとよね。あの頃は、『エースをねらえ！』という番組を
　　　やっていたから、私たちも頑張れたのかもしれないわよ。」
あなた「たぶん、そうね。」

　この会話の中に出てきている**ペアー**という言葉は、**2人で1組**に
なってテニスをやっていたということを表しているのです。

ここが大切

　　1組の手ぶくろ　a pair of gloves [ア　ペァゥラヴ　グラヴズ]

　　1組のイヤリング　a pair of earings [イアゥリングズ]

　　1本のズボン　a pair of pants [ペァンツ]

　　1足のくつ　a pair of shoes [シューズ]

　　1つのめがね　a pair of glasses [グレァスィズ]

　英語では、**2つで1組を表す場合**と、**同じ形の物が2つで1つに
なっているもの**が1つある場合に、a pair を使います。

47

2つあれば、two pairs と言うのです。

ここを間違える

　a book（1冊の本）　**a** pair of shoes（1足のくつ）

　this book（この本）　**this** pair of shoes（このくつ）

ここまでは間違わないのですが、**このくつ**を表すもう1つの方法があるのです。

　このくつは新しい。

　This pair of shoes **is** new.

　These shoes **are** new.

第2章　数えられる名詞と数えられない名詞

6　set(セット)、pack(パック)、group(グループ)の使い方

これだけは覚えましょう

(1) こ(れら)のノートは5冊で1パックです。
　　These notebooks come in packs of five.
(2) こ(れら)のCDは3枚1組です。
　　These CDs come in sets of three.
(3) こ(れら)のカップは5個で1組になっています。
　　These cups come in sets of five.
　　These cups come five to a set.
(4) 3人ずつ組になってください。
　　Please form groups of three.
(5) 2人1組で並んでください。
　　Please line up in pairs.
(6) 3つのグループにわかれて出かけましょう。
　　Let's go out in three groups.
(7) 私たちは3人グループで[すべてのことをします、行動します]。
　　We do everything in groups of three.

発音　packs [ペァックス]　sets [セッツ]　groups [グゥループス]
set [セットゥ]　CDs [スィーディーズ]　cups [カップス]　please [プリーズ]
form [フォーム]　go out [ゴーゥアーゥトゥ]　line up [ラーィナップ]

49

第3章
時制について

1 時制について

　ここからは、英語の時制について考えてみたいと思います。
あなた「あなたは看護師さんをして何年ぐらいになるの？」
友だち「4年になるわ。」
あなた「これからもずっとその仕事を続けるの？」
友だち「当分の間は続けるつもり。」

　日本語では、英語のように時制がはっきりしていません。上の会話でわかるように、日本人同士だと意味が通じますが、英語を母国語としている人にはわかりにくいのです。
　つまり、上の会話を英語に訳す場合には、いつのことを表しているのかを考えてから、英語に訳さなければ、いつのことを言っているかがわからなくなってしまうのです。

ここが大切

　英語には次のような時制があります。
(1) 現在時制　　　　　　(4) 現在完了時制
(2) 過去時制　　　　　　(5) 過去完了時制
(3) 未来時制　　　　　　(6) 未来完了時制

　時制とは動詞が何形を表しているかが判断規準になるために、未来形という動詞の変化がないので、未来時制がないと考えることもできます。ただし、学校英文法では6つの時制があると教えています。

2 現在時制について

　現在時制がどんな意味を表しているかということについて考えてみたことがありますか。ほとんどの人はそんなことを考えたこともないと思います。現在時制については、よく理解しておかないと使いものになりません。

ここが大切

●現在時制の使い方
　　（1）現在の習慣を表したい時
　　（2）現在の事実を述べたい時
　ここまでは、なんとなくわかっていると思います。
　それでは質問をします。次の英語はどのような意味を表しているか、一度よく考えてみてください。
　　I'm a teacher.
　この英語を日本語に訳すと、**私は先生です**。になります。
　この日本語と I'm a teacher.はどちらも次のようなことを表しています。
　　○私はある時、先生になった。そして、今も先生をしている。
　　○これから先も当分の間は先生をしているでしょう。

3 be 動詞と一般動詞について

　現在時制を表す表現には 2 つのタイプがあり、be 動詞タイプと一般動詞タイプに分けることができます。

　be 動詞タイプと一般動詞タイプを使い分けることからはじめることが、とても大切です。

　日本語と違って、**だれがどうする**をまず言うのが英語の特徴です。**だれがどうする**の**どうする**の部分がない時に be 動詞を補って一般動詞の代わりをすると覚えておくとよいのです。

　次の日本文を英語に訳しながら考えてみることにします。

　　(1) 私は走る。
　　(2) 私はいそがしい。

だれがどうするの**が**が**は**になっていても同じであると考えてください。

　このことから、**(1) 私は走る。**の部分が**だれがどうする。**にあたることがわかります。ところが、**(2) 私はいそがしい。**はどこにも一般動詞がありません。

　このような時に、**be 動詞＋いそがしい**を使って一般動詞の代わりをしていると考えればよいのです。

　　(1) I <u>run</u>.
　　　　一般動詞
　　(2) I <u>am busy</u>.
　　　　be 動詞＋いそがしい

第3章 時制について

4 一般動詞とはどんなものか

(質問) 一般動詞とはどんなものですか。

(答え) 日本語の文章の最後に来るのが一般的です。**動作**を表すことが多く、たまに**状態**を表すものもあります。

例をあげながらくわしく考えて行きたいと思います。
「私は毎日**走っています**。」「私は毎日**走る**んだよ。」に出てくる**走っています**、または、**走る**という単語が一般動詞にあたります。ローマ字で**走る**を表すと hashiru になります。一番最後の音が**ウ段**で終わっていると大抵は一般動詞だと思えばよいでしょう。

もう少し**走る**について考えてみたいと思います。
あなたにお尋ねします。**走る**時はどこが動きますか。**足が動く**と答えていただけるのではないかと思います。このように体の一部が動くものを**一般動詞**と呼んでいるのです。

状態を表す**一般動詞**もあります。たとえば、「私はあの少年を**知っています**。」または「ぼくはあの少年を**知っている**よ。」の下線部の**知っています、知っている**を表す know [ノーゥ] という英語が**状態**を表す**一般動詞**です。**知っている**という意味はある時に**知って**、今も**知っていて**、これからも**知っている**という意味を表しているのです。このことから、**知っている、知っています**、はその時だけの状態を表

しているのではないということがわかります。

　knowと同じように考えることができる一般動詞に**live** [リヴ] **住んでいる**という単語があります。**私は篠山市に住んでいます**。という日本語を英語に訳すと、I live in Sasayama City.となります。この日本語と英語の正確な意味は、ある時、篠山に住み始めて、今も住んでいるし、これからも当分、住み続けるだろうということを表しています。

5 過去時制とよく間違える現在時制

ここを間違える

日本語につられて過去形にしてしまう可能性がある英語表現です。

のどがかわいたよ。	I'm thirsty.
おなかがすいたよ。	I'm hungry.
疲れたよ。	I'm tired.
びっくりしたよ。	I'm surprised.
頭に来たよ。	I'm angry.
頭痛が治りましたよ。	My headache is gone.
用意はできた？	Are you ready?
用意はできたよ。	I'm ready.
覚悟はできたか？	Are you ready?
覚悟はできたよ。	I'm ready.
夕飯ができたよ。	Dinner is ready.
スープができたよ。	Soup is on.
今は事情が変わりましたよ。	Things are different now.
バターがなくなったよ。	We're out of butter.
今年はリンゴがたくさんできた。	There is a large apple crop this year.
さあ、着きましたよ。	Here we are.

発音 thirsty [さ〜スティ]　hungry [ハングゥリィ]　tired [タ―ィアドゥ]
surprised [サプゥラーィズドゥ]　angry [エァングゥリィ]

headache [ヘデーィク]　gone [ゴーンヌ]　ready [ゥレディ]
dinner [ディナァ]　soup [スープ]　on [オーンヌ]　things [すィングズ]
different [ディファゥレントゥ]　butter [バタァ]　now [ナーゥ]　there [ゼァ]
large [ラーヂ]　apple [エァポ]　crop [クゥラップ]　year [いゃァ]
here [ヒアァ]

ここを間違える

日本語につられて過去形にしてしまう可能性がある英語表現です。

(1) わかりましたか。　　　　　　　Do you understand?
(2) わかったと思います。　　　　　I understand.
(3) だいたいわかりました。　　　　I understand more or less.
(4) ああ、なるほど、わかりまし　　Oh, I see. I see.
　　た、わかりました。
(5) (何度も言わないでよ)わかっ　　I get it. I get it.
　　たよ。わかったよ。
(6) それで彼が欠席したわけがわ　　That explains his absence.
　　かったよ。
(7) それですべてがわかりましたよ。That explains everything.
(8) やっと思い出したよ。　　　　　Now I remember.
(9) やっとわかったよ。　　　　　　Now I understand.
(10) ああ、わかったよ。　　　　　　Ah, I have it!
(11) 困ったことが起きたんだよ。　　I have a problem.
(12) ほら、バスが来たよ。　　　　　Here comes the bus.
(13) 私が負けました。(あなたの　　　You win.
　　勝ちですよ。)

発音　understand [アンダァステァンドゥ]　think [すィンク]
more or less [モア　オア　レス]　Ah [アー]　see [スィー]　get it [ゲティッ]
explains [イクスプレーィンズ]　absence [エァブスンス]
everything [エヴゥリィすィン・]　remember [ゥリメンバァ]　problem [プゥラブレム]
have it [ヘァヴィッ・]　have a [ヘァヴァ]　here [ヒアァ]　comes [カムズ]

win［ウィンヌ］

ここが大切

　英和辞典で teach［ティーチ］という単語を調べると**教える**という意味が載っています。

　ところが実際に日本語を英語に訳す場合には、**教えている**という意味であっても teach を使うことができます。

　（1）私は英語を教えています。

　　　I teach English.

　ところが、teach に ing をつけても**教えている**を表すことができます。**動作**を表す動詞の後ろに ing をつけると**状態**を表す**形容詞**になります。

　teaching　教えているという形容詞で使うと次のようになります。

　（2）私は英語を教えています。

　　　I **am** teaching English.

　I の後ろに動詞がないので、**am＋teaching** のように be 動詞を補わなければならないのです。am＋teaching を英語の文法では**現在進行形**と呼んでいます。**今教えている**という状態にあるということを表しているのです。

　つまり、（1）と（2）のように、日本語がまったく同じでも、実際にはまったく違った内容を表しているのです。

　（1）のように **teach** という**現在形**を使うと、**過去に教えていて、今も教えているし、これからも教えているだろう**。になります。

　（2）のように teaching にすると、**今教えている**。になります。

現在進行形は**今〜しています**という意味を表します。**動作**を表す**動詞**に ing をつけて**状態**を表す**形容詞**として使われます。

（例）study（勉強する）→ studying（勉強している）

ここが大切

●動詞に ing をつける時の注意点

(1) 単語の最後の文字の前にア、イ、ウ、エ、オの内のどれか 1 つだけがきている場合は、最後の文字を重ねてから ing をつけます。

run [ゥランヌ] → running [ゥラニン・]
swim [スウィム] → swimming [スウィミン・]
stop [スタップ] → stopping [スタッピン・]

(2) 単語の最後に e がきている場合は e を消してから ing をつけます。

make [メーィク] → making [メーィキン・]
（例外）lie [ラーィ] → lying [ラーィイン・]

(3) 上の (1) と (2) 以外の条件の時は動詞の後ろに ing をつけるだけでよいのです。

speak [スピーク] → speaking [スピーキン・]
　イイ
stay [ステーィ] → staying [ステーィイン・]
study [スタディ] → studying [スタディイン・]

単語 run（走る） swim（泳ぐ） stop（止まる） make（〜を作る）
speak（〜を話す） stay（滞在する） study（勉強する）

6 現在進行形にできない動詞について

　動作を表す動詞に ing をつけると、**状態を表す形容詞**にすることができますが、初めから状態を表している動詞の場合には ing をつけることができません。**状態を表している動詞の特徴**は、一時的な状態を表すのではなくて、**比較的長い状態を表している**ものが多いように思います。

ここが大切

　状態を表す動詞も動作を表している動詞もどちらも同じような使い方をする場合があります。

　英和辞典で know［ノーゥ］を引くと、**知っている**という意味になっていますが、「私はあなたの名前を知りたい。」という日本語を英語に訳す時は、**知る**という意味で使います。

　同じように、live［リヴ］は**住んでいる**という意味で辞典に載っていますが、「私は神戸市に住みたい。」という日本語を英語に訳す時は、**住む**という意味で使います。

　know も live も**状態を表す動詞**ですが、動作を表す動詞とパターンがよく似てくることもあります。

　動作を表す動詞にも状態を表しているように感じさせる使い方があります。

　英和辞典には次のような意味が載っています。

　　teach［ティーチ］教える

study [スタディ] 勉強する

ところが、実際に使う時には、動作と状態を表す日本語を英語に訳す時にも使われます。

私に英語を教えてよ。→私は英語を教えています。
　　　動作　　　　　　　　　　　　状態

一生懸命勉強しなさい。→私は毎日勉強しています。
　　　動作　　　　　　　　　　　　状態

ここを間違える

あなたと友だちは、めがねの話になりました。
あなた「あなたはコンタクトはしないの。いつもめがねかけてるね。」
友だち「あなただってめがねをかけてるんじゃないの。」
あなた「私は普段はめがねもコンタクトもしていないのよね。」
友だち「あなたシャネルのめがね持っているんでしょう。今持っていたら、かけて見せてよ。」
あなた「いいわよ。」

この会話の中に**めがねをかけている**という表現が何カ所か出てきます。**めがねをかける**を英語では wear glasses [ウェア グレァスィズ] と言うと思っている人がいますが、正しくありません。

wear という単語は**身につけている**という**状態**を表す単語なのです。ところが、この単語は**状態**を表す単語であるのにもかかわらず、一時的な状態を表す時には、ing をつけることができる例外的な単語なのです。

I wear glasses.（私は（日常的に）めがねをかけています。）

I'm wearing glasses.（私は（今）めがねをかけています。）

　発音　wear [ウェア]　wearing [ウェアゥリン・]

めがねをかけるという動作を表したい時には、次のように言ってく

ださい。

　　Put on your glasses.（めがねをかけてよ。）
　　発音　put on［プトン］

動作＋状態を表している場合は、wear を使ってください。

　　Wear your glasses.（めがねをかけていなさいよ。）

ここが大切

　身につけているものならどんなものでも、**wear＋単語**の形で使うことができます。ただし、身につけている場所や物によって日本語訳が違ってきます。

○wear pants［ペァンツ］ズボンをはいている
○wear shoes［シューズ］くつをはいている
○wear glasses［グレァスィズ］めがねをかけている
○wear a ribon［ウェアゥラ　ゥリバンヌ］リボンをつけている
○wear a ring［ウェアゥラ　ゥリン・］指輪をはめている
○wear gloves［グラヴズ］手袋をはめている
○wear a tie［ウェアゥラ　ターィ］ネクタイをしめている［している］
○wear contacts［カンタクツ］コンタクトをしている
○wear a bandage［ウェアゥラ　ベァンディッヂ］包帯をしている
○wear dentures［デンチァズ］入れ歯をしている
○wear a wig［ウェアゥラ　ウィグ］かつらをしている
○wear a T-shirt［ティー　シャ～トゥ］Tシャツを着ている
○wear a seat belt［スィートゥ　ベオトゥ］シートベルトをしている
○wear a perfume［パ～フューム］香水をつけている
○wear a badge［ベァッヂ］バッジをつけている
○wear kneepads［ニーペァッツ］ひざあてをしている
○wear a stole［ストーゥオ］肩かけをかけている
○wear pantyhose［ペァンティホーゥズ］パンストをはいている

ここが大切

wear は後から身につけるもの以外でも、使われることがあります。

(1) I wear a mustache. [マスタッシ]
  (私は口ひげをはやしています。)
(2) I wear a beard. [ビアァドゥ]
  (私はあごひげをはやしています。)
(3) I wear whiskers. [ウィスカァズ]
  (私はほおひげをはやしています。)

解説します。
wear の代わりに have を使うこともできます。

ここを間違える

(1) I wear my hair long. = I have long hair.
  (私は髪を長くのばしています。)
(2) I wear long hair.
  (私はロングヘアのかつらを身につけています。)

解説します。
(1) wear my hair long は、**私の髪を長い状態にしている**という意味を表しています。I wear と My hair is long. をひとつにしたと考えればわかりやすいと思います。
(2) wear long hair は long hair (長い髪) を wear (身につけている) と考えると理解しやすいと思います。

では、現在進行形 (is、am、are + 動詞の ing 形) についてくわしく勉強したいと思います。
現在進行形を**今～している**という意味だと思っている人が多いと思

いますが、実際には次のような使い方があります。

これだけは覚えましょう

(1) 人が**今〜している**という意味を表したい時

What are you doing?（あなたは何をしているのですか。）

I'm studying.（私は勉強をしています。）

(2) 物が**今〜しかけている瞬間**を表したい時

This tulip is opening.（このチューリップは開きかけています。）

(3) 自分が決めた未来のことについて話したい時

I'm going to Kyoto tomorrow.

（私は明日京都に行くことにしています。）

　発音　studying [スタディン・]　tulip [テューリップ]　opening [オーゥプニン・]

ここを間違える

　現在進行形と always [オーォウェーィズ] をいっしょに使うと、**習慣**や**癖**などを表す表現としてよく使われます。

I'm always leaving my umbrella.

（私はいつもかさを置き忘れる。）

You're always coming late.

（あなたはいつも遅刻する。）

　発音　leaving [リーヴィン・]　umbrella [アンブゥレラ]
coming [カミン・]　late [レーィトゥ]

ここを知りたい

（質問）現在進行形に、3種類の使い方があるとすれば、どのようにして意味を区別すればよいのですか。

（答え）いい質問ですね。その時と場合によって意味を考えるしかな

いのです。いくつか例をあげて説明したいと思います。
(1)　"What are you doing?"
(2)　"What are you doing tonight?"

発音　doing［ドゥーイン・］　tonight［トゥナーィトゥ］

　この2つの英文はほとんど同じですが、(2)の英文の最後にtonight［トゥナーィトゥ］今晩がついていることから、未来のことを表していると考えて、日本語に訳せば意味の違いがよくわかると思います。

　　(1)　What are you doing?（何しているの?）
　　(2)　What are you doing tonight?（今晩は何をする予定なの?）
　この2つの質問に対して、同じ英文で答えることも可能です。
　"I'm going out."
　この英文が(1)に対する答えであれば、「**出かけようとしているとこなの。**」
　(2)に対する答えであれば、「出かけるつもりなの。」になります。
　(1)の英語の場合、What are you doing?と言うだけで、What are you doing **now**?（**今**何しているの?）という意味を表しているので**now**［ナーゥ］をつけてもつけなくてもよいのです。

　あなたは友だちに、「家族がどこに住んでいるのか。」を聞きたくなりました。
あなた「あなたのお兄さんはどこに住んでいるの?」
友だち「今は東京に住んでいるんだけど、もうすぐ大阪に戻るみたいよ。」
あなた「ということは、お父さんとお母さんは大阪にいらっしゃるのね。」
友だち「ずっと大阪に住んでいるわ。やはり生まれ育ったところがいいらしいのよ。」

第3章 時制について

　この会話の中に出てくる**住んでいる**という単語が2つの意味で使われているのに気がつきます。

　（1）**ずっと住んでいる**ということは、**習慣**になっている。

　（2）**今、住んでいる**ということは、**習慣**ではあるが、一時的である。

このことから、

（1）は**現在形**で表すことができます。

（2）は**現在進行形**で表すことができます。

　中学校などでは、live に ing をつけることはできないと教えているようですが、実際には、一時的に**住んでいる**場合には living を使うことができます。

　My parents live in Osaka.

　（私の両親は大阪に住んでいます。）

　My big brother is living in Tokyo.

　（私の兄は（今は）東京に住んでいます。）

　　発音　parents [ペアゥレンツ]　big brother [ビッ・ブゥラざァ]

　have [ヘァヴ] は**〜を持っている**という**状態**を表す単語なので、having とすることはできませんが、hold [ホーゥオドゥ] 〜を持つ、という単語は**〜を持っている**という意味で使う時は、holding にして使わなければなりません。

　ただし hold には、[**権利、株、土地、財産など**] を持っているという意味もあります。

　この意味で使う場合には、hold に ing をつけることはできません。同じ have であっても、**食べる**という意味で使う時には having にして**食べている**を表すことができます。

　having で使うことができる例を覚えておくと便利です。

　　have lunch　昼食をとる→ having lunch　昼食をとっている

have a bath　お風呂に入る→
　　　　　　having a bath　お風呂に入っている
have fun　楽しむ→ having fun　楽しんでいる
have a party　パーティーを開く→
　　　　　　having a party　パーティーを開いている

上の表現を使って日本語を英語に訳してみましょう。
　昼食をとりましょう。　　Let's have lunch.
　トニー君は昼食中です。　　Tony is having lunch.
　お風呂に入りましょう。　Let's have a bath.
　トニー君はお風呂に入っています。　Tony is having a bath.

発音　having [ヘァヴィン・]　lunch [ランチ]　bath [ベァす]
fun [ファンヌ]　party [パーティ]　Let's [レッツ]

7 have a cold と catch a cold の使い分け方

ここが大切

風邪をひいていると**風邪をひく**を英語に訳す時には特に注意が必要です。

風邪をひいているは状態なので、**have a cold** のように**状態を表す動詞**の have を使います。それに対して、**風邪をひく**はひくという**動作を表す動詞**の catch [キャッチ] を使って **catch a cold** と訳します。

風邪をひきかけているという状態を表したい場合には、catch という**動作を表す動詞**に ing をつけて、**状態を表す単語**の catching にすればよいのです。catching は**動詞**をやめて**形容詞**になったと考えてください。このことから、英文の中に動詞がなくなったので、**be 動詞＋catching a cold** のようにしなければならないのです。

(例)

(1) 私は風邪をひいている。

<u>I have</u>　　<u>a cold.</u>
私はひいている　風邪

(2) 風邪をひかないように注意しなさいよ。

<u>Be careful</u>　　<u>not</u>　　<u>to catch a cold.</u>
注意しなさい　のないように　風邪をひくこと

(3) 私は風邪をひきかけているように思う。

　　<u>I'm afraid</u>　<u>I'm catching a cold.</u>
　　　私は思う　　　私は風邪をひきかけている

発音　be careful [ビー　ケァフォ]　afraid [アフゥレーィドゥ]

これだけは覚えましょう

(1) 私は風邪ぎみです。

　　<u>I have</u>　　<u>a touch</u>　<u>of (a) cold.</u>
　　私は持っている　の軽い兆候　　　風邪

(2) トニー君は風邪で寝ています。

　　<u>Tony</u>　<u>is in bed</u>　<u>with a cold.</u>
　　トニー　　寝ています　　　風邪で

(3) あなたの風邪の具合はどうですか。

　　<u>How is</u>　<u>your cold?</u>
　　どうですか　あなたの風邪

(4) 私の風邪はもうだいぶよくなりました。

　　<u>My cold</u>　　<u>is much better.</u>
　　私の風邪　　（前より）ずっとよいですよ

(5) 風邪声ですね。

　　<u>You sound</u>　　<u>like</u>　<u>you have a cold.</u>
　　あなたは思われる　ように　あなたは風邪をひいている

(6) 私は鼻風邪をひいています。

　　<u>I have</u>　<u>a head cold.</u>
　　私はひいています　　鼻風邪

注意　鼻を英語では **nose** [ノーゥズ] と言いますが、**head** [ヘッドゥ] 頭を使って**鼻風邪**を表すことが多いようです。ただし、a nose cold という言い方をする人もあります。

(7) 私は風邪で咳が出るんですよ。

　　<u>I have</u>　　<u>a chest cold.</u>
　　私はひいています　咳風邪＝胸の風邪

注意　**chest** [チェストゥ]は**胸**という意味の単語です。

ここを間違える

　日本語上は、過去進行形のように見えても、内容が現在進行形の場合は、現在進行形を使って英語に訳すように心がけてください。

(1) 雨が降ってきましたよ。

　　It's beginning to rain. [イッツ　ビギニン・トゥ　ゥレーィンヌ]

(2) 雨が止んできましたよ。

　　It's letting up. [イッツ　レティンガップ]

(3) 暗くなってきましたよ。

　　It's getting dark. [イッツ　ゲティン・　ダーク]

(4) 風が出てきましたよ。

　　It's getting windy. [イッツ　ゲティン・　ウィンディ]

(5) 風が止んできましたよ。

　　It's dying down. [イッツ　ダーィイン・　ダーゥンヌ]

単語　begin to [ビギントゥ] 〜しはじめる　rain [ゥレーィンヌ] 雨が降る
let up [レタップ] 雨が止む　get dark [ゲッ・　ダーク] 暗くなる
get windy [ゲッ・　ウィンディ] 風が強くなる　die down [ダーィ　ダーゥンヌ] 風が止む
天候を表す表現は It is〜ではじめるのが一般的です。

8 [現在、過去、未来、現在完了]進行形について

日常生活でよく使う進行形には次のようなものがあります。
(1) 現在進行形を使うと、現在において**〜している**状態であることを表すことができます。

　[is, am, are] +〜ing
(2) 過去進行形を使うと、過去において**〜している**状態であったことを表すことができます。

　[was, were] +〜ing
(3) 未来進行形を使うと、未来において**〜している**状態であることを表すことができます。

　[will be] +〜ing
(4) 現在完了進行形を使うと、過去から現在まで**〜している**状態が続いていることを表すことができます。

　[have been, has been] +〜ing

この4つの進行形のパターンを使って日本語を英語に訳してみたいと思います。
(1) 私は勉強を**しています**。
(2) 私は**その時**勉強して**いました**。
(3) 私は**明日の夜は**勉強している**でしょう**。
(4) 私は**今朝から**勉強して**います**。

(答え)

(1) I **am** studying.

(2) I **was** studying **then**.
　　　　　　　　　　その時

(3) I **will be** studying **tomorrow night**.
　　　　　　　　　　　　　明日の夜

(4) I **have been** studying **since** **this morning**.
　　　　　　　　　　　　　　　から　　今朝

発音　was［ワズ］　studying［スタディイン・］
tomorrow night［トゥマーゥローゥ　ナーィトゥ］　since［スィンス］
this morning［ヂィス　モーニン・］

　進行形を使う時に、is, am, are, was, were, have been, has been の使い分けが大切です。

　　I（私）am — was — have been
　　you（あなた）are — were — have been
　　●主語が1人　または　1つの場合
　　Tony（トニー君）is — was — has been
　　your father（あなたのお父さん）is — was — has been
　　this dog（この犬）is — was — has been
　　●主語が2人以上　または　2つ以上の場合
　　we（私たち）are — were — have been
　　these dogs（これらの犬）are — were — have been

これらのことから、次のようなことがわかります。
［現在形と過去から現在を表す時のルール］
　　is になる時、has been
　　am, are になる時は、have been

［現在形と過去形を表す時のルール］
　　are になる時は、were
　　am, is になる時は、was

　解説　w が**過去**のことを表すと考えて w、am is を短縮形にすると as、この 2 つを 1 つの単語にして **was** となったと考えれば、すぐに覚えられるのではないでしょうか。

　英語の動詞の使い方をよく知れば、進行形がとても生きてきます。ここでは run の使い方を紹介します。

［run late で**予定が遅れる**を表す場合］

　　I'm running late.
　　（私はいつもよりも予定が遅れているんですよ。）

　　The trains are running late.
　　（列車のダイヤに遅れが出ています。）

［run が**〜になる**を表す場合］

　　The sugar is running low.
　　（砂糖が残り少なくなってきましたよ。）

　　Time is running out.
　　（残り時間が少なくなってきました。）

　　We are running out of time.
　　（時間がなくなってきました。）

　　This pen is running dry.
　　（このペンは、インクが出なくなってきましたよ。）

　　This river is running dry.
　　（この川は干上がってきましたよ。）

　発音　trains［チュレーィンズ］　running［ゥラニン・］　sugar［シュガァ］
low［ローゥ］　out［アーゥトゥ］　out of time［アーゥタヴ　ターィム］　river［ゥリヴァ］

dry［ジュラーィ］

これだけは覚えましょう

(1) 暗くなってきましたよ。
　　It's getting dark.
　　It's becoming dark.
　　It's growing dark.
　　It's turning dark.
(2) 寒くなってきました。
　　It's getting cold.［外が］
　　I'm getting cold.［体が］
(3) いい気持ちになってきましたよ。
　　I'm getting high.
(4) これらの卵は腐りかけていますよ。
　　These eggs are going bad.
　　These eggs are turning bad.
(5) このミルクは酸っぱくなりかけていますよ。
　　This milk is going sour.
　　This milk is turning sour.

　発音　　get［ゲットゥ］　getting［ゲティン・］　dark［ダーク］　become［ビカム］
becoming［ビカミン・］　grow［グゥローゥ］　growing［グゥローゥイン・］
go［ゴーゥ］　going［ゴーゥイン・］　high［ハーィ］　these eggs［ずィーズ　エッグズ］
bad［ベァッドゥ］　milk［ミオク］　sour［サーゥァ］

ここを知りたい

（質問）〜**になる**を表す動詞がたくさんあるようですが、使い分け方はあるのでしょうか。

（答え）私の手元にある旺文社のレクシスという辞典には次のようなことが書いてあります。

○become 〜になる
　この意味では get と同じ意味であるが、get の方が口語的である。
○grow ［グゥローゥ］（次第に）〜の状態になる
　＊go や get よりもかたい言い方。
○go ［ゴーゥ］〜の状態になる［変化する］〜の状態に至る
　＊好ましくない変化を表すことが多い。
○run ［ゥランヌ］（ある状態になる）（あるレベルに）達する
○turn ［ターンヌ］〜になる
○fall ［フォーオ］（の状態、状況）になる
　（例）fall ill ［イオ］病気になる　fall asleep ［アスリープ］眠る
　　　 fall silent ［サイレントゥ］黙る

　私は次のように覚えています。
(1) get の方が become よりも会話ではよく使われる。
(2) 色の変化を表す時は go、または turn を使うことが多い。
　　（例）赤くなる　turn red　または　go red
(3) おおまかに言うと人間の髪や顔色を表す時は go、自然のことについて表す時は turn を使う。
(4) go は悪い方向へ変化する場合によく使われる。
(5) run は川の水、池の水、血液に関して使われることが多い。

9 楽しくなる現在進行形の表現

(1) おいしそうですね。よだれが出てきましたよ。
It looks good. My mouth is watering.
(2) 耳鳴りがするんですよ。
My ear is ringing.（どちらか一方の耳の場合）
My ears are ringing.（両方の耳の場合）
(3) 鼻が出てくるんですよ。
My nose is running.
(4) 頭がくらくらしているんですよ。
My head is swimming.
(5) あなたの目はうそをついていますよ。
Your eyes are lying.
(6) 夜が明けてきましたよ。
Day is breaking.
(7) 雲が切れてきましたよ。
The clouds are breaking.
(8) 肌荒れがひどいですね。(吹き出物が出ていますよ。)
Your skin is breaking out.
(9) ブラが見えていますよ。
Your bra is showing.

発音 looks good［ルックス　グッドゥ］　mouth［マーゥす］
watering［ウォータゥリン・］　head［ヘッドゥ］　swimming［スウィミン・］

eyes［アーィズ］ lying［ラーィイン･］ day［デーィ］ clouds［クラーゥヅ］
breaking［ブゥレーィキン･］ skin［スキンヌ］
breaking out［ブゥレーィキン･ガーゥトゥ］ bra［ブゥラー］ showing［ショーウイン･］

ここを知りたい

（質問）動詞に ing がついていて、見た感じが現在進行形になっているもので、現在進行形ではないような気がする英文を見たことがありますが、いくつか例をあげていただけないでしょうか。

（答え）それではとてもおもしろい例を紹介します。学校では習われたことがないと思います。

(1) 私の父は理解があります。

My　father　is　　understanding.
　　　　　　　　　　［アンダァステァンディン･］

(2) あくびはうつりますよ。

Yawning　is　catching.
［ヨーニン･］　　　［キャッチン･］

それでは解説をします。

(1) understand は**～を理解する**という意味で習いますが、他にも**理解することができる、わかる**という意味があるので、understanding をつけて、**理解してくれている、わかってくれている**のような意味になっているのです。

(2) catch は**～をつかまえる**という意味で習われたと思います。この場合の catching は**うつりやすい**という**形容詞**なのです。

ここが大切

英語では、動詞に ing をつけて完全な**形容詞**として辞典に載っているものもたくさんあります。**形容詞**として載っているものは、一つの

見出し語として**動詞 ing** の形で載っています。
（例）catching［キャッチン・］［形容詞］うつりやすい

ここが大切

　see は**見える、目に入る**という意味で使う時は、ing をつけることはできません。ところが see things で**まぼろしを見る**という意味で使う時だけは ing をつけて使うのが普通です。

　このように、例外がたまにありますので、辞典をよく読むように心がけてください。

　できれば、例文を覚えてください。上の例の他にも see に ing をつけて使うのが普通の**(異性)と付き合う**という意味があります。
（例）
　(1) あなたはまぼろしを見ているんじゃないの。
　　　You are seeing things.
　(2) 私には他に付き合っている人がいるんですよ。
　　　I'm seeing someone else.

　　発音　seeing［スィーイン・］　things［すィングズ］
someone else［サムワネオス］

これだけは覚えましょう

気のせいですよ。
　You are seeing things.（まぼろしを見ている。）
　You are hearing things.（空耳ですよ。聞き違いですよ。）
　You are imagining things.（考えすぎですよ。）

　　発音　hearing［ヒアゥリン・］　imagining［イメァヂニン・］

●英会話でよく使われる現在進行形を使った表現

(1) I'm telling you. I'm not going.
    (行かないって言っているでしょう。)

(2) You're telling me.
    (①言わなくてもよくわかっていますよ。)
    (②まったくその通りですよ。)
    注意　自分よりも立場が上の人には使えません。

(3) I'm asking you.
    (お願いですよ。)

(4) Are you telling the truth?
    (本当のことを言ってくださいよ。)

(5) I'm not telling you.
    (あなたには言いたくありません。)

(6) I'm telling Mom.
    (ママに言いつけてやる。)

(7) Are you watching your weight?
    (太らないように気をつけているんですか。[体重に注意しているんですか。])

(8) Are you going out with Judy?
    (あなたはジュディーさんと付き合っているのですか。)

(9) Are those two going out?
    (あの2人は付き合っているのですか。)

発音　telling [テリン・]　going [ゴーゥイン・]　asking [エァスキン・]
truth [チュルーす]　watching [ワッチン・]　Judy [ヂューディ]　Mom [マム]
going out [ゴーィンガーゥトゥ]　with [ウィず]　those [ぞーゥズ]

第3章 時制について

10 過去進行形で使われる便利な表現

(1) 君にちょうど電話をかけようとしていたとこなんだよ。
I was just going to call you.
(2) 昨日、ジュディーさんと歩いていなかった？
Weren't you walking with Judy yesterday?
(3) 何の話だっけ？
What were you talking about?
(4) 何の話をしてたっけ？
What was I saying?
　解説　話が中断した時に自分が何の話をしていたのかを忘れた時に使う表現。
(5) 何の話でしたっけ？
You were saying?
　解説　話が中断した後に、相手にさきほどの話を続けてもらう時に使う表現。
(6) 私に話しかけていたんですか。
Were you talking to me?
(7) そうなることは予想していましたよ。
I knew it was coming.

　発音　just [ヂァストゥ]　call you [コー　リュー]　weren't you [ワンチュー]　walking [ウォーキン・]　yesterday [いェスタデーィ]　talking about [トーキンガバーゥトゥ]　saying [セーィイン・]　talking [トーキン・]　knew [ニュー]　coming [カミン・]

11 2種類のタイプがある疑問詞の使い方

ここが大切

英語の疑問詞の使い方には2種類のタイプがあります。
（1）疑問詞＋疑問文？
（2）疑問詞＋be動詞／一般動詞？

解説します。

まず（1）のタイプから説明したいと思います。

たとえば、「あなたは何を言っているのですか。」という日本語を英語に訳したい場合、まず、Yes. No.で答えることができるかどうかを考えます。

もしYes. No.で答えることができないと判断した場合には、日本文の中に疑問詞があるはずです。**疑問詞**とは一番相手に聞きたい言葉なので、まず**疑問詞**を最初に言うのです。

そして、その次に**疑問文**を言い足せばよいのです。

「あなたは**何を**言っているのですか。」

<u>何を</u>　＋　<u>あなたは言っているのですか。</u>
What　　　　are you saying?

次は（2）のタイプについて説明します。

「だれがジュディーさんと歩いていましたか？」

だれがの部分を**トニー君**に置き換えて英文を作ってみると文の成り

立ちがよくわかります。

　　Tony was walking　　　　　with Judy.
　　トニー君が歩いていました　ジュディーさんといっしょに

この **Tony** の部分を **who** と置き換え最後に？マークをつけると出来上がりです。

　　Who was walking　　　　　with Judy?
　　だれが歩いていましたか　ジュディーさんといっしょに

これだけは覚えましょう

●疑問詞＋現在進行形？のパターンの便利な表現
(1) どことどこが試合をしているのですか。

　　Who's playing who?

　　Who's playing?

　解説

　　Who [フー] は**だれ**という意味と**どこ**という意味があります。
　　playing [プレーィン・] で**〜と対戦している、試合をしている**

(2) どっちが勝っているのですか。

　　Who's winning the game?

　　Who's winning?

　解説

　　Who [フー] は**どちら、どっち**という意味で使ってあります。
　　win [ウィンヌ] は**〜に勝つ、勝つ**という意味があります。
　　winning [ウィニン・] に**勝っている**

(3) なぜ試合が遅れているのですか？

　　What's keeping the game?

解説

keep [キープ] **遅れさせる**　keeping [キーピン・] **遅れさせている**
　What's keeping　　the game?
何が遅れさせているのですか　そのゲームを

何がそのゲームを遅れさせているのですか。を自然な日本語で訳すと、**なぜゲームが遅れているのですか**。になります。

●電話で使われる進行形の応用
(1) どちら様ですか。

　① Who's calling, please?
　② May I ask who's calling, please?

発音　who's [フーズ]　calling [コーリン・]　please [プリーズ]
May I [メーィアーィ]　ask [エァスク]

解説

① Who's calling?
　　だれが電話をかけていますか。

②　　May I　　+　ask　+　who's calling,　　please?
　～してもいいですか　尋ねる　だれが電話をかけているか

(2) 私です。

Speaking.

発音　speaking [スピーキン・]

解説　I am speaking.（私が話しています。）の I am を省略してあると考えるとわかりやすい。

(3) もしもし、トニーですが。

①Hello, This is Tony speaking.
②Hello, This is Tony.

発音　Hello [ヘローゥ]　Tony [トーゥニィ]

解説　This is は**こちらは～です**を表しています。

ここを間違える

英語では、見た感じが同じでも単語の使い方がまったく違う場合があります。

(1) What's playing at Subaruza?

(2) What's worrying you?

解説します。

(1)の方の英文と (2) の英文は What's の次に**動詞の ing 形**がきているので、文法的にまったく同じパターンのように思いますが、実際にはまったく違います。

(1) の英文をくわしく説明したいと思います。

　What's playing＋at Subaruza?

英語では、at Subaruza のパターンを1つのかたまりと考えます。
　　　　前置詞　＋　名詞
かたまりごとに訳すと次のようになります。

(1)　What's playing　　　＋　at Subaruza?
　　　何が上映されていますか　　　スバル座で

それでは、次に (2) の英文をくわしく説明します。

(2) What's worrying you?

英語では、動詞の ing 形の次に**人**や**物**がきている場合は、**人や物を〜させている**を表すことが多いのです。

　　What's worrying you?
　何があなたを悩ませているのですか。

これだけは覚えましょう

(1) どうしたの？

What's cooking? (何が起きているの？／(あいさつとして)どうしてるの？)

What's happening? (何が起きているの？)

What's going on? (何が起きているの？　何事だ。)

発音　cooking [クッキン・]　happening [ヘァプニン・]
going on [ゴーゥィノーン／ゴーゥィンゴーンヌ]

(2) 何を悩んでいるの？ (何があなたを悩ませているの？)

What's eating you?

What's troubling you?

What's worrying you?

発音　eating [イーティン・]　troubling [チュラブリン・]
worrying [ワァ～ゥリン・]

(3) スバル座で何を上映しているの？

What's running at Subaruza?

What's showing at Subaruza?

What's playing at Subaruza?

発音　running [ゥラニン・]　showing [ショーゥイン・]
playing [プレーィン・]

解説　スバル座が映画館であれば**上映している**、劇場であれば**上演している**、という意味で使うことができます。

ここを間違える

What's cooking?を**料理は何？**という意味で使われることはほとんどありません。その代わりにWhat's for dinner? (夕食は何？)のように言います。

12 同じ意味を表す現在完了形と現在完了進行形

　過去から現在まで状態が続いている時に、現在完了形と現在完了進行形がほとんど同じ意味を表すことがあります。
　(1) have + 過去分詞形 = 現在完了形
　(2) have been + 動詞の ing 形 = 現在完了進行形

(1) 私は5年間東京に住んでいます。
　① I have lived in Tokyo for five years.
　② I have been living in Tokyo for five years.
(2) 私は5年間英語を勉強しています。
　① I have studied English for five years.
　② I have been studying English for five years.

解説

　①と②の間に差はないと覚えておきましょう。ただし、①の英文は**〜したことがある**という意味もあるので、注意が必要です。

　I have lived in Tokyo for five years.
　(私は5年間東京に住んでいたことがあります。)

　I have studied English for five years.
　(私は5年間英語を勉強したことがあります。)

発音　live [リヴ]　living [リヴィン・]　study [スタディ]　in [イン]
for five years [フォ　ファーィヴ　いゃァズ]

13 現在完了の4つの用法

ここが大切

　現在完了形とは、**過去から現在**の両方の時の流れに関係していることを表すのに便利な表現形式です。

　have＋過去分詞というパターンを使って表します。

　現在完了には4つの用法があります。

（1）　継続用法
（2）　結果用法
（3）　経験用法
（4）　完了用法

　この4つの用法の中で、前のページで触れた用法が**継続**用法と**経験**用法です。

　I have lived in Tokyo for three years.
　① 私は3年間東京に住んでいます。［継続用法］
　② 私は3年間東京に住んでいたことがあります。［経験用法］

　この2つの用法のどちらも**過去と現在**の両方の時の流れに関係があります。

　① の方は、**3年前**に東京に住んでいて**今も**東京に住んでいます。

　② の方は、**以前に3年間**東京に住んでいたことを**今**思い出して話しています。

14 継続と経験を表す
I have lived in Tokyo for three years.

ここが知りたい

(質問) I have lived in Tokyo for three years.を**継続**で使っているのか、**経験**で使っているのかを相手に勘違いされないようにするのにはどうすればよいのですか。

(答え)「私は東京に3年間住んでいます。」を表したい場合には、文の最後に **now** [ナーゥ] 今という言葉をつければよいのです。

"I have lived in Tokyo for three years **now**."

次に経験の意味で使える例をあげておきます。

アメリカ人に「なぜあなたは日本語を上手に話せるの。」とたずねたら、

I have lived in Tokyo for three years.
(私は3年間東京に住んだことがあります。)

とこたえるかもしれません。つまり、時と場合によって意味が違ってくるのです。

ここが大切

「私は東京に3年間住んでいます。」

I have lived in Tokyo for three years now.

のようにするか。または、現在完了進行形を使うと、**継続**の意味しか表さないので、上の日本文と同じ意味を表すことができます。

I have been living in Tokyo for three years.

15 has been to と has gone to について

これだけは覚えましょう

(1) Tony has been to Tokyo.
　　①トニーさんは東京へ行ったことがあります。
　　②トニーさんは東京へ行ってきたところです。
(2) Tony has gone to Tokyo.
　　①トニーさんは東京へ行ってしまった。
　　②トニーさんは東京へ行ったことがあります。

　解説をします。
(1) Tony has been to Tokyo.
　　①の日本文は、「トニーさんは東京へ行ったことがあるので、東京がどんなところか知っています。」という意味です。
　　②の日本文は、「トニーさんは東京へ行ってきたところなので、少し前までここにはいませんでした。」という意味です。
(2) Tony has gone to Tokyo.
　　①の日本文は、「トニーさんは東京へ行ってしまって、今はここにいません。」という意味です。
　　②の日本文は、「トニーさんは東京へ行ったことがあるので、東京がどんなところか知っています。」という意味です。
　　ただし、この意味で使われるのは、アメリカ英語に特に多いようです。

第3章　時制について

ここが知りたい

（質問）Tony has been to Tokyo.には2つ意味があるということですが、相手に誤解をされないように使い分けたいのですが、どうすればよいのでしょうか。

（答え）次のように使い分けてください。
　　（1）トニーさんは東京へ行ったことがあります。
　　　　Tony has been to Tokyo before.
　　（2）トニーさんは東京へ行って来たところです。
　　　　Tony has just been to Tokyo.

解説します。

before [ビフォア] **以前に**という意味の単語を最後につけると**経験**の意味のみを表す英文になります。

　　Tony has been to Tokyo **before**.
　　（トニーさんは以前に東京へ行ったことがあります。）

just [ヂャストゥ] **ごく最近に、少し前に**という意味の単語を文章の中に入れると次のようになります。

　　Tony has **just** been to Tokyo.
　　（トニーさんは［最近、少し前に］東京へ行って来たところです。）

ここを間違える

中学校や高校などで、have gone to は、行ってしまってここにはいない、have been to は行ったことがあると習うことがありますが、理解せずにこのように覚えるとひどい目にあうことがあります。ある人があなたに I have gone to Tokyo.と言ったとします。この英語をあなたは、私は東京へ行ってしまってここにはいない。のように理解したら、あなたは相手が何のことを言っているのかわからなくなるで

しょう。私は東京へ行ったことがあります。と考えるのが自然です。私は東京へ行ってここにはいません。と相手が言うはずがないからです。

ここが知りたい

(質問)「私は東京へ行ったことがある。」を英語で言いたい場合は、I have been to Tokyo.と I have gone to Tokyo.の 2 種類の言い方ができるということですか。

(答え) その通りです。要点をまとめると次のようになります。
(1) have gone to と have been to の両方がアメリカ英語では〜へ行ったことがあるで使われています。
(2) イギリスでは have been to を〜へ行ったことがあるという意味で使う人が多いようですが、have gone to も〜へ行ったことがあるという意味で使う人も少しずつ増えてきているようです。
(3) I が主語になっている場合は、have gone to と have been to の両方が〜へ行ったことがあるという意味で使われます。
(4) 入試や資格試験には、have gone to を〜を行ってしまってここにはいない、have been to を〜へ行ったことがあるのように使い分ける方がよいでしょう。主語が I の場合でも〜へ行ったことがあるを表さなければならない時は have been to を使ってください。

  I have been to Tokyo.
  (私は東京へ行ったことがあります。)

16 経験を表す Have you ever～?と Did you ever～?

これだけは覚えましょう

(1) Have you **ever** seen Tokyo Tower?
(あなたは東京タワーを見たことがありますか。)
(2) I have **never** seen Tokyo Tower.
(私は一度も東京タワーを見たことがありません。)

　発音　seen [スィーンヌ]　ever [エヴァ]　never [ネヴァ]　Tower [ターウァ]

解説します。

ever は、かつて、今までにという単語なので、この単語を使うことで、経験の意味をはっきりさせることができます。

never は not ever のことで、1度も～ないを表すことができることから経験が一度もないという意味を表したい時に使う単語です。

ここが大切

アメリカ英語では Have you ever～?だけではなく Did you ever～?を使ってあなたは～したことがありますかを表すことができます。

あなたは東京タワーを見たことがありますか。
(1) Have you ever seen Tokyo Tower?
(2) Did you ever see Tokyo Tower?

ここが知りたい

（質問）not ever と never が同じ意味であるということは I have never seen を I have not ever seen と言い換えることができるということなのですか。

（答え）まったくその通りです。

（質問）Have you ever seen Tokyo Tower?の ever を言うのを忘れると文法上間違った英語になるのでしょうか。

（答え）ever を言い忘れても、文法上は間違いではありませんが、**東京タワーを見たことがあるのですか。**というよりもむしろ**東京タワーを見ましたか。**のような意味で相手に解釈される可能性があるので、**経験**をはっきり表したい時は **ever** を使った方がよいと思います。

（質問）Have you ever seen の後ろにくる**名詞**は、数えられない名詞はaやsをつける必要がないので迷いませんが、**tiger** [ターィガァ] トラのような単語の場合には a tiger と tigers のどちらを使えばよいのですか。

（答え）「トラを見たことがありますか。」と尋ねているということは「**1匹のトラ**でもよいので、今までに見たことがありますか。」という意味であると考えて Have you ever seen a tiger?のように言う方がよいでしょう。

17 現在完了の結果用法と過去形との違いについて

ここが大切

　英語の**過去形**は**過去**のことだけにふれていて、**今**のことについてはまったくふれていません。

　現在完了形の場合には、過去のことだけではなく、**過去で起こったことが今もそのまま**であるということを表しています。

　次のような例で考えると過去形と現在完了形の差がよくわかります。

　　私は私の時計を失った。

　① I lost my watch.

　② I have lost my watch.

　　発音　　lost［ローストゥ］ watch［ワッチ］

　①の場合は lost という**過去形**を使っているので、過去に失ったということのみを表しており、**私の時計が今どうなっているのかについては一切表していません。**

　②の場合は、have lost という現在完了形を使っているので、過去に**私の時計を失ってそしてその結果今も失ったままである**ことを表しているのです。

　ここで紹介している例は、現在完了の**結果用法**と考えることができます。

18 継続用法と結果用法について

(質問) 現在完了の**継続用法**と**結果用法**は同じと考えてもよいのでしょうか。

(答え) まったく同じというわけではありませんが、ほとんど同じと考えることができます。
　正確には次のように覚えておいてください。

　英語の動詞には、**動作**を表す動詞と**状態**を表す動詞があります。**継続用法**の時には、基本的には、**状態**を表す動詞を使って **have＋過去分詞**の形で表します。もし**動作**を表す動詞を使いたければ**動詞の ing 形**にして **have been＋〜ing** の形で使うようにしてください。ただし、動詞によっては、**have＋過去分詞形**と **have been＋〜ing 形**の両方を使って英語に訳せる場合もあります。
(例)
(1) 私は東京に 5 年間住んでいます。

　　I have lived in Tokyo for five years.

　　I have been living in Tokyo for five years.

　結果用法の場合には、**動作**を表す動詞を使うと考えておいてください。

(2) あおいさんは医者になった。

　　Aoi became a doctor.

　　Aoi has become a doctor.

　　発音　became［ビケーィム］　become［ビカム］　doctor［ダクタァ］

　この場合は、医者になって、その**結果**今も医者であるということを表しています。

19 疑問文の作り方について

ここが知りたい

（質問）疑問文の作り方について教えてください。なぜ現在完了の時には Have you〜?というのですか。疑問文の仕組みがよくわかりません。

（答え）非常によい質問だと思います。否定文と疑問文は次のような公式に当てはめることで正しい英文を作ることができます。

[否定文]（1）（2） not ［疑問文］（2）（1） ?

You have a book.

You have（あなたは持っています）

You a book（あなたは本）

どちらがよく意味がわかるのかを考えます。You a book（あなたは本）では不自然なので You have（あなたは持っています）の方がよくわかると考えてください。そして have の左横に not を入れます。否定文は **(1)(2) not** という公式に当てはまっていなければなりません。ところが実際には You ___ not have のようになっており、
　　　　　　　　　　　　　　　　　(1)　(2)
このままでは（2）がないので、（2）（1）のようにひっくり返すことはできません。

　（2）がない時、主語が You の場合には do を入れます。これで（1）（2）がそろったことになるので、

<u>You</u>　<u>do</u>　not have〜?　　<u>Do</u>　<u>you</u>　have〜?
(1)　(2)　　　　　　　　　(2)　(1)

とすればよいことがわかります。このように考えると You have seen Tokyo Tower. の否定文と疑問文の作り方がわかるのです。You have（あなたは持っている）You seen（あなたは見た）You Tokyo Tower（あなたは東京タワー）一番意味のよくわかるものを探します。You seen（あなたは見た）が一番自然なので、seen の左横に not を入れます。

<u>You</u>　<u>have</u>　not seen〜.　　<u>Have</u>　<u>you</u>　seen〜?
(1)　(2)　　　　　　　　　　(2)　(1)

20 現在完了の決まり文句

完了用法については、理解をするというよりも、丸暗記をした方が早いので、まずは次のパターンを覚えてください。

これだけは覚えましょう

(1) あなたは**もう**この本を読みました**か**。
   Have you read this book **yet**?
(2) 私は**まだ**この本を読んで**いません**。
   I have **not read** this book **yet**.
(3) 私は**たった今**この本を読んだ**ところです**。
   I have **just** read this book.
(4) 私は**もう**この本を読みました。
   I have **already** read this book.

発音　read [ゥレッドゥ]　yet [いェットゥ]　just [ヂァストゥ]
already [オーォゥレディ]

(1) 疑問文で yet を使うと、**もう～しましたか**
(2) 否定文で yet を使うと、**まだ～していません**
(3) 肯定文（普通の文）で just を使うと、**たった今（ちょうど）～したところ**
(4) 肯定文の中で already を使うと、**もうすでに～しました**

21 yet と already、not yet と still not の意味の違いについて

［感情を表す現在完了］

　学校英語ではほとんど習いませんが、知っておくと便利な表現を紹介しておきます。

(1) あなたはもうこの本を読みましたか。

　① Have you read this book **yet**?

　② Have you read this book **already**?

(2) 私はまだこの本を読んでいません。

　① I haven't read this book **yet**.

　② I **still haven't** read this book.

　解説します。

　(1) ①の yet の代わりに already を使うと、話し手が思っていたよりもあまりにも早く読み終わっていたことに、びっくりしている時に使う表現になります。日本語にすると、次のような意味になります。

　② **あなたはもうこの本を読んでしまったのですか。**

　(2) ①の yet の代わりに still を入れるとイライラしている気持ちを表すことができます。日本語訳にすると次のようになります。

　② **私はこの本をまだ読めていないんですよ。**

これだけは覚えましょう

●have you been を使った表現

(1) How have you been?
　　（いかがお過ごしでしたか。）

(2) How long have you been in Kyoto?
　　（どのくらい京都に滞在していらっしゃるのですか。）

(3) How long have you been with this company?
　　（どのぐらいこの会社にお勤めですか。）

(4) How long have you been at your present company?
　　（どのぐらい今の会社にお勤めですか。）

(5) Where have you been?
　　（どこに行っていたの？）

(6) What have you been doing?
　　（何をしていたの？）

(7) What have you been doing till now?
　　（今まで何をしていたの？）

発音　at [アットゥ]　present [プゥレズントゥ]　how long [ハーゥ　ローン・]
in [イン]　with [ウィず]　company [カンパニィ]　what [ワッ・]　where [ウェア]
till now [ティオ　ナーゥ]

解説します。

現在のことを表している表現を現在完了形に変えると次のようになります。

How **are you**? → How **have you been**?
What **are you** doing? → What **have you been doing**?
Where **are you**? → Where **have you been**?

これだけは覚えましょう

(1) I've had it.
   (① もういやだ。② もうだめだ。[手遅れだ。])

(2) We've had it.
   (年貢の納め時だ。[私たちはもうだめだ。])

(3) Uncle Tony has had it.
   (① トニーおじさんはもうだめだよ。② トニーおじさんはもう過去の人ですよ。)

(4) Don't say you've had it already.
   (音をあげるのが早すぎるんじゃないの。)

(5) These shoes have had it.
   (このくつはもうだめになっちゃった。)

(6) This tape has had it.
   (このカセットテープは伸びてしまってもうだめだ。)

(7) That company's had it.
   (あの会社はもうつぶれちゃったんだよ。)

(8) I've had it with you.
   (もう君にはうんざりだ。)

発音　say [セーィ]　've [ヴ]　had it [ヘァディッ]　these [ずィーズ]
shoes [シューズ]　tape [テーィプ]　company's [カンパニィズ]　with [ウィず]

解説します。
　have と has は次のように短縮形で使われることがあります。
　　has had it = 's had it
　　have had it = 've had it

これだけは覚えましょう

●have got〜there を使った表現

(1) You've got me there.
 (① 君には1本やられたよ。② 私にはわかりませんよ。)

(2) I've got you there.
 (これで君の負けだよ。)

(3) You've got something there.
 (君はなかなかいいことを言いますね。)

発音　've［ヴ］　got me［ガッ・ミー］　there［ゼァ〜］　got you［ガッチュー］
got something［ガッ・サムスィン・］

　解説します。
　(1)と(2)のget には、**人を困らせる、やりこめる**という意味があります。だから、You've got me で、**あなたは私をやりこめてしまった**という意味になります。there には**その点では**という意味があるので、

　　You've got me　　＋　　there.
　あなたは私をやりこめた　　　その点で＝君には1本やられた。

　　I've got you　　＋　　there.
　私はあなたをやりめこめた　　　その点で＝これで君の負けだよ。

　(3)のget には**理解する、わかる**、そしてsomething には**少し**という意味があるので、You've got something.で**あなたは少しわかっています**という意味だと考えることができます。
このことから次のようになります。

　　You've got something　　there.
　あなたは少しわかっています　その点で＝君はなかなかいいことを言いますね。

104

第3章 時制について

コミュニケーションのための英語情報

英語では、中学校でならった単語と文法を使ってあるのにもかかわらず、思いもよらない意味が英語の奥にひそんでいることがあります。たとえば、次の表現はどんな時に使うと思いますか。

(1) Now　I've heard everything.
　　　やっと　私はすべてを聞きましたよ。

(2) Now　I've seen everything.
　　　やっと　私はすべてを見ましたよ。

単語と発音　　everything［エヴゥリスィン・］すべて　now［ナーゥ］やっと
heard［ハ～ドゥ］聞いた　seen［スィーンヌ］見た

解説します。

大切な言葉は everything（すべて）です。世の中の物の**すべてを見たり、すべてを聞いたり**するということは、実際問題としては不可能です。

たとえば、あなたは UFO、幽霊、妖怪を見たことがありますか。一般人では、聞こえない他の人の心の中の声や神様の声を聞いたことがありますか。ほとんどの人はないのではないでしょうか。上の表現の（1）は、**普通では聞くことのないものを聞いた時**、（2）は**普通では見ることがないものを見た時**に使う表現なのです。あえて、訳すとすれば、**びっくりした。**という意味になると思います。

第4章
命令文について

1 命令文について

 ここからは、命令文について考えてみようと思います。
 あなたの友だちとあなたが話をしていると、急に雨が降り始めました。
あなた 「悪いけど、窓を閉めてよ。雨が入ってきているから。」
友だち 「いいよ。」

 解説します。
 日本語では、相手に話しかける時には、主語（〜は）の部分を言わないことが多いのは、ご存じのことだと思います。英語でも、**命令文**の時は、主語（〜は）の部分を言わないのが普通です。

ここを間違える

 (1) 窓を開けてよ。
 (2) 窓を開けなさい。

 この2つの日本語を比べると（1）の日本文は、相手に頼んでいる感じがしますが、（2）の日本文は、相手に命令している感じがします。
 ところが、（1）と（2）の日本文を英語に訳すとまったく同じ英文になります。

 (1) Open the window.
 (2) Open the window!

ただし、発音の仕方が違うので文章で表す場合は、.と！のようなマークを使って意味の違いを表さなければなりません。

(1)の英文は、後ろを軽くあげながらやさしく発音します。

(2)の英文は、いかにも命令しているという気持ちを込めて発音しなければなりません。

ここが知りたい

(質問) 窓を開けてよ。という日本語を英語に訳した場合、Will you open the window?とすることもできるのですか。

(答え) できます。ただし、注意していただきたいことがあります。中学などでは Will you〜?という表現を**〜してくれますか、〜してもらえますか**という意味で教えているようですが、この表現は、あまりていねいな表現ではないのです。

この表現は上下関係がある場合に使われることが多いのです。

部長が係長に何かを頼む場合に使うとぴったりの表現なのです。それから、Will you〜?の表現は発音の仕方を間違えると、**命令文**に変わってしまうのです。

(1) Will you open the window?

　　(窓を開けてくれますか。)

　　＊will を弱く発音して最後を軽くあげます。

(2) Will you open the window?

　　(窓を開けなさい。)

　　＊will を強く発音することで文の最後が自然に下がります。

つまり、英語では文の最後を軽く上げると、親しみを込めた言い方になり、下げると命令文になるのです。

ここが大切

　Thank you.(ありがとう)という表現は命令文ではありません。

　英語では、You が省略されている場合は、**命令文**ですが、Thank you.の場合には You が省略されているわけではないので、**命令文**ではないのです。

　それでは Thank you.の成り立ちについて考えてみたいと思います。

　thank [セァンク] は**感謝する**という意味の動詞です。Thank you.は**あなたに感謝する**。という意味であることがわかります。

　つまり、相手に**私は感謝していますよ**。と言いたいのであれば、I thank.ということもありうるということです。

　ただし、注意していただきたいのは、Thank you.は決まり文句として学校で教えているので、問題はありませんが、I thank.は完全な文ではないので、テストに使うと×になりますが、I thank you.ならば、**私はあなたに感謝しています**。という正しい英文になります。

　学校で習う英語と実際の使い方にかなりの差があるのです。まずは基本英文法にしたがって勉強をしてください。

ここが知りたい

(質問) 学校で習う英語とかなり違う例をあげていただけますか。

(答え) たとえば、Do you like English?（あなたは英語が好きですか。）とあなたが質問されたら、あなたはどう答えますか。たぶん、Yes, I do.(はい。) または、No, I don't.(いいえ) とお答えになると思います。それでは、do は何をさしているのでしょうか。

　次のように考えるとすぐにわかります。

　　Do you like English?（あなたは英語が好きですか。）
　　Yes, I do.(はい)

もう少しくわしく答えるとよくわかります。

Yes, I like English.(はい、私は英語が好きです。)
　ただし、英語では同じ名詞を2回くり返すことはあまりないので、Englishをitに変えて言うのが一般的です。
　　Yes, I like it.
　つまり、Yes, I like.という英語は正しい英語ではないのです。ところが、実際の会話では、2人の間で何のことを聞いているかがわかっている場合には、likeの後ろに**単語**を付け加えないでしゃべることがよくあります。
　夫婦の会話を例にあげてみます。
（妻）How do I look?（私の服装どう？）
（夫）I like.(私は好きだよ。)
（妻）You like.(あなたは好きなんだ。)
この場面では、likeの後ろに名詞を言う必要がないから、言っていないのです。

2 be 動詞からはじまる命令文について

ここが大切

　英語の命令文には2種類のパターンがあり、一般動詞を使う場合と be 動詞を使う場合があります。ここでは be 動詞からはじまる命令文について勉強しましょう。

　「静かにしなさい。」を英語でどう言えばよいのか考えてみましょう。「あなたがやかましい。」と「あなたは静かにしなければならない。」と言われる。そうすれば、**あなたは静かにする**。その結果、**あなたは静かな状態になる**。「あなたは静かですね。」と言われる。

　このように考えると、**静かな**という**形容詞**を使って英語に訳さなければならないことがわかります。

(1) あなたは静かです。
　　You are quiet.
(2) あなたは静かにしなければならない。
　　You must **be quiet**. [ユー　マス・ビークワーィアットゥ]
(3) 静かにしなさい。
　　Be quiet.

第4章 命令文について

ここを間違える

「あなたは静かだ。」という日本語を英語に訳そうとする時、この日本文の中に**動詞**がないので、**be動詞＋静か**を使って英語に訳せばよいことがわかります。ところが英語には、**静けさ、落ち着き**という意味の quietness［クワーィアッ・ニス］と、**静かな**という意味の quiet［クワーィアットゥ］という単語があります。

このどちらかを使って英語に訳さなければなりません。さてどちらを使ったらよいでしょうか。

(1) 状態を表しているのであれば、quiet という**形容詞**を使えばよいのです。
(2) **あなた**と**静けさ**が同じものである（イコール）と考えられるのであれば、quietness という**名詞**を使えばよいのです。

さてどちらがぴったりだと思いますか。

この場合は、「あなたは静かな状態にある。」と考えるのが適切であると考えて、You　are quiet. とすればよいのです。ただし、静と
　　　　　　　　be動詞＋静かな
いう名前の人がいると考えると、次のようになります。

　You are Shizuka.（あなたは静さんです。）

この場合、You = Shizuka（あなた＝静）と考えることができます。

ここを間違える

(1) You are Shizuka.（あなたは静さんだ。）
(2) You are quiet.（あなたは静かだ。）

この2つの英文に must を入れると次のようになります。

(1) You must be Shizuka.
(2) You must be quiet.

この2つの英文はまったく違った意味になります。

(1) You must be Shizuka.
　① あなたは静さんに違いない。
　② あなたは静さんでしょう。
(2) You must be quiet.
　（あなたは静かにしなければならない。）

解説します。

（1）must be の後ろに**物の名前や人の名前**が来ていると、可能性を表す。**きっと〜に違いない、きっと〜でしょう**のような意味になります。

You must be Shizuka. という英文は、ある家を訪問して、あらかじめ何という人が住んでいるかを知っていて、その人が戸口に出て来たと思った時に使えばぴったりの表現です。

（2）must be の後ろに**状態**を表す言葉が来ていると**〜しなければならない**と訳せばわかりやすい日本語になります。

ここが大切

命令文に please をつけるとていねいな表現になると学校では教えていますが、いつもていねいになるわけではありません。

please をつけることによってていねいな言い方になるのは、相手に物を勧める時です。相手に何かを強制したり、禁止したりするような時には please をつけるだけではていねいさを表すことはできません。そのような時に、Would you please〜? や Could you please〜? を使ってください。

（1）お茶をどうぞ。
　　Please have some tea.
　　Have some tea, please.

(2) 静かにしてください。

  Would you please be quiet?

  Could you please be quiet?

あまりむずかしく考えないでください。日本語の**どうぞ**と同じように使えばほとんど問題はありません。Please の命令文以外にも、名詞といっしょに使うこともできます。**名詞、please.** で、**～をお願いいたします**。を表せます。

 Would you please take off your shoes?

 （くつを脱いでいただけますか。）

この英文を No shoes, please. で言い換えることもできるのです。同じように考えると次のように言えることがわかります。

 Please put on your shoes.（くつをはいてください。）

 Shoes, please.（くつをはいてください。）

3 否定命令文について

これだけは覚えましょう

(1) You must be **quiet**.
　　（あなたは静かにしなければならない。）

quiet の反対の意味を置きます。

(2) You must be **noisy**.

この英文の否定文を作ります。

(2)′ You mustn't be **noisy**.
　　（あなたはやかましくしてはいけません。）

(1)′ You must be quiet.
　　（あなたは静かにしなければならない。）
　　＝Be quiet.（静かにしなさい。）

(2)″ You **mustn't** be noisy.
　　（あなたはやかましくしてはいけません。）
　　＝**Don't** be noisy.（やかましくするな。）

　解説します。

　must を使った否定文は must not または mustn't [マスントゥ]、must が入っていない英文は **Don't** を使って否定文にします。
（例）
　　You must study.（あなたは勉強しなければならない。）
　　Study.（勉強しなさい。）

第4章 命令文について

You **mustn't** study.（あなたは勉強してはいけない。）
Don't study.（勉強するな。）

これだけは覚えましょう

Be から始まる命令文

(1) Be cool.（落ち着きなさい。）
(2) Be serious.（まじめにしなさいよ。）
(3) Be my guest.（ご自由にどうぞ。）
(4) Be a good boy.（いい子でいなさいよ。）
(5) Be my guest. This is on me.
　　（遠慮しないでね。私のおごりですよ。）
(6) Be yourself! Don't envy others.（自分は自分、人は人）
(7) Don't be shy.（恥ずかしがらないでね。）
(8) Don't be lazy.（時間を無駄にしないでね。）
(9) Don't be silly.（馬鹿なことを言うな［するな。］）

発音　cool［クーオ］　serious［スィゥリアス］　guest［ゲストゥ］
yourself［ヨアセオフ］　envy［エンヴィ］　others［アざァズ］　shy［シャーィ］
lazy［レーィズィ］　silly［スィリィ］

解説します。

(6)　<u>Be yourself!</u>　　<u>Don't envy</u>　　<u>others.</u>
　　　自分らしくしなさい。　うらやむな　　他人のことを

これだけは理解してから覚えましょう

●stranger の入った表現と命令文の関係
　　Don't be a stranger.
　　①また会いに来てね。
　　②水くさいよ。

解説します。

stranger [スチュレーィンヂァ] には次のような意味があります。

① 見知らぬ人、他人、珍しい人
② 土地に不案内な人
③ 部外者、経験のない人

That boy is a perfect stranger to me.
(あの少年は私のまったく知らない人です。)

I'm a stranger around here.
(私はこの辺りのことはわからないのです。)

You are quite a stranger here.
(ひさしぶりですね。[最近めったに会いませんね。])

Hello, stranger. (やあ、久しぶり。)

このような使い方があります。つまり、a stranger が、**久しぶりに出会った人**のような意味で使われることができることから、Don't be a stranger. で「**久しぶりに出会った人**にならないでね。」＝「また会いに来てね。」となるわけです。それから、a stranger を**部外者**という意味で考えると、「部外者になってはいけない。」＝「水くさいよ。」となるのです。

単語 perfect [パァ〜フィクトゥ] 完全な　quite [クワーィトゥ] まったくの

ここが大切

英語では、同じ意味の内容をまったく違った言い方で表すことができます。

(1) Don't work too hard.
　　(無理をしないでね。)
(2) Take it easy.
　　(無理をしないでね。[気をつけてね。])

(3) Take care.

　　　(無理をしないでね。[気をつけてね。])

解説します。
(1) <u>Don't work</u>　　<u>too hard.</u>
　　　　働くな　　あまりにも一生懸命に＝働き過ぎないでね。
(2) 　<u>Take it</u>　　<u>easy.</u>
　　　それを考える　気楽に＝気楽に考えなさい。

このようなことから、どちらも**無理をしないでね**。という意味になります。この２つの表現は、別れ際に使うことが多いようです。

Take it easy. には他にもいくつかの意味があります。

　Now, now. Take it easy.（まあ、まあ、落ち着いて。）
のように人をなだめる時にも使えます。

　Take it easy.（注意して扱ってね。[やさしく扱ってね。]）
人や物の扱いがよくない人に対して使う表現です。

　発音　work [ワ～ク]　too hard [トゥー　ハードゥ]
Take it easy. [テーィキティーズィ]

これだけは覚えましょう

●「注意をする」「気をつける」を表す命令文
(1) 気をつけなさい。[注意をしなさい。]
　　① Look out! [ルッカーゥ・]
　　② Watch out! [ワッチャーゥ・]
　　③ Be careful! [ビー　ケァフォー]
(2) 車に気をつけなさいよ。
　　① Watch out for [cars, the traffic].
　　② Look out for cars.
　　③ Be careful to look out for cars.

解説　cars の代わりに the traffic [チュラフィック] を使うことができます。
(3) 足元に注意してね。すべるよ。
　　Watch your step. It's slippery. [スリパゥリ]
(4) 頭をぶつけないように注意してね。
　　Watch your head. [ヘッドゥ]
(5) 言葉遣いに気をつけなさい。
　　Watch your language.
　　Watch what you say.
　　解説　**あなたの言葉に気をつける**ということは、**あなたが言うことに気をつける**という意味なのです。
(6) 太らないよう気をつけなさいよ。
　　Watch your weight.
　　解説　**太らないように気をつけなさいよ。**を英語で書いた時は、**あなたの体重に注意をしなさい。**と考えればよいのです。

これだけは覚えましょう

●care, careful, carefully を使った命令文
(1) 気をつけて帰ってね。
　　Be careful when you go home.
　　Be careful [in, about] going home.
　　Be careful going home.
　　解説　careful の後には in または about がよく使われますが、in や about を省略された言い方がよく使われます。
　　「あなたが帰る**時に、**注意してね。」の**時に**を表した場合、**When＋主語＋動詞**または **in ～ing** のパターンを使えばよいのです。
　　発音　about [アバーゥトゥ]　　going home [ゴーゥイン・ホーゥム]

(2) 体に気をつけてね。[体を大切にしてね。]
Be careful [of, about] your health.
Take care of your health.
Take care of yourself.

　解説　of と about は**〜について**という意味で使ってあります。health [ヘォす] は健康という意味の単語ですが、Take care of 〜. の文のパターンで使われる時は、yourself [ヨアセオフ] といっしょに使うことが多いようです。

(3) ストーブの扱いに注意しなさいよ。
Be careful with the heater.
Be careful in using the heater.
Use the heater carefully.

　単語　use [ユーズ] 〜を使う　carefully [ケアフリィ] 注意深く

これだけは覚えましょう

●「〜の言うことを聞く」を使った命令文
(1) 先生の言うことを聞きなさい。
Mind your teacher.

　解説　mind [マーィンドゥ] 〜の言うことを聞く、〜にしたがう

(2) 私がこれから言うことを注意して聞いてください。
Please listen carefully to what I'm going to say.

　解説　listen carefully to 〜に注意して聞く
what I'm going to say　私がこれから言う**こと**

(3) よく注意して先生の話を聞きなさい。
Pay attention and listen to what your teacher says.

　解説　pay attention [ペーィ アテンシュンヌ] 注意を払う
what your teacher says [ワッチョティーチァ セッズ] あなたの先生の言うこと

(4) みなさまお聞きください。[お知らせいたします。]

Attention, please.

May I have your attention, please?

(5) 私の言うことを最後まで聞いてください。

Hear me out, please.

　単語　hear me out [ヒァ　ミー　アーゥトゥ] 私の言うことを最後まで聞く

(6) 私の言うことを聞いてよ。

Listen to me.

　解説　私の言うことを me または what I say で表すことができます。

これだけは覚えましょう

●come を使った命令文

(1) こっちへおいでよ。

Come here.

(2) さあ、こっちへおいでよ。

Come over here.

(3) 入ってよ。

Come in.

(4) お入りになってください。[遠慮しないでお入りください。]

Please come on in.

(5) こっちへ出ておいでよ。

Come out here.

(6) こっちへ入っておいでよ。

Come in here.

(7) こっちへ帰ってこいよ。

Come back here.

(8) ここに上がっておいでよ。

　　Come up here.

(9) ここに降りておいでよ。

　　Come down here.

単語　come [カム] 来る　in [イン] 中へ　up [アップ] 上へ　down [ダーゥン] 下へ　back [ベァック] 元へ　here [ヒア] ここに　over here [オーゥヴァヒア]

解説　Come in.に感情を入れた言い方がCome on in.となります。

これだけは覚えましょう

●it を使った命令文

(1) 話をするな。

　　Cut it out! [カッティターゥ・]

(2) 止めろよ。[いい加減にしろよ。]

　　Stop it! [スタッピッ・]

(3) その話はよせよ。[いい加減にしろよ。]

　　Knock it off! [ナッキットーフ]

(4) いい加減なことは言うなよ。

　　Come off it. [カモーフィッ・]

(5) 動かないでね。／そのまま待っていてね。（電話で）

　　Hold it! [ホーゥオディッ・]

(6) 絶対にイヤです。／もう気にしないでね。

　　Forget it. [ファゲッティッ・]

(7) 冷静になりなさいよ。

　　Cool it. [クーリッ・]

これだけは覚えましょう。

●get を使った命令文
(1) 私の車に乗ってください。
    Get into my car, please.
(2) 私の車から降りてください。
    Get out of my car, please.
(3) そこへ入ってね。
    Get in there.
(4) ここから出て行け！
    Get out of here.
(5) 謙虚になりなさい。
    Get (down) off your high horse.
(6) 独立しなさい。
    Get on your feet.
(7) 気を引きしめなさいよ。[しっかりしなさいよ。]
    Get on the ball.
(8) すぐに取りかかりなさい。
    Get busy.
(9) 私のことを誤解しないで。
    Don't get me wrong.

解説します。

get in または into の反対が get out of になります。

get on で～に乗る、get off で～から降りる

単語　high horse [ハーイ　ホース] 高い馬　feet [フィートゥ] 2本の足
busy [ビズィ] いそがしい　wrong [ゥローン・] 間違って　get [ゲットゥ] する、なる

第4章 命令文について

これだけは覚えましょう

(1) 私のことを祈っていてね。
　　Wish me luck.
(2) もっと大人になりなさいよ。
　　Grow up.
(3) だれか他の人に聞いてね。
　　Ask around.
(4) ジュディーさんのことは忘れなさい。
　　Forget about Judy.
(5) （謝罪に対して）気にしないでね。／その話はもういいよ。
　　Forget about it.
(6) 私にまかせて。
　　Leave it to me.
(7) そのままにしておいてね。
　　Leave it as it is.
(8) 秘密にしておいてね。
　　Keep it a secret.
(9) ガソリンを満タンにしてください。
　　Fill it up.

単語　wish［ウィッシ］祈る　luck［ラック］幸運
grow up［グゥローゥアップ］成長する　ask［エァスク］尋ねる
around［アゥラーゥンドゥ］まわりに
forget about it［ファゲッタバーゥティットゥ］それについて忘れる
leave［リーヴ］まかせる、残す　as it is［アズ　イティイーズ］そのままに
fill it up［フィリタップ］ガソリンを満タンにする

125

ここが知りたい

（質問）Forget it. と Forget about it. は同じような意味のような気がするのですが、間違っているでしょうか。

（答え）ほとんど同じ意味であると考えても差しつかえありません。直訳すると次のようになります。

　　Forget it.　**それは忘れなさい。**

　　Forget about it.　**それについては忘れなさい。**

　この2つの表現の成り立ちを比べると、動詞の後ろに it が直接くっついている表現と、動詞＋about＋it のように動詞と it が間接的にくっついている表現との違いなのです。

　間接的な方がやわらかい表現であると考えることができます。このことは日本語でも同じだと思います。

（質問）about があるかないかでまったく意味が違ってくることもあるでしょうか。

（答え）違ってくることもあります。次のような例があります。

　　I don't know you.
　　（私はあなたのことは知りません。）

　　I don't know about you. I'm hungry.
　　（私は君はどうか知らないけれど、私はおなかがすいています。）

　　I know Tony.
　　（私はトニー君のことは（内面的なことまで）知っていますよ。）

　　I know about Tony.
　　（私はトニー君については（外面的に）知っています。）

第5章

強調について

1 「本当に」または「私が言っていることは本当ですよ」を表す方法

次は学校ではあまり習わない、強調の仕方について考えてみたいと思います。

あなたの友だちとあなたは、UFO（ユーフォー）について話しています。

あなた「昨日、UFO を見たの。」
友だち「本当に？」
あなた「本当に UFO を見たの。ウソじゃないよ。」

英語では、色々な単語を使って同じ意味を表すことができます。

I really saw a UFO. It's true.

（私は本当に UFO を見たの。本当ですよ。）

単語 really [ゥリアゥリィ] 本当に
UFO [ユー エフ オーゥ] 未確認飛行物体

ところがこの英語をまったく違った言い方で表現することができるのです。

I **did** see a UFO.

この英語で次のような意味を表すことができます。

(1) 私は本当に UFO を見たの。
(2) 私が UFO を見たという話はウソではないですよ。

第 5 章　強調について

ここが大切

　　I saw a UFO.（私は UFO を見た。）

という英語の saw を did see にするだけで、**本当に**という意味を表すことができます。つまり、see の前に過去を表す助動詞の did をおくことで、**見た**という動詞を強調したことになるのです。動詞を強調するだけであれば、really saw **本当に見た**ということもできますが、did see を使うことで、**私が今言ったことは本当の話なんですよ。**という意味まで表すことができる便利な言い方なのです。

ここが知りたい

（質問）I saw a UFO.という文を I did see a UFO.にできるということは、**現在**のことを表している時は、do や does を使うと、同じように、**本当に**または**私が言っていることは本当ですよ。**のような意味を表すことができるということですか。

（答え）そういうことです。例をいくつかあげてみたいと思います。

　　I swim every day.
　　（私は毎日泳ぎます。）
　　I do swim every day.
　　（私は本当に毎日泳ぎます。私が毎日泳ぐというのは本当ですよ。）
　　Tony studies every day.
　　（トニーさんは毎日勉強していますよ。）
　　Tony does study every day.
　　（トニーさんは本当に毎日勉強していますよ。本当の話ですよ。）

（質問）do や does を入れることができない場合はないのですか。

（答え）すばらしい質問です。do や does を入れることができない場合もあります。次のように考えると do や does を入れることができるかできないかがわかります。基本になる英文を否定文にしてください。

　I am busy. → I'm not busy.
　I can swim. → I can't swim.

　否定文ができれば、not の直前にある言葉を**強く読んでください**。そうすれば、**本当に、私が言っていることは本当ですよ**。を表すことができるのです。

　I AM busy. I CAN swim.

これだけは理解しましょう

　次のように考えると not を入れる位置がわかります。
(1) I am busy.
　I am（私です）**I busy**（私はいそがしい）
　どちらがよく意味がわかるかを考えます。
　この場合は I busy の方がよく意味がわかります。
　次に busy の直前に not を入れればよいのです。
　I **am** not busy.
(2) I can swim.
　I can（私はできる）I swim（私は泳ぐ）
　どちらが意味がよくわかるかを考えます。
　この場合は、I swim の方がよく意味がわかります。
　次に swim の直前に not を入れればよいのです。
　I **can** not swim.
(3) I speak English.
　I speak（私は話す）I English（私は英語）
　同じように考えると、この場合は、I speak の方が意味がよくわ

かるので、speak の直前に not を入れます。

I not speak English.

ここで大切なことは、not の直前に I 以外の単語がなければ、正しい英語ではないのです。

(1) には **am**、(2) には **can** がありましたが、(3) には何もありません。このような時に do を入れるのです。

I **do** not speak English.

ここが大切

(1) **I have a book**.
(2) **I have seen Tokyo Tower**.

(1) と (2) の have は実は**働き**が違うのです。次のように考えるとよくわかります。

(1) I have (私は持っています) I a book (私は本)

どちらがよく意味がわかりますか。

私は本では、意味がわからないので、= I have (**私は持っています**。) の方がよくわかります。次に have の直前に not を入れます。

I not have a book.

not の直前に I 以外の単語がないので、do を入れなければならないことがわかります。

これで正しい**否定文**ができあがったことになります。

［否定文］I do not have a book.

(2) I have (私は持っています) I seen (私は見た)

I Tokyo Tower (私は東京タワー)

どれが一番よくわかるかを考えます。I seen (私は見た) が一番意味がよくわかることがわかります。このことから seen の直前に not を入れればよいことがわかります。

そして not の直前に have があることからこのままで正しい**否定文**であることがわかります。

［否定文］I have not seen Tokyo Tower.

これだけは覚えましょう

not の直前に来ている単語が、**助動詞の働きをしている言葉**なのです。英語では、**否定文**と**疑問文**には、**助動詞の働きをしている単語**が絶対必要なのです。つまり、have には動詞の働きと助動詞としての働きがあることがわかります。

これだけは覚えましょう

not を入れる位置がわかったら、not の直前にある単語を強く発音することで、**本当に、または私が言っていることは本当ですよ。**という意味を表すことができると覚えておきましょう。

(1) Tony is swimming.

　　Tony **isn't** swimming.

　　Tony IS swimming.

(2) I have seen Tokyo Tower.

　　I **haven't** seen Tokyo Tower.

　　I HAVE seen Tokyo Tower.

(3) I can swim.

　　I **can't** swim.

　　I CAN swim.

(4) I speak English.

　　I **don't** speak English.

　　I **do** speak English.

(5) I spoke English.
　　I **didn't** speak English.
　　I **did** speak English.

解説します。

　文章の場合には、**本当に**を表す単語がはじめからある場合には、大文字で表せばよいと思います。

　do、does、did で強める場合は小文字で十分です。

2 強調の do を使って命令文を作ることができる

これだけは覚えましょう

●強調の do を命令文で使うこともできます。

Be quiet.（静かにしなさい。）

Do be quiet!（**本当に**静かにしなさい。）

単語　quiet［クワーィアットゥ］静かな

Write to me.（手紙を書いてね。）

Do write to me.（ぜひ私に手紙を書いてね。）

単語　write to［ゥラーィ・トゥ］〜に手紙を書く

●否定命令文では Don't を使います。

Don't be noisy.（やかましくするな。）

Don't write to me.（私に手紙を書かないで。）

単語　noisy［ノーィズィ］やかましい

ここが大切

　do という単語には次のような使い方があります。

(1) **する**を表す動詞。

(2) **本当に**を表す助動詞。

(3) 命令文の最初に置いて、ていねいに何かを勧めたり、依頼する時に使う助動詞。

(4) 疑問文、否定文を作る時に使われる助動詞。

この他にもいくつかの do の使い方がありますが、中学校で習う英語としては、このあたりまで知っていると十分です。

これだけは覚えましょう

文の最後にくることが多い yesterday ［ɪェスタデーィ］（昨日） という単語を文のはじめに持ってくると、yesterday を強調した言い方になります。

次の日本語を普通に英語に訳すと yesterday が最後にきます。

私の妻は昨日私に夕食を作ってくれた。

My wife cooked dinner for me yesterday.

この文を Yesterday から始まる英文に書き換えると次のようになります。

Yesterday my wife cooked dinner for me.

この英文を日本語に訳すと次のようになります。

いつもは作らないんだけど、昨日は私の妻は私に夕食を作ってくれた。

yesterday 以外にも tomorrow ［トゥモーゥローゥ］（明日）、today ［トゥデーィ］（今日）、なども同じように文の最後と文のはじめに置くことができます。

It's cold today.（今日は寒い。）

Today it's cold.（昨日までは暖かかったけれど、今日は寒い。）

のように意味が変わります。

単語 wife ［ワーィフ］妻　cooked ［クックトゥ］〜を料理した
dinner ［ディナァ］夕食　for me ［ファ　ミー］私に
It's cold ［イッツ　コーゥオドゥ］寒い

第6章

アクセントについて

1 アクセントについて

ここからはアクセントについて考えてみたいと思います。

ここが大切

単語には、母音(ア、イ、ウ、エ、オ)、二重母音(アーィ、エーィ、オーゥ、オーィ、イー) などの上にアクセントがあります。

長い単語になると、2 カ所強く読むところがある場合があります。1 番強く読むところを第 1 アクセント、2 番目に強く読むところを第 2 アクセントと言います。第 1 アクセントと第 2 アクセントを次のような記号を使って表しています。

　´ (第 1 アクセント) ` (第 2 アクセント)

ただし、中学校の辞典では、単語の中に母音が入っているところが 1 カ所だけの場合はアクセント記号をつけてありません。

そして、母音が 2 カ所以上ある時には、その母音のある内の 1 カ所だけにアクセント記号がつけてあります。本来は、2 つアクセントがある場合であっても第 1 アクセントのみの表記になっています。単語には単語でアクセントがあるのですが、その他にも文章の中では、単語のアクセントとはまた別にどこをより強く読めばよいかが決まっているのです。

この本では、単語のアクセントではなくて、文章の中での単語の読み方についてふれることにします。

2 名詞＋名詞の場合のアクセントについて

これだけは覚えましょう

名詞＋名詞のように並んでいて、1つめの名詞が2つめの名詞の説明をしている時、前の名詞が形容詞の働きをしていると考えられます。

●名詞＋名詞のパターン

1つめの名詞を2つめの名詞よりも強く読んでください。

an **English** teacher （英語の先生）
  [**イ**ングリッシ] [ティーチァ]

a **tennis** game （テニスのゲーム）
  [**テ**ニス] [ゲーィム]

ここを間違える

(1) 彼は英語の先生です。

He is an **English** teacher.
  英語 [名詞] 先生 [名詞]

(2) 彼は英国人の先生です。

He is an English **teacher**.
  英国人の [形容詞] 先生 [名詞]

同じ英語でもどこを強く読むかによって、意味が違ってくることがあります。

(1) の場合は、English を強く読みます。
(2) の場合は、teacher を強く読みます。

これだけは覚えましょう

動詞の ing 形には 2 つの意味があります。
　dancing [デァンスィン・] 踊ること、踊り
　(1) a dancing girl　踊っている少女
　(2) a dancing girl　踊り子

解説します
　(1) a　　dancing　　　　girl
　　　　踊っている [形容詞]　少女 [名詞]
　(2) a　　dancing　　　　girl
　　　　踊り [名詞]　子 [名詞]

前に説明しましたが、**形容詞＋名詞**の場合には、**名詞**を強く読みますが、**名詞＋名詞**の場合には、**1 つめの名詞**を強く読むという法則があるので、この法則にあてはめて強く読めばよいことがわかります。このことから (1) の場合には girl を (2) の場合には、dancing を強く読まなければならないのです。

ここを間違える

girl [ガ～オ] という英語は**少女**という意味だけではなく、**女性**を表す場合もあります。

girl [ガ～オ] よりも woman [ウォマンヌ]、woman よりも lady [レーィディ] の方がよりていねいであると考えられています。

ただし、a dancing girl だけは、**職業的な踊り子**という決まり表現なのです。

第6章 アクセントについて

3 同じ英語でもアクセントの位置によって意味がかわることがある

これだけは覚えましょう

一見まったく同じに思える表現でも、読み方によって意味が違ってくるものがあります。

名詞＋名詞	形容詞＋名詞
① the White House （ホワイトハウス）	① a white hóuse （白い家）
② a blúebird （ブルーバード［鳥の名前］）	② a blue bírd （青い鳥）
③ a bláckbird （ムクドリモドキ［鳥の名前］）	③ a black bírd （黒い鳥）
④ a gréenhouse （温室）	④ a green hóuse （緑色の家）
⑤ a híghchair （子供の食事用のイス）	⑤ a high cháir （背の高いイス）
⑥ a híghlight （ハイライト）	⑥ a high líght （高いところにあるライト）

単語　white［ワーイトゥ］白［い］　house［ハーゥス］家
blue［ブルー］青い　bird［バ〜ドゥ］鳥　black［ブレァック］黒い
green［グゥリーンヌ］緑色［の］　high［ハーイ］高い
chair［チェア］イス　light［ラーィトゥ］ライト

解説します。
名詞＋名詞の場合は前の名詞を強めて読んでください。
形容詞＋名詞は名詞を強めて読んでください。

第7章

感嘆文について

1 感嘆文について

　強調の仕方には、いくつもパターンがあるのですが、その内の1つに感嘆文があります。ここからは感嘆文についてじっくり考えてみることにしましょう。

友だち「この部屋、すごく暑いね！」
あなた「じゃ、クーラーをつけるよ。」

友だち「おなかがぺこぺこなの！」
あなた「じゃ、何か食べる？」

　会話の中に！のマークがあるのに気がついていただけたでしょうか。このマーク（！）をびっくりマーク、正しくは**感嘆符**と言い、物事に驚いた時に使います
　私たちが今までに勉強してきたマークに .(ピリオド) と ?(クエスチョンマーク) がありました。ピリオドは日本語の 。(マル) にあたるもので、クエスチョンマークは相手に物を尋ねている文の最後につけるマークのことです。

ここが大切
　感嘆文は、肯定文（普通の文）の一種であるということを覚えておいてください。

第7章 感嘆文について

この部屋、すごく暑いね！と**おなかがぺこぺこなの！**のどちらも肯定文（普通の文）であることがすぐにわかります。

中学校や高校で習う感嘆文は How または What から始まるのですが、ここでは How や What を使わずに感嘆文と同じ意味を表す方法について説明したいと思います。

これだけは覚えましょう

疑問文のパターンでありながら、発音の仕方が肯定文（普通の文）と同じものがあります。

　　Is it hot in this room?（↗）（この部屋の中は暑くないですか。）
　　Is it hot in this room!（↘）（この部屋の中は暑いですね。）
この**疑問感嘆文**を普通の英文で言い換えると次のようになります。
　　It's very hot in this room.（この部屋の中はとても暑い。）

練習しましょう。
(問題) 次の英語を疑問感嘆文で言い換えてみましょう。
(1) おなかがぺこぺこだよ。
　　I'm very hungry.

(2) ぼくってなんてかっこいいんだろう。
　　I'm very hot.

(答え) (1) Am I hungry!　(2) Am I hot!

2 感嘆文のHowとWhatを使い分ける方法

前ページで疑問の形でありながら、感嘆文の内容を表すことができることを勉強しましたが、もう1つだけよく似たパターンがあります。

これだけは覚えましょう

否定疑問文のパターンを使って感嘆文を表すことができます。

「石川さんはなんてかわいいの！」

この日本語を次のように言い換えて使うことがあります。

「石川さんはかわいくないですか、かわいいでしょう。」

この場合、話し手は、聞き手の同意を求めていると考えることができます。

英語には、付加疑問文という文法があり、そのパターンを使って言い換えることもできます。

Isn't Ms. Ishikawa pretty! (↘)

Ms. Ishikawa is pretty, isn't she? (↘)

この2つの英文がよく似ているので、同じような意味になると覚えておいてください。

この2つの英文は結局次のような意味を表しています。

「石川さんはなんてかわいいの。」

練習しましょう。
(問題)次の英文を否定疑問文を使って言い換えてみましょう。

　　藤本さんの髪はなんてきれいなの。

　　Ms. Fujimoto's hair is beautiful.

(答え) Isn't Ms. Fujimoto's hair beautiful!

　ここまでに学校であまり習わない感嘆文の便利な表現を説明してきましたが、ここからはいよいよ学校で習う感嘆文です。

これだけは覚えましょう

　　(1) なんと小さいの！　How small!
　　(2) なんて先生だ！　What a teacher!
まずこの2つのタイプを覚えてください。
　　(1) のタイプは、How の後ろに**形容詞**がきています。
　　(2) のタイプは、What の後ろに**名詞**がきています。
How と What のどちらを使うかは、形容詞がくるか名詞がくるかによるのです。

ここが大切

●What を使う時の注意
　名詞が1人または1つの場合には a、an を使いますが、2人以上または2つ以上の場合には、名詞に s をつけなければなりません。

　　なんて先生だ！(1人の場合)

　　What a teacher!

　　なんて先生だ！(2人以上の場合)

　　What teachers!

ここを間違える

　(1)「なんて先生だ！」
　(2)「なんて先生なの？」
　注意をしなければいけないのは、感嘆文なのか、ただの疑問文なのかを見極めてから、日本語を英語に訳さなければなりません。」

(1) 友だち「昨日ね、私の弟が学校で立たされたの。となりの子が話しかけてきたから『静かにしろよ。』と言っただけなのに担任の先生に『立っていろ！』と言われたそうなの。」
　　あなた「なんて先生なの！」
　　この場合は、驚いて言っているので、
　　What a teacher!
(2) 友だち「昨日ね、道で先生に久しぶりに出会ったの。」
　　あなた「なんて先生なの？」
　　この場合は、名前を尋ねているので、
　　What's the teacher's name?

　(3)「なんてひどい先生なの！」
　(4)「なんていい先生なの！」
普通は「なんて先生なの！」は悪い意味で使うことが多いのですが、悪い先生なのか、良い先生なのかをはっきり言いたい時は、名詞の前に形容詞を入れるとはっきりさせることができます。
　(3) "What a bad teacher!"
　(4) "What a good teacher!"

第7章 感嘆文について

3 Howを使う疑問文と感嘆文について

ここが大切

howの使い方には、大きく分けて2つあります。
(1) How+形容詞?で、**疑問文**を表します。
(2) How+形容詞!で、**感嘆文**を表します。

ここが知りたい

(質問) How big? と How big! の場合は、どのように意味が違ってくるのですか。

(答え) **どれぐらい大きいの?**と、**なんて大きいのだろう!**のような意味の違いになります。

(質問) How big?と How big!のように書いた場合は意味の違いがすぐにわかりますが、話している時にはどのように2つの表現を区別すればよいのですか。

(答え) How big?の big をより強く発音すれば、**どれぐらい大きいの?**という意味を表すことができます。
　How big!の場合は、How と big の両方を強く長く発音すれば、**なんて大きいの!**という意味を表すことができます。

149

（質問）なぜ「どれぐらい大きいの？」と「なんと大きいのだろう！」のような意味の違いが生まれるのですか。

（答え）形容詞によっては、2つ意味を持っているからです。
  big ①大きい ②大きさがある
  old ①年がいった、古い
     ②生まれてから〜たった、できてから〜たった
  high ①高い ②高さがある

ここが大切

　tall のように意味が2つある形容詞は、**How＋形容詞＋疑問文？**タイプの英文を作ることができます。
（例）
（1）How tall are　　　　　you?
　　　どれぐらいの背の高さですか　あなたは
（2）How old are　　you?
　　　何才ですか　　あなたは
（3）How deep is　　　　this pond?
　　　どれぐらい深いですか　　この池は
（4）How large is　　　　　your family?
　　　どれぐらい大きいですか　あなたの家族は？（何人家族ですか。）

これだけは理解しましょう

（1）感嘆文は、肯定文（A は B です。）の一種です。
（2）疑問文は、A は B ですか。のように人に尋ねる言い方です。

  （1）あのビルはなんて高いの！
  （2）あのビルはどれぐらい高いのですか。

第 7 章　感嘆文について

　この 2 つの日本文を英文に訳してみましょう。
　まず、How ＋形容詞！または How ＋形容詞？のパターンを使って英語に訳してください。

　　How high!
　　How high?

　次に、この 2 つの英文に**主語**を入れてみましょう。**あのビル**（that building［ゼァッ・ビオディン・］）が主語なので、How high！または、How high？の後ろに that building を使って英語にすればよいことがわかります。

　最後に、**感嘆文は A は B です。疑問文は A は B ですか。**このパターンにあてはめて英語に訳します。この 2 つの英文の場合、B の部分が前に出ているので、**感嘆文の場合は A です、疑問文の場合は、A ですか**を How high の後ろにくっつければよいことがわかります。

　　How high　that building is!
　　　　　　　肯定文（A です）
　　How high　is that building?
　　　　　　　疑問文（A ですか）

練習してみましょう。
（1）この家はなんて古いの！
（2）この家はどれぐらい古いの？
〈ヒント〉house［ハーゥス］家　　old［オーゥオドゥ］古い

　解説します。
　まず、How ＋形容詞！または How ＋形容詞？にあてはめます。
　　（1）How old!
　　（2）How old?
　次に、主語を探します。どちらの主語も this house です。
最後に、感嘆文は **A です**、疑問文は **A ですか**を How old の後ろに

151

つけます。

  (1) How old　this house is!
      肯定文（Aです）
  (2) How old　is this house?
      疑問文（Aですか）

この2つの英語があっているのか、確認してみましょう。

  How old　　this house is!
 なんて古いの　　この家は　＝この家はなんて古いのだろう！

  How old is　　this house?
 どれぐらい古いのですか　この家は　＝この家はどれぐらい古いのですか。

4 What+a または an+名詞!のパターン

これだけは覚えましょう

●What＋a または an＋名詞！のパターン

What a pity!（かわいそうに！）

What a waste!（なんてもったいないことを！）

What an experience!（すごい経験ですね！）

What a letdown!（とてもがっかりしましたよ！）

What a nuisance!（いやになっちゃうね！／めんどうくさいな！）

What a crowd of people!（すごい人ですね！人が多いですね！）

What a crowd!（すごい人出ですね！）

What a noise!（うるさいなあ！）

What a pleasure!（なんて楽しいのだろう！）

単語の発音
pity［ピティ］　waste［ウェーィストゥ］
experience［イクスピゥリアンス］　letdown［レッ・ダーゥンヌ］
nuisance［ニューサンスまたはヌースンス］
What a crowd of people！［ワタ　クゥラーゥダヴ　ピーポー］
noise［ノーィズ］　pleasure［プレジァ］

文の発音

Whata =［ワタ］= アメリカでは［ワラ］のように発音する人が多い。

　　What an experience!［ワタ　ニクスピゥリアンス］

（ポイント）Whata nex = ワタ　ニクスまたはワラ　ニクス

5 Whatといっしょに使う数えられる名詞と数えられない名詞

これだけは覚えましょう

●What＋a＋名詞のパターン

What a brain!（君は頭がいいね！）

What a surprise!（これは驚いた！）

What a relief!（よかった。／ほっとしたよ。／安心したよ。）

What a coincidence!（偶然ですね。）

●What＋名詞！

What＋fun!（おもしろいですね！）

What nonsense!（ばかばかしいですね！）

 単語の発音 brain［ブゥレーィンヌ］　surprise［サプゥラーィズ］
relief［ゥリリーフ］　coincidence［コーゥインスィドゥンス］　fun［ファンヌ］
nonsense［ナンセンス］

ここが大切

　数えられる名詞の場合には、a がつきますが、数えられない名詞の場合には、a をつけることができません。

ここを間違える

　　What a beautiful view!
　（すばらしいながめですね！）

What a beautiful scene!

(すばらしい風景ですね！)

What beautiful scenery!

(すばらしい景色ですね！)

よく似た意味の名詞でも数えられるものと数えられないものがあります。

ここが大切

shame [シェーィム] には、恥ずかしさ、恥を知る心、残念、気の毒、不運なこと、などの意味があるので、What a shame!という英語にも色々な意味が出てきます。

(1) なんてひどいことを！
(2) それはひどい（けしからん）！
(3) それはひどい（なんてことだ）！
(4) みっともない！
(5) 恥ずかしくないのですか！
(6) 恥を知れ！
(7) それは残念だ！
(8) それは気の毒ですね！
(9) それはついていません（でした）ね！

shame に関連する表現も覚えておきましょう。

○みっともない！　For shame!
○恥ずかしくないのですか？　Aren't you ashamed?
○恥を知れ！　Shame on you!

恥を知れ！を**あなたは恥を知るべきだ！**と考えると、

You should be ashamed (of yourself).

と言うこともできます。

単語 ashamed［アシェーィムドゥ］恥ずかしくて
should［シュッドゥ］〜すべきです

これだけは覚えましょう

lucky［ラッキー］という英語は今では日本語としてよく使われます。

何かが予想以上にうまく行った時に「ラッキー！」と言ったり、相手に「ラッキーだね。」「君はラッキーだよ。」のように思わず口から出てしまうほどよく使われます。

この「ラッキー！」を英語で表すためには、**ラッキー**という単語がどのような種類の言葉であるかを知る必要があります。

lucky は**幸運な**という意味の**形容詞**なので How lucky!と言えばよいことがわかります。この場合の How lucky!はだれに向かって言っているのかによって、「私はラッキーだ！」なのか「あなたはラッキーだ！」のどちらの場合にも使うことができます。もう少しはっきりさせるためにもとの英文について考えてみましょう。

I am lucky.（私はラッキーだ。）

You are lucky.（あなたはラッキーだ。）

この2つの英文に very（とても）を入れると、感嘆文と同じ意味を表すことができます。

I am very lucky. You are very lucky.

very を How に変えてみましょう。

How lucky I am!（私はなんてラッキーなんだろう！）

How lucky you are!（あなたはなんてラッキーなんだろう！）

実際の会話では、「君はついているね！」または「ついているね！」のように言うことが多いように思います。

この感嘆文を単語だけを使って表すこともできます。

How lucky you are！＝Lucky you!

How lucky I am!＝Lucky me!

第7章 感嘆文について

ここを間違える

I am very lucky. と You are very lucky. という英語は、実際の会話では、次のように短縮した言い方で、使われることが普通です。

　I'm very lucky.

　You're very lucky.

ところがこの2つの英文を感嘆文に書き換える時に次のようにしてしまうことがあります。

　[×] How lucky I'm!

　[×] How lucky you're!

この2つの英文は文法的には正しいのですが、音法（音の法則）の点で考えると間違っています。**英語では文の最後の単語は必ず強く発音しなければならないのです。**そこで、音について考えてみたいと思います。

am と 'm, are と 're がどのような関係になっているのかについて理解する必要があります。

英語の単語には強く発音する場合と弱く発音する場合があるのです。強く発音する場合が am ［アム］と are ［アー］で、弱く発音する場合が 'm ［ム］と 're ［ア］なのです。

このことから、文の最後に来ている 'm と 're は am と are に書き直さなければならないことがわかるのです。

　[○] How lucky I am! = Lucky me!

　[○] How lucky you are! = Lucky you!

ちなみに Lucky me! と Lucky you! の発音は、me と you を Lucky よりも強く発音してください。

感嘆文は What や How を使って、単語を変えるだけでその時の感嘆の気持ちをいくらでも表すことができますが、あいづちとしてもよく使われます。

これだけは覚えましょう

How funny!（おかしな話ですね。）
How scary!（怖い話ですね。）
How interesting!（おもしろい話ですね。）
How strange!（不思議な話ですね。）
How sudden!（それは急な話ですね。）
How exciting!（感動的な話ですね。）
How thrilling!（スリルのある話ですね。）
How wonderful!（すばらしい話ですね。）

発音　発音　funny［ファニィ］　scary［スケァゥリィ］
interesting［インタゥレスティン・］　strange［スチュレーィンヂ］
sudden［サドゥンヌ／サッ・ンヌ］　exciting［イクサーィティン・］
thrilling［すゥリリン・］　wonderful［ワンダフォー］

ここが大切

ここでは、〜の話ですねと訳していますが、ただ単に形容詞だけを訳しても差しつかえありません。
（例）**すばらしい話ですね。→すばらしいですね。**

これだけは覚えましょう

How interesting!は、**おもしろい話ですね。**という意味なのですが、How interesting!には慣用的な表現として次のような意味があります。

相手の話に驚いた時に、**へぇ。**と言うでしょう。それと同じように使えばよいのです。次のような英語で言い換えることもできます。
　　Really.（本当に。）
　　Really?（本当に？）

Tell me more.(もっと教えてよ。)
lndeed?（へえ、まさか？）←イギリス英語

ついでに覚えましょう

 A：I'm going to America tomorrow.
  （私はアメリカへ明日行きます。）
 B：Well, what do you know?
  （ええっ、本当なの？それは驚いた、知らなかったよ。）

 know をもっとも強く、次に well と what を強く言います。Well, what do you know?と同じ意味で You don't say so!（まさか、そんなことはないでしょう。）と言うこともできます。say を一番強く、次に don't so を強く発音してください。

6 形容詞を使って感嘆の意味を表す方法

　感嘆の気持ちを表すのに、感嘆文以外にも、形容詞を一語だけ使って、感嘆の気持ちを表すこともよくあります。

　Beautiful!（美しいですね。）
　Lovely!（きれいですね。）
　Wonderful!（すばらしいですね。）
　Great!（すばらしいですね。）
　Fantastic!（すばらしいですね。）
　Excellent!（優秀ですね。）
　Superb!（優秀ですね。）
　Gorgeous!（豪華ですね。）
　Magnificent!（最高ですね。）

　発音　beautiful［ビューティフォー］　lovely［ラヴリィ］
wonderful［ワンダフォー］　great［グゥレーィトゥ］
fantastic［フェァンテァスティック］　excellent［エクスレントゥ］
superb［スパ～ブ］　gorgeous［ゴーヂァス］
magificent［メァグニフィスントゥ］

　＊ひとつの形容詞には色々な意味がありますから、くわしくは英和辞典で調べてください。

第7章　感嘆文について

これだけは覚えましょう

　How funny!（おかしな話ですね。）
のように How を使うと感嘆文ですが、That's funny!（それはおかしな話ですね。）のように That's を使ってもほとんど同じ意味を表すことができます。

ここが知りたい

（質問）It's funny!と言うことはできないのですか。

（答え）よい質問です。言うこともできますが、It's よりも That's の方が感情をこめた表現になります。

（質問）That's funny!はもともと普通の文なのに、なぜピリオドではなく感嘆符がついているのですか。

（答え）普通の文であっても、感情をこめて言っていると思われる時は！マークをつけることができるからです。

ここを間違える

　That's funny!のように、ここでは！（感嘆符）をつけていますが、ピリオドにすることもできます。どちらでもそれほど大きな違いはありません。まったく同じ英文でも、！を使ってある時と．（ピリオド）を使ってある時があるのです。

これだけはついでに覚えましょう

　佐知子さんはなんて美しい少女なんだろう。
　(1) Sachiko is a very beautiful girl.
　(2) Sachiko is a really beautiful girl.

161

ここまでは中学校で習いますが、次のような言い方もあります。
　(3) Sachiko is really a beautiful girl.
ここで大切なのは、really を置く場所が 2 カ所あることです。

　ここからは、高校になって習う言い方を説明します。
　a very beautiful girl の very と同じ意味で so を使うことができます。ただし so は beautiful と相性がよいために so beautiful というかたまりを作ります。
　その後に残っている a girl をくっつけます。そして、できあがった英語が次のようになります。
　(4) Sachiko is so beautiful a girl.
　英語では、このような現象がよく起こります。
　Sachiko is a very beautiful girl. を What と How で言い換えることができます。
　What は a と、How は beautiful と相性がよいので、次のような感嘆文ができるのです。
　(5) What a beautiful girl Sachiko is!
　(6) How beautiful a girl Sachiko is!
ただし、(6) の英文は実際にはほとんど使われません。

　次に感嘆文の復習をしてみたいと思います。
(問題) 次の日本語を英語に訳してみましょう。
　「佐知子さんはなんと美しいのだろう！」
まず、この日本文を普通の英文で表してみましょう。
(1) Sachiko is ＿＿＿＿＿＿　＿＿＿＿＿＿．
　　〈ヒント〉so［ソーゥ］とても
(2) Sachiko is ＿＿＿＿＿＿　＿＿＿＿＿＿．
　　〈ヒント〉very［ヴェゥリィ］とても

(3) Sachiko is ＿＿＿＿＿＿ ＿＿＿＿＿＿.

〈ヒント〉really［ゥリーリィ］本当に

(4) Sachiko is ＿＿＿ ＿＿＿＿＿ ＿＿＿＿ girl.

〈ヒント〉very を使って

(5) Sachiko is ＿＿＿ ＿＿＿＿＿ ＿＿＿＿ girl.

〈ヒント〉really を使って

感嘆文の How を使って訳してみましょう。

(6) How ＿＿＿＿＿＿＿＿＿＿＿＿＿＿＿＿＿＿＿＿＿＿＿！

〈ヒント〉(1)(2)(3) の英文を感嘆文にしてください。

感嘆文の What を使って訳してみましょう。

(7) What ＿＿＿＿＿＿＿＿＿＿＿＿＿＿＿＿＿＿＿＿＿＿＿！

〈ヒント〉(4)(5) の英文を感嘆文にしてください。

(答え)

(1) so beautiful (2) very beautiful (3) really beautiful

(4) a very beautiful (5) a really beautiful

(6) beautiful Sachiko is (7) a beautiful girl Sachiko is

これだけは覚えましょう

○delicious［ディリシャス］非常においしい、香りが非常によい

○tasty［テーィスティ］（食べ物などが）味のよい、風味のある

○scrumptious［スクランプシャス］（食べ物などが）とてもおいしい（日常会話やくだけた書き言葉）

○good［グッドゥ］おいしい、（食べ物などが）腐っていない

○yummy［ヤミィ］おいしい（日常会話で子供が特によく使う）

(1) とてもおいしい！
　　Delicious!
　　Scrumptious!
(2) （これは）おいしい！
　　Tasty!
　　Good!
　　Yummy!
　　This tastes good.
　　Tastes good.
　　This is good.
　　（ポイント）主語を言わずに動詞から言うこともよくあります。
　　おいしかった。
　　That was good.
(3) ありがとうございました。とてもおいしかったですよ。
　　Thank you. That was delicious.

これだけは覚えましょう

(1) よくやった。［でかした。］
　　Excellent!
　　Bravo!
　　Well done!
　　（ポイント）同等もしくは目下の人に使う表現
　　Good for you!
　　（ポイント）しばしば皮肉を込めて使う時もあります。
(2) よくやりましたね。
　　You did a good job.
　　You did it.

(3) おめでとう。
　　Well done!
(4) おめでとうございます。
　　Congratulations!

次の表現をひとまとめに覚えてください。
(5) 君ならできるよ、頑張って！／やったね、できたじゃないか。
　　You can do it!
　　You did it.
(6) やった！やった！
　　I made it! I made it!
　　（ポイント）make it には、うまく行く、成功する、目的を遂げる、間に合う、たどり着くなどの意味があります。

発音　Excellent［エクスレントゥ］　bravo［ブゥラーヴォーゥ］　done［ダンヌ］
congratulations［カングゥラチュレーィシュンズ］　job［ヂァヴ］

これだけは覚えましょう

●驚いた時の表現

Oh, no!（えーっ／そんな／なんてことなの／なんてこった。）
　解説　怒りや不快感を表す表現。
Oh dear.（まあ、そうなの。）
　解説　驚きや同情を表す言い方。
Oh, boy!（えー！／驚いた／困ったものだ。）
Oh, yeah.（へー！／そうかなあ。）
　解説　気にさわることを言われた時に、「そうは思わない。」という意味で使う。

発音 oh [オーゥ]　no [ノーゥ]　dear [ディア]　boy [ボーィ]　yeah [いェア]
注意 どちらかと言うと、Oh, dear. は女性、Oh, boy! Oh, yeah! は男性が使うことが多い。

ここを間違える

Oh, no!と No!は意味が違うので、注意してください。
No! (まさか。)
解説 強い驚き、疑いの気持ち、がっかりした気持ちを表す時の表現。

ここを間違える

日本語にもなっている、Oh, my God! の意味は、**なんてこった。さあ、大変だ。しまった。けしからん。**

この表現は、アメリカでも、ユダヤ教徒やイスラム教徒などのキリスト教徒以外は Oh, my God!とは言いません。そのかわりに、彼らは Oh, my!と言います。

日本人は、深い意味をまったく知らないので、Oh, my God!と言います。この表現はキリスト教徒によく使われる表現ではありますが、熱心なキリスト教徒の中には Oh, my God!をこころよく思わない人も多いようです。このような人たちも、Oh, my God!のかわりに Oh, my!を使います。

最後にもうひとつ注意をしていただきたいことがあります。

Jesus Christ [ヂーザス クゥラーィストゥ] イエス・キリストという単語があります。この単語を**こいつは驚いた。畜生**。の意味で使う人がありますが、絶対に使わないようにしてください。

第7章　感嘆文について

ここを間違える

●命令文の．(ピリオド) と！(感嘆符) の使い分けましょう

命令文であっても、！(感嘆符) をつけることがあります。

　Go away.（あっちへ行っていてね。）

　Go away!（あっちへ行け！）

命令文は、言い方によって、please (してください) の気持ちを表すことができるのです。

最後を軽く上げながら、やさしく Go away. と言うと、**あっちへ行ってね。**を表すことができますが、Go away. をきつい口調で言いながら最後を下げると**あっちへ行け！**という意味を表すことができます。

英語では、同じ英文でも言い方によってまったく違った意味を表すことがよくあります。くわしくは次の項目で勉強をしますが、1つだけ例をあげておきます。1つめの英文は普通の英文ですが、2つめは感嘆文と考えることもできます。

(1) There is an old friend of mine there.

　　（あそこに私の昔からの友だちがいます。）

(2) There is an old friend of mine!

　　（ほら、あそこに私の昔からの友だちがいるよ！）

(1) の最初の There を弱く、最後の there を強く読みます。最初の There には意味はなく、最後の there には**そこに**という意味があります。

(2) の There を強く読むことで、**ほら、あそこに**という意味を表すことができます。

第8章

There is[are]〜. 構文について

1 There is [are] ～. 構文について

　ここからは、There is [are] ～. 構文について勉強したいと思います。この構文は使い方をよく間違えるので、注意が必要です。この構文を使いこなすポイントを説明します。

これだけは覚えましょう

　There is [are] ～.（～があります。）
　There is [are] ～の後ろに初めて話題にのぼる言葉がきます。もう少しくわしく言うと、あいまいな意味の言葉がきます。

　たとえば、**私の本**と言うと、だれの本なのかがはっきりしてしまいます。**その本**や**富士山**などもだれが聞いても何のことを言っているのかがはっきりわかってしまうので、

　　[×] There is my book.（私の本があります。）
　　[×] There is the book.（その本があります。）
　　[×] There is Mt. Fuji.（富士山があります。）
のように言うことができません。

　この構文は There is [are] ＋単語＋場所. のパターンで使われることが多いようです。このことから、次のように使ってしまうことがあります。

　「私の本が私の机の上にあります。」
　ただし、この日本語を次のような英文で表すことはできません。

[×] There is my book　on my desk.
　　　私の本があります　　私の机の上に

次のように言うと、正しい英文になります。

　My book **is** on my desk.（私の本が私の机の上にあります。）

There is と **is** はまったく同じ意味を表しています。ただし、だれの物なのかがはっきりしない時だけに使えるのが、There is〜. 構文なのです。

　There is a book on my desk.

　（私の机の上に1冊の本があります。）

次に、There is と There are の使い分け方を勉強したいと思います。

ここが大切

　(1) There（　　　）a book on the desk.
　(2) There（　　　）two books on the desk.

この2つの英文の There には、まったく意味はありません。is と are に**ある**という意味があると覚えておいてください。(1) と (2) の英文を次のように書き換えることで is と are のどちらを使えばよいかがわかります。

　(1) **A book**（is）on the desk.
　(2) **Two books**（are）on the desk.

主語が1つの物や1人の人を表していると is、2つ以上の物や2人以上の人を表していると are になることから A book is、Two books are とすればよいことがわかります。同じように考えて There の後ろの（　　）に is または are を入れればよいのです。

　(1) There（is）a book on the desk.
　(2) There（are）two books on the desk.

下線を引いてあるところが、英文の中の**主語**にあたります。

これだけは覚えましょう

There is a book on the desk.
この英文を日本語に訳す場合は、次のどちらかの訳にしてください。

(1) 1冊の本がその机の上にあります。
(2) その机の上に1冊の本があります。

ここを間違える

(1) 2冊の本がそのテーブルの上にあります。

[△] **Two books** are on the table.

[○] There are **two books** on the table.

(2) 2匹のネコがそのテーブルの上にいます。

[○] **Two cats** are on the table.

[○] There are **two cats** on the table.

英語では文法的には正しくても、英米人が不自然な英語だと感じる英文があります。

次のように覚えておいてください。

動物や人が主語になる場合には、Two cats are のような英文もよく使われますが、Two books are のように物が主語になっている場合は、不自然な英語と感じる英米人が多いので避けてください。ただし、例外もあります。

My + 名詞、The + 名詞が主語になっている場合または固有名詞（富士山など）が主語になっているのは正しいので注意が必要です。

次のような時は、There is [are] 〜. 構文を使うことはできません。

[○] My book is on the desk.

[×] There is my book on the desk.

2 There is〜. と There is〜! の使い分け方

ここが大切

　There is［are］〜. の構文では、**あいまいな言葉**が主語になるということを説明しましたが、例外があります。

　［×］There is Mt. Fuji in Shizuoka.
　　　（静岡に富士山があります。）

　主語である**富士山**がはっきりしている名詞のためにこの英文は正しい英文とは言えません。次のように言い換えなければなりません。

　［○］Mt. Fuji is in Shizuoka.
　　　（富士山は静岡にあります。）

　ところが、次のような英文が実際に存在するのです。

　　THERE's Mt. Fuji!
　　（ほら、見てよ、富士山だよ。）

　There is 構文では、There を弱く発音するか、強く発音するかによって、意味が変わってくることに特に注意してください。強く発音すると、**ほら、あそこに**のような意味を表すことができるのです。この意味の時は、！（感嘆符）をつけることが多いようです。ただし、何回も言い続けていますが、.（ピリオド）になっていることもあります。

　大切なことは、There is の後ろに**はっきりした言葉**だけではなく、**あいまいな言葉**がきていても、主語の後ろに他の単語がまったくきていない場合には、**ほら、あそこに**の意味で使われている可能性もある

173

ということを覚えておいてください。

これだけは覚えましょう

[数えられる名詞]
たくさんの本
　many books
　a lot of books
　lots of books
　plenty of books
　a large number of books
少しの本［数冊の本］
　some books
　a few books
ごく少数の本
　only a few books
　very few books
かなり多くの本
　quite a few books
ほとんどない本［少ない本］
　few books
本がない
　no books

発音
many［メニィ］　plenty［プレンティ］
lot［ラットゥ］　lots［ラッツ］
few［フュー］　only［オーゥンリィ］
quite［クワーィトゥ］

[数えられない名詞]
たくさんのお金
　much money
　a lot of money
　lots of money
　plenty of money
　a great deal of money
少しのお金［お金がいくらか］
　some money
　a little money
ごくわずかのお金
　only a little money
　very little money
かなりたくさんのお金
　quite a litte money
ほとんどないお金［少ないお金］
　little money
お金がない
　no money

発音
much［マッチ］
great deal［グゥレーィトゥ　ディーオ］
little［リトー］　money［マニィ］

第8章 There is [are] ～. 構文について

3 coinとmoneyの使い方に注意

ここが大切

There is～.と There are～.のどちらを使えばよいのかは、～の部分に**数えられる名詞**と**数えられない名詞**のどちらがきているのかが決め手になります。

つまり、**数えられる名詞**や**数えられない名詞**といっしょに使われる表現をしっかり覚えておく必要があります。

ここを間違える

数えられる名詞の場合には、まったくないということを表すとき s をつけて使います。それに対して、**数えられない名詞の場合には、常に s をつけることはできません。**

よく、お金は数えることができるのではないですか、というような質問が出ます。確かにお金は数えることができますが、よく考えると、**数えているのは 1,000 円札 2 枚、50 円硬貨 1 枚**のように数えているのであって、お金自体を数えているのではないことから、お金（money）は**数えられない名詞**と考えてください。

（例）
no books（1 冊もない本）— no money（お金がない）
a 50 - yen coin（50 円硬貨 1 枚）— ten 50 - yen coins（50 円硬貨 10 枚）

これだけは覚えましょう

●There is no~. と There are no~. の正しい使い方

no は日本語の**ゼロ**にあたるものです。**ゼロ**は1つもないという意味です。英語では、**ない**という意味を表すのに、次の3つのパターンがあります。

(1) no + 数えられない名詞…no milk（ミルクがない）
(2) no + 数えられる名詞の複数形…no desks（机がない）
(3) no + 数えられる名詞の単数形…no clock（時計がない）

解説します。
(1) 数えられない名詞にはsをつけることはできません。
(2) 数えられる名詞は、**ない**という意味の**no**がきていても、普通はsまたはesをつけて使います。その理由は、たくさんあるはずのものが**1つもない**と考えてno desksのようにするのです。

(例) There are no desks in our classroom.
（私たちの教室には机が1つもありません。）

(3) 数えられる名詞がnoの後ろにきているのにもかかわらず、名詞にsがついていない場合は、1つしかないものが普通であるところに1つもないを表したい時にno clockのようにするのです。

There is no clock in our classroom.
（私たちの教室には時計が1つもない。）

第8章 There is [are] ~. 構文について

4 no と not any、few と a few と some の使い方

ここを間違える

no desks を not any desks で書き換えることができます。

私たちの教室には机が1つもありません。

　[○] There are no desks in our classroom.

　[○] There are not any desks in our classroom.

例外があります。数えられる名詞にsがついていない場合は、not any clock のような言い方はさけてください。

私たちの教室には時計が1つもありません。

　[○] There in no clock in our classroom.

　[△] There is not any clock in our classroom.

ここを間違える

●some と a few と few の違いについて

some は少しの、いくらかのという意味で使われますが、a few と few については、人によってとらえ方が違ってきます。**少しある**と思えば、**a few**、**ほとんどない、少ない**と思えば **few** を使います。友だちが3人いる場合、**少ない**と思えば few friends、**少しいる**と思えば a few friends と言えばよいのです。

177

ここが大切

many（多い）に対して few（少ない）、none（いない）に対して a few（少しいる）と考えることができます。

第8章 There is [are] 〜. 構文について

5 There is A in B.と B has A.の正しい使い方

これだけは覚えましょう

There are two windows in my room.
(私の部屋には窓が2つあります。)
この表現を次のように書き換えることができます。
My room has two windows.

ここを間違える

There are [is] A in B.
の構文を B has A.の構文で書き換えることができますが、いつも書き換えられるわけではありません。

B has A.を使うことができるのは、**B に A がいつもある**。を表す場合のみで、**一時的にある**を表している時は使うことはできません。

(1) そのテーブルの上に猫が1匹います。
　　[○] There is a cat on the table.
　　[×] The table has a cat.[一時的にいるので]
(2) 私たちの町には学校が8つあります。
　　[○] There are eight schools in our town.
　　[○] Our town has eight schools.[ずっとあるので]

それでは、次の日本語を2種類の英語で訳してみたいと思います。
「あなたたちの町には学校がいくつありますか。」

179

この日本語を一度に訳すのはむずかしいので、成り立ちを考えながら訳してみることにします。まずは、この日本文の答えになると思われる日本語を適当に作ってから考えるとわかりやすいのです。

「私たちの町には学校が8つあります。」

まずこの英語を訳してみます。

There are eight schools in our town.

Our town has eight schools.

そして、下線の部分が答えになるような疑問文を作ります。

"How many schools are there in your town?"

"How many schools does your town have?"

このように考えると、成り立ちがよく理解できます。下線を問う文を作る時には、Our town を your town に変化させる必要があるので注意してください。

your には**あなたの**と**あなたたちの**という2つの意味があることを忘れないでください。

ここが大切

「BにはAがあります。」だけではなく、「BはAがあります。」も There are A in B. または B has A. を使って訳すこともできます。

日本は四季があります。

There are four seasons in Japan.

Japan has four seasons.

発音　four seasons [フォー　スィーズンズ] Japan [ヂァペァンヌ]

ここが知りたい

（質問）なぜ very few books と only a few books が**ごく少数の本**を表し、quite a few books が**かなり多くの本**を表すのですか。なぜそのような意味になるのか知りたいのですが。

第8章　There is [are] ～. 構文について

（答え）もっともな質問だと思います。数学の（＋）と（－）を使って考えるとわかりやすいのです。英語の単語や表現を（＋）と（－）に分けて考えると、very few books と only a few books が**ごく少数の本**、quite a few books が**かなり多くの本**になる理由がわかります。

　次のように、（＋）と（－）を表す表現または単語があるのです。
　　（＋）a few（少しある）　　　（－）few（ほとんどない、少ない）
　　（＋）a little（少しある）　　（－）little（ほとんどない、少ない）
　　（＋）very（とても）　　　　（－）only（ほんの、～しかない）
　　（＋）quite（かなり、とても）
（＋）と（－）をかけ算すると答えは（－）になりますよね、その場合は（－）の意味で訳せばよいことがわかります。

　<u>very</u>　<u>few</u> ＝ <u>ごく少数の</u>
　（＋）×（－）＝　（－）

　<u>only</u>　<u>a few</u> ＝ <u>ごく少数の</u>
　（－）×（＋）＝　（－）

答えが（＋）なら（＋）の意味で訳せばよいのです。

　<u>quite</u>　<u>a few</u> ＝ <u>かなり多くの</u>
　（＋）×（＋）＝　（＋）

6 Thereを強く発音するときはどんなときなのか

ここでは、Thereを強く発音する場合について、もう少し深く考えたいと思います。

ここが大切

(1) 英語では**強弱強弱**のようなリズムがあります。

　　THERE　is　the door!（出ていけ！）
　　強　　　弱　　強

(2) 英語では文の最後にくる単語と大切な言葉を強く、そうでない言葉を弱く発音します。

　　たとえば、Asami（麻美）のような人の名前を表す固有名詞とshe（彼女）を表す代名詞を比べると、Asamiは大切な言葉なので強く、sheはAsamiの代わりに使っている言葉なので弱く発音します。

　　THERE　is　Asami!（ほら、あそこに麻美さんがいるよ。）
　　強　　　弱　　強

　　THERE　she　is!（ほら、あそこに彼女がいるよ。）
　　強　　　弱　　強

　　THERE　it　is!（ほらあった、これだよ。）
　　強　　　弱　　強

　　THERE　they　are!（ほら、彼らはあそこにいるよ。）
　　強　　　弱　　強

第8章 There is [are] ～. 構文について

これだけは覚えましょう

THERE you are!
（1）はい、どうぞ。（物を手渡したりする時）
（2）ほら、ごらん、私の言った通りでしょ。
（3）しかし、どうしようもないんですよ。
（4）簡単でしょ。それだけでいいんですよ。
（5）そこにいたんだ、やっと見つけたよ。

これだけは覚えましょう

～がありますを表す There is～. のパターンを使ったよく使う表現を紹介しておきます。

（1）お米が少しあります。
〈ヒント〉少しのお米 some rice［スム ゥラーィス］

There is some rice.

（2）時間がたくさんあります。
〈ヒント〉たくさんの時間 a lot of time［ァラッタヴ**タ**ーィム］

There is a lot of time.

（3）お金は十分あります。
〈ヒント〉十分なお金 enough money［イナフ **マ**ニィ］

There is enough money.

（4）今日は TOEIC テストがあります。
〈ヒント〉TOEIC テスト a TOEIC test［ァト**ー**ゥィック テストゥ］
今日は today［トゥデーィ］

There is a TOEIC test today.

（5）日本対アメリカの間で野球の試合があります。
〈ヒント〉野球の試合 a baseball game［ァ ベ**ー**ィスボーオ ゲーィム］
日本とアメリカの間で between Japan and the States［ビィトゥウィーン ヂァペァナン・ス**テ**ーィツ］

There is a baseball game between Japan and the States.

　解説　between [ビトゥウィーン] は単語だけならば wee のところにアクセントがきますが、文章の中では States を最も強く次に Japan 一番弱く読むのが between です。

(6) 放課後、バスケットの練習があります。

〈ヒント〉バスケットの練習 basketball practice [ベァェスケッ・ボーォ　ブゥレアクティス]　放課後 after school [エァフタァ　スクーオ]

There is basketball practice after school.

これだけは覚えましょう

〜がありましたを表す There [was, were] 〜. のパターンでよく使う表現を紹介しておきます。

(1) 今朝、福岡で大地震がありました。

〈ヒント〉大地震 a big earthquake [アビッガ〜すケーイク]
今朝 this morning [ずィス　モーニン・] 福岡で in Fukuoka

This morning there was a big earthquake in Fukuoka.

(2) 昨日この近くでぼやがありました。

〈ヒント〉この近くで near here [ニアァヒアァ]
ぼや a small fire [ア　スモーオ　ファーィア]
昨日 yesterday [いェスタデーィ]

There was a small fire near here yesterday.

(3) 昨日ここで自動車事故があった。

〈ヒント〉自動車事故 a car accident [ア　カー　エァクスィドゥントゥ]
ここで here [ヒアァ]

There was a car accident here yesterday.

第8章 There is〔are〕~. 構文について

ここが大切

英語では、一番伝えたいことをまず言います。そして、次に付け加えたいことを言います。付け加えたいことを、単語ならば**副詞**、いくつかの単語の集まりならば**副詞句**と言います。

副詞を表す単語が2つある場合は、**場所＋時**の順番で並べるのが一般的です。

（例）Come here　now.（今、ここへ来なさい。）
　　　　　場所　　時

これだけは覚えましょう

〜が（は）ありませんを表す There is no〜. のパターンでよく使う表現を紹介しておきます。

(1) 急ぐ必要はありません。

〈ヒント〉急ぐことはない no hurry［ノーゥ　ハァ〜ゥリィ］

There is no hurry.

(2) 私の近所には郵便局がありません。

〈ヒント〉郵便局がない no post-office［ノーゥ　ポーゥスタフィス］
私の近所には in my neighborhood［イン　マーィ　ネーィバァフッドゥ］

There is no post-office in my neighborhood.

(3) 私の自転車を置くところがありません。

〈ヒント〉あいているところがない no room［ノーゥ　ゥルーム］
私の自転車のための for my bike［ファ　マーィ　バーィク］

There is no room for my bike.

(4) ベンチにはもう座る場所がありませんよ。

〈ヒント〉もう座る場所がない no more space［ノーゥ　モァ　スペーィス］
ベンチの上に on the bench［アン　ざ　ベンチ］

There is no more space on the bench.

(5) 私の郵便貯金口座にはもう貯金がありません。

〈ヒント〉もう貯金がありません no more money［ノーゥ モア マニィ］ 私の郵便貯金口座には in my post-office account［イン マーィ ポーゥスタフィサカーゥントゥ］

There is no more money in my post-office account.

これだけは覚えましょう

●There is no〜. から始まる決まり文句

(1) There's no hurry.［ハァ〜ゥリィ］
  ○あわてなくてもいいですよ。○あせらなくてもいいですよ。
  ○急ぐことはありませんよ。 ○急ぐ必要はありませんよ。

(2) There's no answer.［エァンサァ］
  ○答えがありませんよ。○応答がありませんよ。
  ○だれも出ませんよ。 ○だれも出てきませんよ。

(3) There's no way out.［ウェーィ アーゥトゥ］
  (直訳) 出口がありませんよ。
  (意訳) ○万事休すですよ。○もうだめですよ。

(4) There's no cure for a fool.［キュア ファゥラ フーオ］
  (直訳) 馬鹿のための薬はありませんよ。
  (意訳) 馬鹿につける薬はない。

(5) There's no comparison between you and me.
           ［カンペァゥリスンヌ］
  (直訳) あなたと私との間には比較するものはありませんよ。
  (意訳) ○あなたと私とではまったく比較になりませんよ。
    ○私はあなたの足元にもおよびません。

(6) There's no one around.［アゥラーゥンドゥ］
  ○まわりには人っ子ひとりいませんよ。
  ○あたりにはだれもいませんよ。

第8章　There is [are] 〜. 構文について

(7) There's no traffic around here at night. [チュレァフィック]
夜になると、この辺は車が通りませんよ。

これだけは覚えましょう

There is [are] a lot of 名詞(s).の便利な使い方を紹介します。

(1) このクラスは人が多い。
　　〈ヒント〉たくさんの人 a lot of people [アラッタヴピーポー]
　　このクラスは in this class [イン　ズィス　クレァス]

　　There are a lot of people in this class.

(2) 日本では6月に雨が多い。
　　〈ヒント〉日本では in Japan [イン　ヂァペァンヌ]　6月に in June [イン　ヂューンヌ]　雨 rain [ゥレーインヌ]

　　In Japan there is a lot of rain in June.

(3) 10月は晴れの日が多い。
　　〈ヒント〉晴れの日 sunny days [サニー　デーィズ]
　　10月は in October [イナクトーゥバァ]

　　There are a lot of sunny days in October.

(4) 今日は、この川は水かさが多い。
　　〈ヒント〉水 water [ウォータァまたはワタァ]　今日 today [トゥデーィ]
　　in this river [イン　ズィス　ゥリヴァ]　この川 (の中) は

　　Today there is a lot of water in this river.

(5) 自動車事故がこの辺ではよく起こります。
　　〈ヒント〉自動車事故 car accidents [カー　エァクスィドゥンツ]
　　この辺では around here [アゥラーゥンドゥ　ヒアァ]

　　There are a lot of car accidents around here.

ここが大切

a lot of + 数えられない名詞の時には There is になります。

これだけは覚えましょう

There is〜.を使って自然現象を表す便利な表現を紹介します。

(1) 空には雲1つありません。
　　〈ヒント〉not a cloud [ナッタクラーゥドゥ] 雲1つない
　　in the sky [イン ざ スカーィ] 空には

　　There is not a cloud in the sky.

(2) どこからかそよ風が入ってくるよ。
　　〈ヒント〉どこからか from somewhere [フゥラム サムウェア]
　　そよ風 a light wind [ァ ラーィトゥ ウィンドゥ]

　　There is a light wind from somewhere.

(3) 昨夜は満月だった。
　　〈ヒント〉昨夜 last night [レァス・ナーィトゥ]
　　満月 a full moon [ァ フォ ムーン]

　　There was a full moon last night.

(4) 池に薄い氷が張っている。
　　〈ヒント〉薄い氷 thin ice [すィナーィス]
　　池に on the pond [アン ざ パンドゥ]

　　There is thin ice on the pond.

(5) くもの巣が天井に張っている。
　　〈ヒント〉a spider ('s) web [ァ スパーィダァ（ズ）ウェブ]
　　天井に up on the ceiling [アッパン ざ スィーリン・]

　　There is a spider's web up on the ceiling.

ここが知りたい

（質問）There is not a cloud in the sky.を他の言い方で、言い換えることはできないのですか。

（答え）できます。
　もともと not a single cloud（たった1つの雲もない）の single を消

した言い方が not a cloud（雲が1つもない）なので、次のようにも言うことができます。

　(1)　① There is not a single cloud in the sky.
　　　 ② There is not a cloud in the sky.
not a single や not a よりも意味が弱いのが no になります。

　(2)　There is no cloud in the sky.
くもりの日は雲がいっぱいあるので、たくさんあるものが1つもないと考えると次のように考えることもできます。

　(3)　There are no clouds in the sky.

ここが大切

　英語では、同じ意味を表すいろいろな表現があります。

　<u>Not a cloud</u>　<u>can be seen</u>　<u>in the sky</u>
　　1つの雲も　　　見られない　　　空に

この場合は、A cloud can't be seen のように考えて理解すると意味がよくわかります。can の意味を **is to** で置き換えることができることから、

　Not a cloud is to be seen in the sky.
と言うこともできます。

7 There is A in B.を使った便利な英語表現

これだけは覚えましょう

(1) ここで教えても、一銭にもなりませんよ。
　　A＝一銭にもならない　no money［ノーゥ　マニィ］
　　B＝ここで教えること　teaching here［ティーチン・ヒア］
　　There is no money in teaching here.

(2) あなたのおっしゃることにも一理ありますね。
　　A＝いくらかの真実　some truth［スム　チュルーす］
　　B＝あなたの言うこと　what you say［ワッチュセーィ］
　　There is some truth in what you say.

(3) 私にも少しはとりえがありますよ。
　　A＝いくらかのいいところ　some good［スム　グッドゥ］
　　B＝私　me［ミー］
　　There is some good in me.

(4) この部屋はよい香りがしますね。
　　A＝よい香り　a nice smell［ア　ナーィス　スメオ］
　　B＝この部屋　this room［ずィス　ゥルーム］
　　There is a nice smell in this room.

(5) あなたのストッキング（パンスト）は伝線していますよ。
　　A＝伝線　a run［ア　ゥランヌ］
　　B＝パンスト　your pantyhose［ユァ　ペァンティホーゥズ］
　　There is a run in your pantyhose.

8 There is something+形容詞+about Judy.を使った表現

これだけは覚えましょう

○There is something + 形容詞 + about Judy.
（ジュディーさんには、どことなく ☐ のところがある。）
○There is nothing + 形容詞 + about Judy.
（ジュディーさんにはどこも ☐ のところがない。）
この2つのパターンを覚えましょう。

(1) かおるさんにはどことなく気品があります。
〈ヒント〉どことなく気品がある　something noble ［サムすィン・ノーゥボー］

There is something noble about Kaoru.

(2) 佐知子さんにはどことなく上品なところがあります。
〈ヒント〉どことなく上品な　something elegant ［サムすィン・エレガントゥ］

There is something elegant about Sachiko.

(3) トニーには少しもやさしいところがない。
〈ヒント〉少しもやさしいところがない　nothing gentle ［ナッすィン・ヂェントー］

There is nothing gentle about Tony.

(4) ジュディーには少しも愛敬がない。
〈ヒント〉少しも愛敬がない　nothing charming ［ナッすィン・チャーミン・］

There is nothing charming about Judy.

(5) ジュディーさんには少し変わったところがある。
〈ヒント〉少し変わったところ　something different ［サムすィン・ディファゥレントゥ］

There is something different about Judy.

(6) ジュディーさんには少しも変わったところがない。

〈ヒント〉少しも変わったところがない　nothing different［ナッスィン・**ディ**ファゥレントゥ］

There is nothing different about Judy.

これだけは覚えましょう

There is［something, nothing］in［to］〜.のパターンにあてはまる決まり文句を紹介します。

(1) There is something in it.
　　(直訳) それには何かありますよ。
　　(意味) ①それには一理ありますよ。
　　　　　②それには根拠がありますよ。
(2) There is nothing in it.
　　(直訳) それには何もありませんよ。
　　(意味) ①それにはまったく根拠はありませんよ。
　　　　　②それはまったくうそですよ。
(3) There is nothing to it.
　　① (直訳) それに関しては何もありませんよ。
　　　(意味) それには根拠はありませんよ。
　　② (直訳) それに関しては大したことはありませんよ。
　　　(意味) ①それは簡単ですよ。
　　　　　　②それは朝飯前ですよ。

第8章 There is [are] 〜. 構文について

ここが大切

There is something in it.
(それには根拠がありますよ。)

この英文を疑問文にすると anything、否定の意味を表したい時は、nothing を使うことができます。

(1) それには何か根拠があるのですか。

Is there anything in it?

(2) それには何も根拠はありません。

There is nothing in it.

これだけは覚えましょう

〜がかかっているを There is [are] 〜. で表すことができる便利な表現を紹介します。

(1) 虹がかかっています。

〈ヒント〉虹の a rainbow [ァ ゥレーィンボーゥ]

There is a rainbow.

(2) その川には橋がかかっていますよ。

〈ヒント〉橋 a bridge [ァ ブゥリッヂ]
その川には over the river [オーゥヴァざゥリヴァ]

There is a bridge over the river.

(3) ガスにはやかんがかかっています。

〈ヒント〉そのガスの上には on the burner [アン ざ バ〜ナァ]
やかん a kettle [ァ ケトー]

There is a kettle on the burner.

(4) はしごがへいにかかっています。

〈ヒント〉はしご a ladder [ァ レァダァ]
そのへいに against the wall [アゲンストゥ ざ ウォーオ]

There is a ladder against the wall.

(5) あなたに電話がかかっていますよ。
　　〈ヒント〉電話　a call［ア　コーオ］あなた　for you［ファ　ユー］
　　There is a call for you.
(6) 麻美さんから電話がかかっていますよ。
　　〈ヒント〉麻美さんから　from Asami［フゥラム］
　　There is a call from Asami.

ここが知りたい

（質問）
　　その川には　を　**over** the river
　　そのガスには　を　**on** the burner
　　そのへいに　を　**against** the wall
　　君に　を　**for** you
のように、訳してありますが、どのようにして使い分けてあるのでしょうか。

（答え）次のように使い分けています。
　　〜を横切って向こうまで　の意味の時は　**over**
　　〜の上に接触して　の意味の時は　**on**
　　〜によりかかって　の意味の時は　**against**
　　〜のために　の意味の時は　**for**
というように考えて前置詞を使い分けてあります。
　日本語の**に**、**には**を表す時は、たいていの場合、前置詞を使って表すことができます。どのような意味で使われているのかを考えて使い分けをしなければなりません。

第8章　There is [are] 〜．構文について

ここを間違える

on を〜の上にと覚えている人が多いようですが、実際には、**〜の表面に接触して**という意味で覚えておくとよいでしょう。

（例）There's a fly on the wall.（壁にハエがとまっています。）
　　　There's a fly on the ceiling.（天井にハエがとまっています。）

これだけは覚えましょう

います、来ているを表す There is〜．で使える便利な表現を紹介します。

(1) あそこにだれかいるよ。
　　〈ヒント〉だれか someone［**サ**ムワンヌ］　あそこに there［**ゼ**ア〜］
　　There's someone THERE.
　　注意　はじめの there は弱く、最後の THERE は強く発音してください。

(2) 玄関にだれか来ているよ。
　　〈ヒント〉玄関に at the door
　　There's someone at the door.

(3) あなたに会いたいという人がいらっしゃいますよ。
　　〈ヒント〉会いたい wants to see［**ワ**ンツ・ス**ィ**ー］
　　There's someone wants to see you.

(4) あなたに手紙が1通来ていますよ。
　　〈ヒント〉1通の手紙 a letter［ア　**レ**タァ］　あなたに for you［ファ　**ユ**ー］
　　There's a letter for you.

(5) 私に郵便が来ていますか。
　　〈ヒント〉郵便が来ていますか Is there any mail［**イ**ズ　**ゼ**ア　**エ**ニィ　**メ**ーィオ］
　　Is there any mail for me?

ここが大切

there を使わずに、**いますか**を表す場合もあります。

"Is anyone home?"「どなたかいらっしゃいますか。」
"Anybody home?"「だれかいますか。」
"Is anyone there?"「だれかそこにいらっしゃいますか。」
"Anybody there?"「だれかそこにいるの。」

there を強く言ってください。

ここが知りたい

（質問）There is someone at the door.のように someone を使っている時は、There is someone.と言っているのに、Is anyone home?の時は、there を言っていないのはなぜですか。Is there anyone home?と言うことはできないのですか。

（答え）とてもよい質問です。There is someone at the door.のように someone を使う場合は、There is といっしょに使うことが多いのですが、Anyone や anything を使う時は、there を省略して使うことが多いようです。もちろん、Is there anyone home?のように言うこともできます。

日常的によく使う表現は決まり文句として使われることが多いために、日本語と同様に言わなくても意味が変わらない場合は、省略することが多いのです。

（質問）anyone と anybody の使い分け方について教えてください。

（答え）anyone よりも anybody の方が話し言葉では、よく使われます。

9 There is[are]〜.構文の成り立ちについて

ここが大切

　There is［are］〜.構文は、is の代わりに一般動詞もくることがわかります。次のように考えると成り立ちがよくわかります。

(1) ある1匹のネコがその公園にいます。

　A cat is in the park.

　There is a cat in the park.

(2) ある男の人が東京に住んでいました。

　A man lived in Tokyo.

　There lived a man in Tokyo.

(3) ある先生が私たちの**教室**に入ってきました。

　A teacher came into our classroom.

　There came a teacher into our classroom.

　単語　〜に入ってきた　came into［ケーィミントゥ］
　先生　teacher［ティーチァ］　教室　classroom［クレァスゥルーム］

(4) ある男の子がその川で泳いでいます。

　A boy is swimming in the river.

　There is a boy swimming in the river.

(5) このテレビはどこかおかしい。

　Something is wrong with this TV.

　There is something wrong with this TV.

　単語　どこか、何か　something［サムすィン・］　おかしい　wrong［ゥローン・］

これだけは覚えましょう

(1) このテレビはどこかおかしい。

　　Something is wrong with this TV.

　　There is something wrong with this TV.

　この英文を基本として、次のように変化させることで、新しい英文を作り出すことができます。

　基本文を疑問文にすると次のような英文ができます。

(2) このテレビはどこかおかしいですか。

　　Is anything wrong with this TV?

　　Is there anything wrong with this TV?

基本文に否定の意味を持たせると次のようになります。

(3) このテレビはどこもおかしくないですよ。

　　Nothing is wrong with this TV.

　　There is nothing wrong with this TV.

SomethingもWhatを使って書き換えると次のような意味を表す英文になります。

(4) このテレビのどこがおかしいの？

　　What's wrong with this TV?

　この意味では、thereを使った英文は普通使いません。

　解説します。Somethingの入っている英文を**疑問文**にする時は、SomethingをAnythingに書き換えるのが一般的です。そして、否定の意味を表したい時はSomethingをNothingにしてください。

　(4)の英文は**どこかがおかしい**という意味の **Something is wrong** のsomethingをWhatに言い換えることで、**何がおかしいのですか**という意味を表す英文になります。

What's wrong with this TV?で**このテレビのどこがおかしいの？**と訳すと自然な日本語になります。

第8章　There is〔are〕〜．構文について

（問題）ここでは、進行形を There から始まる英文に言い換える練習をしたいと思います。

（例）(a) A boy is swimming.　(b) There is a boy swimming.

(1) そよ風が吹いています。

　A breeze　is　　blowing.
　［ブゥリーズ］　　［ブローゥイン･］

　There _____

(2) 涼しい風が吹き始めました。

　A　cool　　wind　is　picking up.
　　［クーオ］［ウィンドゥ］　　［ピキンガップ］

　There _____

(3) 強風がおさまってきました。

　A　strong　　wind is　dying down.
　　［スチュローン･］　　　［ダーィイン･ダーゥン］

　There _____

(4) ガスが漏れています。

　Gas　is　leaking.
　［ギァス］　［リーキン･］

　There _____

（答え）

(1) There is a breeze blowing.
(2) There is a cool wind picking up.
(3) There is a strong wind dying down.
(4) There is gas leaking.

ここからは、**ピンからキリまである**を表す There are〜.の構文の使い方について紹介したいと思います。

これだけは覚えましょう

　ピンからキリまであるという言葉を知っていますか。
　ピンと**キリ**という言葉は、ポルトガル語からきた言葉で**ピン**は **1** または**最上**、**キリ**は**最低**または**最後**という意味なのです。
　先生にもピンからキリまでいますよ。
　There are teachers and teachers.

ここを間違える

　数えられる名詞の場合には、**名詞 s** のようにすることができますが、数えられない名詞の時には、ただ**名詞**を置くだけでよいのです。
(1) 車にもピンからキリまであります。
　　There **are** cars and cars.
(2) 音楽にもピンからキリまでありますよ。
　　There **is** music and music.
　　注意　is になるか are になるかは、名詞に s がついているかいないかで決まります。

ここが知りたい

（質問）There is a book on the desk.と There are books on the desk.のように数えられる名詞の場合には a と s のどちらがついているかを見分けることによって、is と are の使い分けをすると習いましたが、例外はないのでしょうか。

（答え）例外もあります。次のように考えてください。
　主語になる名詞が複数あっても、ひとまとめにして考えるのが自然

な場合には、There is にするのが普通です。

(例) There is another ten miles to go.
(もう10マイル行く必要があります。)

There is ten dollars to pay.
(もう10ドルは必要があります。)

There is my wife and family to support.
(養わなければならない妻と子供がいます。)

ここを間違える

話し言葉においては、There are～.になるところをThere's～.とすることがあります。ここで大切なことはThere'sをThere isと言い換えることは避けた方がよいでしょう。

(例)
(1) 1冊の本がそのテーブルの上にあります。
　　(○) There is a book on the table.
　　↓
　　(○) There's a book on the table.
(2) 本が1冊、ペンが1本、ノートが1冊その机の上にあります。
　　(○) There's a book, a pen and a notebook on the desk.
　　↓
　　(△) There is a book, a pen and a notebook on the desk.
(3) 先生にもピンからキリまであります。
　　(○) There are teachers and teachers.
　　↓
　　(○) There's teachers and teachers.
　　↓
　　(×) There is teachers and teachers.

> ここが大切

There is another ten miles to go.
（もう 10 マイル行く必要があります。）

のようにひとまとめにして考えるのが自然な場合を除いては、学校英文法で教えているような is と are の使い分けにしたがって話したり書いたりした方がよいと思います。

ここでは、「何がそのテーブルの上にありますか。」を英語でどう表せばよいかについて考えてみたいと思います。
文法的には次の 2 種類が上の日本語の答えになります。
（1） A book is on the table.
（2） There is a book on the table.
ただし、（1）の英文は答え方としては不自然なので、（2）の英文を使うのが普通です。

この 2 つの英文の a book が答えになるような英文を作ります。下線を問う英文を作る時には、次のことに注意しなければなりません。

> A book が**主語**になっている時は、A book の代わりに What を書き換えるだけでよいのです。

A book が主語になっていない時は、a book を what で書き換えてから、**What＋疑問文？**にすればよいのです。このことから、次のような英文ができあがります。
（1） What is on the table?
（2） What is there on the table?
実際には、（1）の What's on the table? がよく使われます。

第8章　There is [are] ～. 構文について

ここが知りたい

（質問）There are two books and a pen on the table.のように主語が複数の意味を表している名詞がきている場合でも、What is on the table?と尋ねるのですか。What are on the table?とは言わないのでしょうか。

（答え）主語が複数名詞であっても、What is on the table?と言います。もしどうしても、What is と言うのに抵抗があるのであれば、話し言葉では、There are two books on the table.の代わりに There's two books on the table.と言う人もあるので、それと同じように考えて、What's on the table?と覚えておけばよいでしょう。

ここを間違える

「そのテーブルには何がありますか。」は次のような2種類の言い方ができます。

　　（○）What is there on the table?
　　（○）What is on the table?

この日本文と同じように考えて次の日本文も2種類できると思いがちですが、1種類しか答えはありません。

「台所にはだれがいるのですか。」
　　（×）Who is there in the kitchen?
　　（○）Who is in the kitchen?

Who is there in the kitchen?と言うことができない理由は、この質問の答えが**はっきりした名前**になるからです。

　　[×] There is Tony in the kitchen.

There is～.構文が使えるのは、主語がはっきりしていない場合だけなのです。

第9章
Here is[are]〜. 構文について

1 Here is〜.の構文について

　ここからは、Here is〜.構文について勉強したいと思います。

　どのようにして、Here is〜.構文ができたのかじっくり考えてみることにしましょう。

(1) My watch is here.（私の時計はここにあります。）

(2) Your watch is here.（あなたの時計はここにあります。）

この下線部を問う疑問文を作ると次のようになります。

(1) Where is your watch?（あなたの時計はどこにありますか。）

(2) Where is my watch?（私の時計はどこにありますか。）

　このことから、Where is my watch?に対する答えは、Your watch is here.になることがわかります。

　ただし、英語では、**名詞を代名詞に変えて答える**のが普通なので、次のように言います。

　　"Where is my watch?" "It's here."

　次に、It's here.の here を強調した英文を作ります。この時に、注意しなければならないことは、**名詞は強く、代名詞は弱く**発音するという音のルールがあるということです。

　このルールと英語の強弱強弱のリズムに当てはめると次のようになります。

Here　it　is.
　強　弱　強

同じように考えて、Your watch is here.の here を強調してみると次のようになります。

Here　is　your watch.
　強　弱　　強

ここを間違える

There is a book on the table.の疑問文が Is there a book on the table?になることはわかっていただけていると思います。

There is〜.構文と同じように考えて、次の英文を疑問文にすると大変な間違いを起こすことになります。

Here are your bags.（ここにあなたのバッグがあります。）

［×］Are here your bags?（ここにあなたのバッグがありますか。）

ここで大切なことは、英語では、主語と次の be 動詞をひっくり返すと疑問文になるということです。

There is a book on the table.の主語は、a book なのですが、There is〜.構文の場合には、a book の代わりに there を使っていると考えられます。

ところが、Here are your bags.の場合は、There is〜.構文と成り立ちが違うために同じように疑問文を作ることができません。

Here are your bags.は、ある英文を強調した形であることを勉強しました。そこでもとの英文を思い出してみましょう。

Your bags are here.（あなたのカバンはここにあります。）

この疑問文はどうなりますか。簡単ですね。

Are your bags here?（あなたのバッグはここにありますか。）

このことから、Here are your bags.の疑問文は、Are your bags here?であることがわかります。

第10章

hereとthereを使った決まり文句について

1 There is～.構文と Here is～.構文を整理しましょう

There is～.構文と Here is～.構文を比較しながら使い方を整理したいと思います。

(1) 1冊の本がその机の上にあります。
There is a book on the desk.
(2) 1冊の本がそこにあります。
There is a book THERE.
(3) 1冊の本がここにあります。
There is a book here.
Here is a book.
(4) 私の本がここにあります。
My books are here.
Here are my books.

解説します。

(2)の英文のように**そこに**あります。という英文の場合には、There is～THERE.のように最後の THERE を強く読んで**そこに**を表します。(3) の英文と (4) の英文をよく比較してください。主語の本がだれの本かがはっきりしている場合は、There is～.の構文を使うことができないので、(4) のような2種類の英文ができます。

第10章 here と there を使った決まり文句について

ここが大切

　Here is a book. を**疑問文**にしたい時は、There is a book here. を使って疑問文にしなければならないので、Is there a book here? となります。同じように考えて、Here are my books. を疑問文にしたい時は、My books are here. を疑問文にすればよいので、Are my books here? となります。

ここが知りたい

（質問）There is～. と There's～. の使い分けがあるということを習いましたが、Here is～. と Here's～. の使い分けもあるでしょうか。

（答え）するどい質問ですね。実際に使い分けはあるようです。
　　Here is～. は真実を述べる時に使われます。
　　Here's～. は相手に物を渡す時に使われます。
このことから考えると次の英文の意味の違いがはっきりわかります。
　　Here is your bag.
　　「ここにあなたのカバンがありますよ。」
　　Here's your bag.
　　「ほら、これがあなたのカバンですよ。」＊言いながら相手に渡していると考えられます。

●Here's～. を使った例
　　Here's the newspaper, Father. [ニューズペーィパァ]
　　（お父さん、これ新聞ですよ。）
他にも次のような決まり文句があります。
　　Here's the news today. [ニューズ]
　　（ただ今から、今日のニュースをお伝えします。）

Here's to the happy couple!
(幸せなお2人に乾杯!)
Here's to your new job!
(あなたの新しい仕事に乾杯!)

次に、Here を使った決まり文句を紹介します。

これだけは覚えましょう

(1) はい、きましたよ。
   ①Here I come.　②Here I am.
(2) また、きましたよ。
   ①Here I come again.　②Here I am again.
(3) (物を差し出しながら) はい、これですよ。
   ①Here you are.　②Here you go.
   ③Here it is.　　④Here they are.

　Here you are. と Here you go. は、相手に重点を置いた言い方。Here it is. は、物に重点を置いた言い方。Here they are. は、複数の物を相手に手渡す時の言い方。

(4) さあ、着きましたよ。
   ①Here we are.「さあ、私たちは着きましたよ。」
   ②Here you are.「さあ、あなたは着きましたよ。」
(5) ほら、ここにありますよ。
   ①Here we are.「私たちが探している物がここにありますよ。」
   ②Here you are.「あなたが探している物がここにありますよ。」

(6) ほら、ここにありますよ。
　①Here it is.
　　「探している物が1つあって、それがここにありましたよ。」
　②Here they are.
　　「探している物がいくつかあって、それらがここにありましたよ。」
(7) さあ、始めましょう。
　①Here we go.
　　「みんなで始めましょう。」
　②Here I go.
　　②は独り言を言う場合。

ここからは There を使った決まり文句を紹介します。

これだけは覚えましょう

　(1) ほら、またそんな本を読んでいる。
　　　There you go reading such a book again.
　(2) ほら、また始まった、そんな本を読んでいる。
　　　There you go again, reading such a book.

　この文の成り立ちは、There you go〜ing again.(ほら、また始まった。) という基本形に **read（読む）** という単語をあてはめて作った英文です。There you go again, と言ってから reading such a book. のように言っても意味は同じです。

　この例文では、There you go again. のように人を主語にしていますが、you を it に変えて使うこともできます。たとえば、いなびかりや雷がひどい時に、たびたび停電になっている時、大地震が起こった後で余震が頻繁に起こっている時などに使うことができます。

　There it goes again.(ほら、まただよ。)

(例)

(1) ほら、また貧乏ゆすりをしている。
There you go jiggling your leg again.
　発音　jiggling your leg ［ヂゴリン・ユア　レッグ］

(2) ほら、またつめをかんでいる。
There you go biting your nails again.
　発音　biting your nails ［バーィティン・ユア　ネーィオズ］

(3) ほら、また始まりましたね、その話ですか。
There you go again, talking about that.
　発音　talking about that ［トーキンガバーゥぜァッ・］

ここを間違える

there には**そこに**、here には**ここに**という意味で使うことが多いのですが、there と here には、**ほら**のように相手の注意をひく時に使うことがあります。

この There と Here を使う時に注意をしていただきたいことがあります。

ほらという意味の There と Here は特に**強く発音**しなければなりません。

それから、英語では**強弱強弱**のようなリズムがあるので、そのリズムに合わせて英語を話す必要があります。

次の英文には、代名詞 he と名詞の Tony が英文の中にあります。**代名詞の he は弱く、名詞の Tony は強く**発音するとはじめから決まっています。

　　(○) Here he comes.　　(○) There he goes.
　　(×) Here comes he.　　(×) There goes he.
　　(×) Here Tony comes.　(×) There Tony goes.
　　(○) Here comes Tony.　(○) There goes Tony.

第10章　here と there を使った決まり文句について

　○をつけてある英文は、強弱強のリズムにあてはまっているので、正しい英文であるということがわかります。

　　Here he comes.（ほら、彼がやってきたよ。）
　　Here comes Tony.（ほら、トニーがやってきたよ。）
　　There he goes.（ほら、彼が行くよ。）
　　There goes Tony.（ほら、トニーが行くよ。）

第11章
助動詞について

1 助動詞について

　ここからは、助動詞について勉強したいと思います。
　助動詞とは動詞の手前に置いて、動詞を助けると思っていらっしゃる方が多いと思います。

ここが大切

　助動詞とは、肯定文を否定文や疑問文にする時にどうしても必要なもので、助動詞がなければ否定文も疑問文も作ることができません。

これだけは覚えましょう

　たとえば、Tony speaks English.という英文があるとします。
　この英文は、肯定文なので、否定文や疑問文を作りたい時には、助動詞が必要になってきます。
　そこで、この英文の中に、助動詞があるかどうかを確認しなければなりません。確認の仕方は次のようなります。

　　Tony ― speaks　　Tony ― English
　　トニーは　　話す　　トニーは　　　英語

　この2つのかたまりのうちの、どちらのかたまりの方が意味がよくわかるかを考えます。
　この場合は、Tony—speaks の方が意味がよくわかることがわかっていただけると思います。ここまでわかったら、もとの英文に戻って考えることにします。

Tony—speaks English.のように考えてください。Tony という主語の後ろに助動詞があれば、否定文と疑問文を作ることができます。

つまり、この英文の場合には、—の部分に助動詞が抜けていることがわかります。このことから、今のままでは、否定文も疑問文も作ることができないのです。

2 否定文と疑問文の公式の使い方を覚えましょう

これだけは覚えましょう

［否定文と疑問文の公式］
［否定文］<u>主語</u>　＋　<u>助動詞</u>　not
　　　　　(1)　　　　(2)
［疑問文］<u>助動詞</u>　＋　<u>主語</u>
　　　　　(2)　　　　(1)

　この公式にあてはめると、否定文と疑問文の作り方がわかります。
［肯定文］Tony speaks English.（トニーは英語を話します。）
　　Tony—speaks English.
—のところに助動詞がないので、does という助動詞を入れます。
　　Tony does speak English.
does を入れると同時に speaks の s を消してください。
　　<u>Tony</u>　<u>does</u>　speak English.
　　主語　　助動詞
これで、助動詞の入った英文ができたわけです。
　この英文に not を入れると**否定文**、**助動詞＋主語**の順番に並べると、**疑問文**になるのです。
　　［否定文］<u>Tony</u>　<u>does</u>　speak English.
　　　　　　(1)　　(2)

220

［否定文］<u>Tony</u>　<u>does</u>　not speak English.
　　　　　(1)　　 (2)

［疑問文］<u>Does</u>　<u>Tony</u>　speak English?
　　　　　(2)　　　(1)

　中学校では、do, does, did, can, will, must, may などを助動詞と習っていますが、実際には、これらの単語以外にも、助動詞の働きをしている単語があります。

　英文のどこに not を入れればよいかを考えて、次のようになっていれば、その単語はすべて助動詞の働きをしています。

　　主語　+　□　not

not を入れる位置がわかったら、主語と not の間に何か単語があれば、その単語は**助動詞**の働きをしていると考えることができます。

　例をあげて考えてみたいと思います。

　This is your pen.

　<u>This</u>　—　<u>is</u>　<u>This</u>　—　<u>your pen</u>
　これ　　　です　これ　　　あなたのペン

どちらの方がよく意味がわかると思いますか。

　この場合は、This—your pen（これはあなたのペン）の方がよく意味がわかります。—の部分に not を入れてみます。

　This is **not** your pen.

　この英文は、主語+□ not のようになっているのに気がつきましたか。主語と not の間に is が入っています。英語では、**主語＋助動詞＋not** となるはずなので、この場合の is も助動詞の働きをしていることがわかります。is が**助動詞**の働きをしているので、**助動詞＋主語**にすることで**疑問文**にすることができるのです。

　Is this your pen?

ここを間違える

英語を学ぶ人がよく間違うものに、次のような文の疑問文と否定文があります。

どちらの英文にも have があるので間違いやすいのです。

(1) You have two books.(あなたは2冊本を持っています。)
(2) You have seen Tokyo Tower.(あなたは東京タワーを見たことがあります。)

このような時に、私が紹介したやり方が効果を発揮します。

You—have（あなた　持っている）
You—two books（あなた　2冊の本）

You—have の方が意味がよくわかると考えられます。

You **not** have two books.

この場合、You と not の間には単語がないので、この英文の中には**助動詞**がないことがわかります。このような時に **do** を入れます。

<u>You</u>　<u>do</u>　not have two books.
主語　助動詞

<u>Do</u>　<u>you</u>　have two books?
助動詞　主語

次の英文も同じように考えます。

You—have（あなた　持っている）　You—seen（あなた　見た）
You—Tokyo Tower（あなた　東京タワー）

この場合は、You—seen が一番意味がよくわかると考えるのが自然ですから、You **not** seen となることがわかります。

You have **not** seen Tokyo Tower.

この英文の場合、You と not の間に have があることから **have** が**助動詞**の働きをしていることがわかります。

このことから疑問文は、Have you seen Tokyo Tower?とすればよ

いことがわかります。

　助動詞の働きをする is, am, are などの be 動詞を強く発音すると、be 動詞だけでは表せない意味を表すことができます。

これだけは覚えましょう

●be 動詞＋形容詞の場合
　　I am busy.（私はいそがしい。）
　　I AM busy.（私は本当にいそがしい。）
　　AM I busy!（本当にいそがしいなあ。）

　肯定文の be 動詞を強く発音するか、または、疑問文のパターンにあてはまっている be 動詞を強く発音して英文の最後を下げることによって、**とても、本当に**を表すことができます。
　I AM busy. は次のように言い換えても意味は同じです。
　　I am very busy.
　　I am really busy.
　AM I busy!も次のように言い換えることもできます。
　　How busy I am!
　次の英文はほとんど同じ意味を表していると考えることができます。

　　(1) I AM busy.
　　(2) AM I busy!
　　(3) I am very busy.
　　(4) I am really busy.
　　(5) How busy I am!

これだけは覚えましょう

[be 動詞＋名詞　または　動詞の ing 形の場合]

　　Tony is a teacher.（トニー君は先生です。）

　　Tony is swimming.（トニー君は泳いでいます。）

のような英文の場合に、be 動詞を強めて発音すると、**〜なのは、本当ですよ、本当に〜ですよ**を表すことができます。

　　Tony IS a teacher.（トニーは本当に先生ですよ。）

　　Tony IS swimming.（トニーは本当に泳いでいるんですよ。）

この２つの英文は次のように言い換えても、ほとんど同じ意味を表すことができます。

　　Tony is really a teacher.

　　Tony is really swimming.

ここが知りたい

（質問）Tony IS a teacher. の意味を IS Tony a teacher! と言うことはできないのですか。

（答え）言うことはできますが、be 動詞＋形容詞のパターンほどは使われません。

（例）

　　It IS hot.（暑いなあ。）

　　IS it hot!（暑いなあ。）

これだけは覚えましょう

[[do, does, did] ＋動詞の原形の場合]

I walked.（私は歩いた。）

I DID walk.（本当によく歩いたなあ。）

DID I walk!（本当によく歩いたなあ。）

第11章　助動詞について

　一般動詞の前に［do, does］の内のどれかを使うことで、**本当に〜する、〜するのは本当です**を表すことができます。過去の意味を表したい場合には、**did＋動詞の原形**にすることで**本当に〜した、〜したのは本当です**を表すことができます。必ず do, does, did を強く発音してください。

　疑問文のパターンで使われている do, does, did を強く発音して、文の最後を下げることで、ほとんど同じ意味を表すことができます。

　I DID walk.と DID I walk!を次のように言い換えてもほとんど同じ意味を表すことができます。

　　I really walked.
　　I walked and walked.

ここが知りたい

（質問）I DID walk.のように、walk を強調したい時に DID が使ってあることはわかりましたが、did がきていても強調ではない場合はないのですか。

（答え）するどい質問です。例外があります。

　英米人が英語を話している時に DO や DID を強調して話している場合は、**本当に〜する、本当に〜したまたは〜するのは本当です、〜したのは本当です**を表していると考えればよいと思いますが、do や did が肯定文（普通の文）の中で、動詞の前に使われていて、do や did が強調として使われていない時は、ただ単に**今のこと**や**過去のこと**について、話をしているのと変わりはありません。do や did が強調として使われていないパターンは次のような時に使われます。

　　英文 but 英文.

（例）I do drink **but** I'm not very fond of it.
　　　（お酒は飲みますが、あまり好きではありません。）

225

この場合の do は、ちょっと考えながら言いにくそうに言っている感じを表すために、do の発音を波うったような感じで言ってください。

I did want to learn French **but** I don't have the time.
(私はフランス語を学びたかったのです**が**、その時間がないんですよ。)

これだけは覚えましょう

[〔have, has〕＋過去分詞形の場合]

I HAVE seen a lion.
(私はライオンを見たことがあるんですよ。本当ですよ。)

HAVE I seen a lion!
(私はライオンを見たことがあるんですよ。本当ですよ。)

is, am, are, do, does, did と同じように考えてください。

ここが知りたい

(質問) do, does, did 以外の助動詞（can など）も同じように考えればよいのですか。

(答え) その通りです。

I CAN swim.（私は泳ぐことができるんですよ。本当ですよ。）
CAN I swim!（私は泳ぐことができるんですよ。本当ですよ。）

ここが大切

ここまで色々と説明してきましたが、これは文法的にはこのような考え方があるということで、すべてのものがよく使うと言っているわけではありません。実際に英米人と話すチャンスがあれば、実際に使ってみて、英米人の反応を見ながら、よく使われるものだけを覚えていくようにしてください。

英米人と話すチャンスがない場合は、映画などのセリフの中で、よ

く使われているかどうかで判断してください。

　この本では AM I busy!　DID I walk!のように強調であることがわかるように大文字で書いてありますが、AM、DID を小文字で表すこともできます。

3 can と be able to の使い方

ここからは、助動詞の勉強をしたいと思います。この本では、学校で習わないようなことでも大切だと私が思っていることについてはとことんのせてあります。

ここが大切

私は泳ぐことができる。を英語に訳すと次のようになります。

(1) I can swim.
(2) I am able to swim.

中学校では、このように習います。これでも別に問題はありませんが、もう少しくわしく考えてみたいと思います。

I can swim. と I am able to swim. の違いを日本語に訳すと次のようになります。

(1) 私は泳げます。(I can swim.)
(2) 私は泳ぐことができます。(I am able to swim.)

能力や可能性を強調したい時に be able to を使います。

コミュニケーションのための英語情報

(1) **I can** speak Japanese.
(日本人だから) 私は日本語を話せますよ。
＊自然に覚えた場合

(2) I **am able to** speak English.

（日本人ですが）私は英語を話せますよ。

＊努力して覚えた場合。

ここが大切

「あなたは泳げますか。」
を英語で言う場合に、注意していただきたいことがあります。
Can you swim?と言うと、**あなたは泳ぐ能力がありますか**。という意味になります。

相手の能力を尋ねるのは、相手に失礼になるので、Can you swim?の代わりに Do you swim?**あなたは泳ぎますか**。を使う方がよいでしょう。

もしどうしても Can you swim? と Do you swim? を使い分けたい人は、次のように使い分けてください。

親しい間柄の場合には、Can you swim?

親しくない場合には、Do you swim?

ここを間違える

（○）Can you swim?

（△）Are you able to swim?

be able to が〜する方法を知っています＝know how to の意味で使ってある場合、疑問文では使わないでください。

can＝be able to は使い方が少し違いますが、can が使えない時に、be able to を代用することができます。たとえば、未来のことを表したい時は、次のように考えなければならないのです。

I will come to see you tomorrow.

（私は明日あなたに会いに来ますよ。）

この英語に can（できる）の気持ちを入れたい時に次のようには言えません。

I will can come to see you tomorrow.
　　助動詞　助動詞

英語では、助動詞を2つ重ねて使うことができないのです。

このような時に、can = be able to の be 動詞の表現を助動詞の後において、can の意味を表します。

I will be able to come to see you tomorrow.
（私は明日あなたに会いに来ることができます。）

これだけは覚えましょう

must be able to　～できるに違いない
will be able to　～できるでしょう
may be able to　～できるかもしれない
can't be able to　～できるはずがない

発音　must [マストゥ]　will [ウィォ]　may [メーイ]　can't [キャントゥ]

これだけは覚えましょう

英語の助動詞の中には、次のように2つの意味を持っているものがあります。

　　must　①　～しなければならない　②　に違いない
　　will　①　～するつもり　②　でしょう
　　may　①　～してもよい　②　かもしれない
　　can't　①　～することができない　②　はずがない

～しなければならないに違いないのように一気に覚えてしまってください。

1つめの意味は、**自分の気持ち**を表したもので、2つめの意味は、**どれぐらいの可能性**があるのかを表したものです。
（例）
　　I must study.（私は勉強しなければならない。）

This must be my pen.（私のペンに違いない。）
I can't swim.（私は泳げない。）
This can't be your pen.（これはあなたのペンのはずがない。）

コミュニケーションのための英語情報

　will be は、イギリス英語では使われますが、アメリカ英語ではほとんど使われません。その代わりに、**〜でしょう、〜に違いない、きっと〜です**の意味を must be を使って表します。

　イギリス英語では、may を使いますが、アメリカ英語では may の過去形の might ［マーイトゥ］を**〜かもしれない**の意味で使うことが多いのです。

ここが知りたい

（質問）can と be able to はなぜほとんど同じ意味になるのですか。

（答え）can のもとの意味は know how to（〜の仕方を知っています）、または have the ability to（〜する能力がよくあります）、be able to のもとの意味は be skillful at（〜するのがじょうずです）、または be good at（〜するのが得意です）です。

　整理すると次のようになります。

（1）I know how to swim.
　　（私は泳ぎ方を知っています。）
　　I have the ability to swim.
　　（私は泳ぐ能力があります。）
　　ということは、
　　I can swim.
　　（私は泳げます。）

(2) I am skillful at swimming.
　　（私は泳ぐのがじょうずです。）
　　I am good at swimming.
　　（私は泳ぐのが得意です。）
　　ということは、
　　I am able to swim.
　　（私は泳ぐことができます。）
以上のことから、結果的には、ほぼ同じ意味になるのです。

発音　know how to [ノーゥ　ハーゥ　トゥ]
have the ability to [ヘァヴ　ずィ　アビリティ　トゥ]
be skillful at [ビー　スキオフォー　アットゥ]

ここを間違える

　can と be able to がほとんど同じ意味なので、過去形にしても、ほとんど同じ意味になると思いがちですが、実際にはかなり意味が違ってきます。
　私はそのテストに受かることができた。
　　[○] I was able to pass the test.
　　[×] I could pass the test.
なぜ I could pass the test. が正しくないかを考えてみましょう。
　　can＝know how to＝have the ability to
　　I could pass the test.
　＝I knew how to pass the test.
　　　（私はそのテストに受かる方法を知っていた。）
　＝I had the ability to pass the test.
　　　（私はそのテストに受かる能力を持っていた。）
　これらの3つの英語のどこにも、**受かることができた**ということを表していないことがわかります。

第11章　助動詞について

これだけは覚えましょう

couldは、過去の**能力**のみを表す単語なので、**能力があって達成できた**という意味の場合には、使うことができません。

つまり、**能力＋達成できた**を表したい場合には、be able to を使うか、ただの**過去形**で表すことができます。

[○] I was able to pass the test.

[○] I passed the test.

ここが大切

日本語では、**私はそのテストに受かった。**のように**過去形**を使うことで、**〜することができた**を表していることが多いということを知っておいてください。**〜することができた**よりも、むしろ**〜した**という日本語を使う方が自然な日本語なのです。

ただし、どうしても**〜することができた**という日本語を英語にしたいと思った時は、be able to を使って英語に訳してください。それから時と場合によっては、**どうにか〜できた**という意味を表したい場合があります。このような時には、次の英語を使ってください。

（1）managed to ［メアネッヂ・トゥ］どうにかこうにか〜した
（2）succeeded in〜ing ［サクスィーディッディン］〜するのに成功した
（例）I passed the test.
　　（私はそのテストに受かった。）
　　I was able to pass the test.
　　（私はそのテストに受かることができた。）
　　I managed to pass the test.
　　（私はどうにかそのテストに受かることができた。）
　　I succeeded in passing the test.
　　（私はどうにかこうにかそのテストに受かることができた。）

ここを間違える

can には、〜する能力がある、could には、〜する能力があったという意味がありますが、次のような意味を表すこともあります。

昔はできたのだが、今はできない。

「子供の時は泳げたんだけど、今は泳げません。」

"I could swim when I was a child."

昔は〜することができた。

「私は子供の時は泳げました。」

"I was able to swim when I was a child."

ここを知りたい

（質問）I was able to pass the test. と I could pass the test. の意味の違いをはっきりさせると、どのように訳せばよいのですか。

（答え）I was able to pass the test. は、能力があって達成できたという意味なので、**私はそのテストにパスすることができました。**

I could pass the test. は、could に**やろうと思えばできるだろう**という意味があるので、**私はやればたぶんそのテストに受かりますよ。**のように考えることができます。

[see と can see, hear と can hear の使い方]

see は、**自然に見える、目に入る**という意味なので、意識的に見ようとしなくても、見える時には see を使います。

We see Tokyo Tower on the right.

（右側に東京タワーが見えますよ。）

意識的に見ようとする時は、can see を使います。

Can you see Tokyo Tower from here?

（ここから東京タワーが見えませんか。）

hear は、**自然に聞こえる、耳に入る**という意味なので、意識的に聞こうとしなくても、聞こえる時には hear を使います。

　　I hear a Japanese nightingale singing.

　（1 羽のウグイスが鳴いているのが聞こえます。）

　　発音　　hear [ヒア]　　singing [スィンギン・]　　Japanese [ヂェァパニーズ]
　　nightingale [ナーィティンゲーィオ]

意識的に聞こうとする時は、can hear を使います。

　　Can you hear me?

　（私の言うことが聞こえますか。）

これだけは覚えましょう

　see や hear と同じように使い分けをすることができる動詞に次のようなものがあります。

　　feel [フィーオ] 感じられる

　　smell [スメオ] においがする

　　taste [テーィストゥ] 味がする

これだけは覚えましょう

●hear を使った便利な表現

　　I didn't hear you.

　（あなたのおっしゃったことが聞こえませんでした。）

　　I couldn't hear you.

　（あなたのおっしゃることが聞き取れませんでした。）

　　I hear you.

　（①わかっているよ。②聞いているよ。）

　　I heard you already.

　（もうその話は聞いたよ。わかったわかった。）

＊しつこく同じことを繰り返して言う人に対して使います。

この表現は、You told me already.(あなたはもう私に言いましたよ。)と言っても同じ意味を表すことができます。

You heard me. Start cleaning the room.
(聞こえたでしょ。部屋の掃除を始めなさい。)

単語　heard [ハ〜ドゥ] 〜を聞いた
already [オーゥレディ] すでに　told [トーゥオドゥ] 言った

ここを間違える

- hear [ヒァァ] 〜が聞こえる
- here [ヒァァ] ここに

- heard [ハ〜ドゥ] 〜が聞こえた
- hard [ハードゥ] むずかしい、かたい、一生懸命に、つらい

　heard と hard の発音の仕方がまったく違います。heard は口を小さく開けて**ア〜**、hard は口を大きく開けて**アー**と発音してください。

第11章 助動詞について

4 推測と可能性の表し方について

ここからは、推測と可能性の表し方について勉強したいと思います。まずは、推測の表現から紹介します。

これだけは覚えましょう

will [ウィオ] 〜でしょう、〜だろう
would [ウッドゥ] たぶん〜でしょう、たぶん〜だろう
＊この2つの助動詞は、現在、または未来についての推測を表します。

must [マストゥ] 〜に違いない
＊話し手が、すでに知りえている事実から、**きっと〜に違いない**と確信している場合に使います。

たとえば、父が毎日9時に帰宅するということがわかっていてノックする音が聞こえた時、「あれは父に違いない。」と言いたい場合に、must を使うことができます。

"That must be my father."

must の代わりに will を使うこともできます。

"That will be my father."

アメリカ英語では、will をあまり使いません。will の意味を must を使って表すことが多いようです。

つまり、will も must もほとんど同じ意味だと考えてもらって差しつかえないと思います。

ここを間違える

　will と would は、現在と未来の推測を表しますが、must は現在の推測を表す場合にしか使えません。

　must（きっと〜に違いない）の意味を未来のことについて予測をしたい場合には、be bound to [バーゥンドゥ] を使います。

（例）We are bound to be late.
　　　（私たちはきっと遅刻だよ。）

5 「きっと〜に違いない」を表す表現の使い分け方

これだけは覚えましょう

　　must = have to = have got to

きっと〜に違いないを表す助動詞 must の代わりに have [has] to または have [has] got to という表現でもほとんど同じ意味を表すことができます。

ここが知りたい

（質問）must と have to, have got to の使い分けはあるのでしょうか。

（答え）ほとんど同じと考えていただいても差しつかえはありませんが、まったく同じということではありませんので、must と have to と have got to の意味の違いを説明しておきます。

[have to または have got to]
　　周囲の事情から判断して、**〜であるに違いない**という場合に使います。確信度は 90% 以上あると考えられます。
[must]
　　すでに知り得ている事実から、話し手が 100% に近く確信をしている場合に使います。

[英語最新情報]

　〜に違いないの意味では、have to と have got to はアメリカでしか使われていないと考えられていましたが、最近では、アメリカだけではなくイギリスでも使われています。

　ただし、**〜に違いない**の意味では must の方が have to や have got to よりもよく使われています。

6 should と ought to について

これだけは覚えましょう

　should ［シュッドゥ］ たぶん〜のはずです
　ought to ［オー・トゥ］ たぶん〜のはずです

　すでに知っている事実、または条件などから現在、または未来のことについて推測する場合には should、または ought to で表すことができます。

　日本語の**たぶん〜のはずです**に近いと考えることができます。話し手の期待感が含まれています。

　ought to の確信度は 70%〜80% ぐらいで、should の方が 70% ぐらいです。

（例）Tony should be at home now.
　　　＝Tony ought to be at home now.
　　（トニーは今家にいるはずです。）

ここを間違える

　should と ought to は、must と違って否定の言葉が完全な英文の後にくることがあります。

　トニー君は今家にいるはずですが、いないのです。

　［○］ Tony should be at home now, but he isn't.
　［○］ Tony ought to be at home now, but he isn't.
　［×］ Tony must be at home, but he isn't.

should と ought to には、望ましい推測を表す言葉がきます。
[○] Prices should [ought to] come down soon.
   (物価はすぐに下がるはずです。)
[×] Prices should [ought to] come up soon.
   (物価はすぐに上がるはずです。)

ここが大切

(1) Tony must be studying at home now.
(2) Tony should be studying at home now.
   Tony ought to be studying at home now.

must be と should [ought to] は次の点でまったく意味が違ってくることがあります。

must be +動詞 ing の場合には、100％に近い確率で**〜している**と考えることができます。

should [ought to] be +動詞の ing の場合には、**〜している**状態が、必ずしもその通りになっているとは限りません。このことから、次のような意味が英文に含まれています。

(1) Tony must be studying at home now.
   (トニー君は今家で勉強していると私は確信しています。)
(2) Tony should be studying at home now.
   Tony ought to be studying at home now.
   (トニー君は今家で勉強しているはずだが、しているとは限らない。)

第11章 助動詞について

7 can、could、may、might について

これだけは覚えましょう

　can [キャン] 理論上〜しうる、理論上〜でありうる
　理論的可能性が 50%〜60% あることを表しています。

これだけは覚えましょう

　could [クッドゥ] 〜しうるかもしれない、〜でありうるかもしれない
　may [メーィ] 〜しうるかもしれない、〜でありうるかもしれない
　might [マーィトゥ] もしかしたら〜しうるかもしれない、もしかしたら〜でありうるかもしれない

　現在、または未来のことについて、実際にありうるかもしれないことを表す時に使われます。

　確信度は may は 35%〜40%、could は 30%〜35%、might は 25%〜30% ぐらいだと考えられていますが、実際にはほとんど同じように使われます。

ここが大切

　助動詞が表すことができる推測や可能性には、実際的可能性と理論的可能性を表す 2 つのタイプに分けられます。
［実際的な推測や可能性を表す助動詞］
　　must, will, would, could, may, might

243

［理論的な可能性を表す助動詞］

can

＊理論的可能性を表す can は実際的可能性よりも意味が弱い。

ここを間違える

(1) This bike can be improved.

(2) This bike may be improved.

この2つの英文は、次のように訳すことができます。

(1) この自転車は理論的には改良は可能です。

(2) この自転車は改良されるかもしれない。

つまり、(1)の英文は、この自転車が完全なものではないということを言っているだけで、改良する予定がまったくないことを表していますが、(2)の英文は、実際に改良する計画が具体的に進んでいることを表しています。

次に、can, could, may, might の使い分けについて考えてみたいと思います。たとえば、次のような日本語があるとします。

「今日の昼からは雨になるかもしれない。」

この日本語を訳す場合に、理論的可能性なのか実際的可能性なのかを考える必要があります。雨になる可能性があると言っているわけなので、can を使うことができないことがわかります。

[○] It could rain this afternoon.

[○] It may rain this afternoon.

[○] It might rain this afternoon.

[×] It can rain this afternoon.

［英語最新情報］

推測を表す should と ought to を比べると、should はよく使われていますが、ought to はイギリスではあまり使われません。アメリ

カでも、かなり年配の人を除けば、めったに使われていません。

ここが大切

　この本の中にも％で推測や可能性を表していますが、学者によって多少意見が違うようなので、この本の％が絶対的に正しいとは言えません。

　この本にのせてある％はあくまでもだいたいの目安と考えてください。学者によっては、must よりも will の方が確信度が高いと主張している方もおられます。

8 否定を表す助動詞について

ここを間違える

推測や可能性を表す表現を勉強してきましたが、否定を表す表現については一切紹介していませんでした。ここでは、否定の表現を勉強します。

〜に違いないの反対に〜のはずがないとなることから must（〜に違いない）の反対が must not と考えてしまいがちですが、cannot または can't が**〜のはずがない**を表します。

〜でしょうの反対は〜ではないでしょう これらは英語でも will（〜でしょう）の反対は will not または won't が**〜ではないでしょう**を表します。

〜かもしれないの反対は〜ではないかもしれない これらは英語でも may と may not で表すことができます。

次の表現は間違いやすいので、しっかり覚えてください。

(1) Tony can't be studying at this late hour.
　　（トニー君はこんなおそい時間に勉強しているはずがない。）
(2) Tony may not be studying at this late hour.
　　（トニー君はこんなおそい時間に勉強していないかもしれない。）

（1）の表現は、**トニー君が勉強している可能性がない**ということなので、次のように言い換えることができます。

第11章　助動詞について

　It's impossible that Tony is studying～.

（2）の表現は、**トニー君は勉強していない可能性がある**ということなので、次のように言い換えることができます。

　It's possible that Tony isn't studying～.

発音　impossible［インパスィボー］　possible［パスィボー］

ここが知りたい

（質問）「トニー君は勉強している可能性がありますか。」を英語でどう言えばよいのですか。may と can のどちらも使うことができるのですか。

（答え）次のように考えるとわかりやすいでしょう。

（may not　～していないかもしれない）
（can't　～しているはずがない）

　Tony may not be studying.
　（トニー君は勉強してないかもしれない。）
　Tony can't be studying.
　（トニー君は勉強しているはずがない。）

この2つの英文で、**勉強している**といっしょに使われている単語を使えばよいのです。

　（1）トニー君は　勉強している　**はずがない**。［否定文］
　（2）トニー君は　勉強している　**可能性がある**。［肯定文］
　（3）トニー君は　勉強している　**可能性がありますか**。［疑問文］

　（1）Tony **can't** be studying.［否定文］
　（2）Tony **can** be studying.［肯定文］
　（3）**Can** Tony be studying?［疑問文］
　＊（3）の表現は強い疑いの気持ちを表しています。

この3つの表現は、次のように言い換えることができます。
  (1) It's impossible that Tony is studying.
  (2) It's possible that Tony is studying.
  (3) Is it possible that Tony is studying?

これだけは覚えましょう

●can の発音の仕方

can には、[kæn]［キャン］という読み方と［kən, kn］［ケン・クン］などの読み方があります。
  (1) **Can** you swim?の場合は［キャン］
  (2) I **can** swim の場合は［ケンまたはクン］
  (3) Yes, I **can**.の場合は［キャンヌ］

解説します。疑問文の場合は、［キャン］と読みます。ただし、あまり強く読み過ぎないようにしてください。

文章の途中に出てくる can は弱く発音します。［ケン］または［クン］のように読んでください。文の最後に can がくる場合はかなり強く［キャンヌ］と読みます。

[can't、cannot、can not の読み方]
　　話し言葉では can't［kænt］[**キャントゥ**]
　　書き言葉では cannot［kǽnɑt］[**キャナットゥ**]
　否定の意味を強めたい時は、can not と分けて書き、not にアクセントを置きます。

ここを間違える

アメリカでは、can't［kænt］[**キャントゥ**]と発音しますが、イギリスでは、can't［kɑːnt］［カーントゥ］と発音します。

第11章　助動詞について

9 canは強く読む場合と弱く読む場合とでは発音が違う

ここが知りたい

(質問) 中学校では、canを［キャン］としか習いませんが、どうしてなのですか。

(答え) 英語の単語によっては、強く読む形と弱く読む形があります。canの場合には、[kæn]という**強形**、[kən]という**弱形**があるのです。中学校などでは、強形だけを教えているのです。このために、英語を母国語としている人のスピード感のある英語が聞き取れないのです。自然なスピードの英語は弱形で発音されている単語が私たちの予想以上に多いからです。

ここを間違える

　［キャン］という発音を聞くとcanと思ってしまいますが、文章の途中に［キャン］という音が出てきたら、can'tと理解した方がよいでしょう。つまり、can'tは［**キャン**トゥ］または［**キャン**］のどちらかで発音されるのです。

　よくI can swim.を［アーィ　**キャン**　ス**ウィ**ム］と発音しますが、この読み方は正しくないのです。正しくは［アーィ　**ケン**　ス**ウィ**ム］または［アーィ　**クン**　ス**ウィ**ム］なのです。［アーィ　**キャン**　ス**ウィ**ム］と発音している限り、can'tを正しく聴き取れないということです。

249

ここが大切

相手の言ったことに対して、相づちを打つ時に、文頭の単語をあまり強く言わないで、英文の最後を軽く上げると、**そうですか**。を表すことができますが、文頭の単語を強く発音して英文の最後を下げて発音すると、**うそでしょう**。という意味を表すことになってしまうので、注意が必要です。

ここを間違える

（Aさん）I speak English.（私は英語を話します。）
（あなた）Do you?（↗）（そうですか。）
（あなた）DO you?（↘）（うそでしょう。）

（Aさん）I'm a teacher.（私は先生をしています。）
（あなた）Are you?（↗）（そうですか。）
（あなた）ARE you?（↘）（うそでしょう。）

（Aさん）I have seen a UFO.（私はユーフォーを見たことがあるの。）
（あなた）Have you?（↗）（そうですか。）
（あなた）HAVE you?（↘）（うそでしょう。）

（Aさん）I went to Tokyo yesterday.（私は昨日東京へ行ったんだよ。）
（あなた）Did you?（↗）（そうなの。）
（あなた）DID you?（↘）（うそだろう。）

第11章　助動詞について

ここが知りたい

（質問）英語の辞書や参考書にcannotとcan'tという書き方が載っていますが、can notという書き方は載っていません。なぜでしょうか。

（答え）一般的にcan'tは話し言葉で使われ、書き言葉ではcannotという書き方が使われています。
　ただし、can notという書き方が間違っているということはありません。**できない**ということを強調したい時は、can notと書くことができます。

10 「〜しなければならない」を表す表現

　ここでは、**〜しなければならない**という表現を表す助動詞とその他のイコール表現をいっしょに勉強したいと思います。

これだけは覚えましょう

(1) I must study.
　　(私は勉強しなければならない。)
(2) I have to study.
　　(私は(色々なまわりの事情で)勉強しなければならない。)
(3) I've got to study right now.
　　(私は今すぐに勉強しなければならない。)

ここが大切

　中学校や高校などでは、**〜しなければならない**という意味で must = have to = have got to が同じように使えると習いますが、使い分けがないわけではありません。くわしく説明しておきます。

　会話では、must よりも have to の方が好まれます。have to の方が強制力が弱いからです。must は**自分の意志でしなければならない**と思うことを表し、have to は**まわりの状況からしなければならない**と思うという意味で使います。

　have to got to は 've got to と書くこともできます。差し迫っている時に使うことが多いようです。

第11章 助動詞について

11 「〜するつもりです」を英語で表すにはどうすればよいか

　ここでは、**〜するつもりです**という未来の予定を表す助動詞とその他のイコール表現をまとめて勉強します。

これだけは覚えましょう

(1) I'm going to leave Tokyo tomorrow.
　　（私は明日東京をたつつもりです。）
(2) Then I will leave Tokyo tomorrow.
　　（それじゃ私は明日東京をたつことにしますよ。）
(3) I'm leaving Tokyo tomorrow.
　　（私は明日東京をたつことにしています。）
(4) I'm to leave Tokyo tomorrow.
　　（私は明日東京をたつことになっています。）

ここが大切

　中学校では、I will＝I'm going to（私〜するつもりです。）のように習いますが、実際には使い分けがあります。

　I'm going to はもうすでに決まっていることを表し、I will は、話をしている時に「それでは私は〜をしますよ。」のように言いたい時に使います。

　I'm leaving よりも I'm going to の方がはっきりとした**自分の意志**を表していると考えられています。

253

I'm leaving と I'm to leave の使い分けは、自分が決めたことならば I'm leaving、まわりが決めたことであれば、I'm to leave を使います。

[英語最新情報]
I'm to leave Tokyo tomorrow. はかたい表現なので、会話ではあまり使われません。

次に must と時制の関係について勉強したいと思います。

ここが大切

過去または未来を表している英文の中では、must を使うことはできません。そのような時に、must とほとんど同じ意味の have to を使います。
(例)
(1) 私は英語の勉強をしなければならなかった。
　　I **had to** study English.
(2) 私は明日英語を勉強しなければならない。
　　I will **have to** study English tomorrow.
　　＊この場合の will は〜でしょうという**未来**における**推測**の意味で使われています。

ここを間違える

英語では助動詞を2つ重ねて使うことはできないので、重なりそうな時は、**助動詞＋助動詞と同じ意味の動詞を使った表現**で表します。

第11章　助動詞について

(私は明日勉強しなければならないでしょう。)

[×] I <u>will</u> <u>must</u> study tomorrow.
　　　〔1〕　〔2〕

[○] I <u>will</u> <u>have to</u> study tomorrow.
　　　〔1〕　〔2〕

1つめの助動詞のところには、**推測**や**可能性**を表す助動詞がきます。2つめの助動詞がくるはずであったところには、**義務、意志、能力**など同じ意味を表す**一般動詞**、または **be 動詞**を使った表現がきます。

(あなたは明日泳ぐことができるでしょう。)

[×] You <u>will</u> <u>can</u> swim tomorrow.
　　　〔1〕　〔2〕

[○] You <u>will</u> <u>be able to</u> swim tomorrow.
　　　〔1〕　　〔2〕

255

12 助動詞にはなぜ2つの違う意味があるのか

ここが知りたい

(質問) 同じ助動詞に推測、または可能性を表す時と意志や義務、能力などを表す時があるのはなぜですか。

(答え) よい質問です。世の中のものはすべて、原因と結果で成り立っています。よく勉強すると、その結果、勉強がよくできるようになります。同じように池に小さい石を投げると小さい波紋ができますが、大きい石を投げると大きい波紋ができます。この考えに基づいて考えると、次のようになるのです。

(1) I must swim. (私は泳がなければならない。)
(2) I will swim. (私は泳ぐつもりです。)
(3) I may swim. (私は泳いでもかまわない。)
(4) I can't swim. (私は泳ぐことができない。)

(1) が一番やる気があり、(4) がもっともやる気がないことがわかります。つまり、一番やる気がある must が一番可能性が高くなり、次に will、その次に may、そして一番可能性が低いのが can't のようになるのです。

上の英文にあてはめると、I must swim.(私は泳がなければならない。)と思って練習している人は、結果的には、He must be a good swimmer.(彼は泳ぐのが上手な人に違いない。)となり、I can't swim.(私は泳げない。)と言っている人は、He can't be a good swimmer.（彼は泳ぐのが上手な人のはずがない。）のように考えることができるのです。

ここが知りたい

（質問）推測、または可能性を表す助動詞＋義務、意志、能力を表す助動詞と同じ意味を表す単語がくるということは、can't（～のはずがない）＋be able to（～できる）のようにもともと同じ意味の助動詞が2つ連続して並ぶこともありうるということですか。

（答え）はい。

　　You **can** pass the bar exam.
　　（あなたは司法試験に受かることができる。）

という**能力**を表すことができる英文と、will（～でしょう）、may（～かもしれない）、can't（～のはずがない）をひとつの英文にすると次のようになります。

(1) You **will** be able to pass the bar exam.
　　（あなたは司法試験に受かることができるでしょう。）

(2) You **may** be able to pass the bar exem.
　　（あなたは司法試験に受かることができるかもしれない。）

(3) You **can't be able to** pass the bar exam.
　　（あなたは司法試験に受かることができるはずがない。）

＊(3)の英文は can't が**可能性**を表す助動詞で、be able to が**できる**という**能力**を表す can と同じ意味の表現です。

13 人に依頼する時に使える ていねいな表現

　ここでは、助動詞を使って、人に依頼をする時に使えるていねいな表現を勉強したいと思います。

これだけは覚えましょう

(1) Would you mind helping me?
　　（私を手伝っていただいても、差しつかえはありませんか。）

(2) Do you mind helping me?
　　（私を手伝ってもらっても、差しつかえはありませんか。）

(3) Could you please help me?
　　（私を手伝っていただけますでしょうか。）

(4) Would you please help me?
　　（私を手伝っていただけますでしょうか。）

(5) Could you help me?
　　（私を手伝っていただけますか。）

(6) Would you help me?
　　（私を手伝っていただけますか。）

　発音　could you［クッヂュー］　would you［ウッヂュー］　please［プリーズ］
mind［マーィンドゥ］　help［ヘオプ］

第 11 章　助動詞について

ここを間違える

　［Would, Do］you mind helping me?だけは Yes.と答えてしまうと、**はい、差しつかえがあります。**と断わることになるので、断わらない時は No.と言ってください。

ここが大切

　英文によって、ていねいさが違うので、よく日本語訳を読んで、だいたいの感じをつかんでください。

これだけは覚えましょう

●依頼をする時に使える表現
(1) Can you please help me?
　　(私を手伝ってもらえますでしょうか。)
(2) Will you please help me?
　　(私を手伝ってもらえますでしょうか。)
(3) Can you help me, please?
　　(私を手伝ってもらえますでしょうか。)
(4) Will you help me, please?
　　(私を手伝ってもらえますでしょうか。)
(5) Can you help me?
　　(私を手伝ってもらえますか。)
(6) Will you help me?
　　(私を手伝ってくれる？)
(7) Please help me.
　　(私を手伝ってください。)
(8) Help me, please.
　　(私を手伝ってください。)

ここを間違える

(1) 命令文に please をつけても、ていねいな命令文になるだけで、相手に選択の自由を与える表現にはなりません。
(2) Can you help me?は、いくらか相手に選択の自由を与える表現で、Will you help me?は、上司が部下に手伝ってくれるように頼む場合に使うと、ぴったりの表現です。

　ここからは、まとめて覚えておくと、頭の整理ができて、結果的に英語の力がつく助動詞とほとんど同じ意味を持つ表現を紹介してきたいと思います。

これだけは覚えましょう

(1) It's going to rain tonight.
　　（私の意見では）今夜は雨が降るでしょう。
(2) It will rain tonight.
　　（天気予報によると）今夜は雨が降るでしょう。
(3) It will probably rain tonight.
　　たぶん、今夜は雨が降るでしょう。
(4) It looks like rain.
　　雨が降りそうです。
(5) It might rain.
　　雨が降りそうです。

ここが大切

　It's going to rain tonight.は自分の意見では、雨が降ると思う。という意味ですが、It will rain tonight.と言うと、天気予報で言っていたので、雨が降るでしょう。という意味になります。

第 11 章　助動詞について

It will rain tonight.
(天気予報によると) 今夜は雨が降るでしょう。
It will probably rain tonight.
私の意見では、たぶん雨が降るでしょう。

発音　probably［プゥラバブリ］

これだけは覚えましょう

(1) I can sing.
   私は（いつも）歌うことができます。
(2) I am able to sing.
   私は（今は）歌うことができます。
(3) I know how to sing.
   私は歌い方を知っています。
(4) I know the way of singing.
   私は歌い方を知っています。
(5) I know the way to sing.
   私は歌い方を知っています。
(6) I am good at singing.
   私は歌うのが得意です。

　解説します。
(1) can には、**（いつも）できる**という意味があります。
(2) am able to には、**（今は）できる**という意味があります。
(3) how to sing で**どう歌うべきかということ＝歌う方法＝歌い方**
(4) the way of singing で、**歌う方法＝歌い方**
(5) the way to sing で、**歌う方法＝歌い方**
(6) am good at singing で、**歌うのが得意です**

14 「私が〜しましょうか」を英語で表す方法

これだけは覚えましょう

(1) Should I make you some tea?
　　（お茶を入れましょうか。）
(2) Shall I make you some tea?
　　（お茶をお入れいたしましょうか。）
(3) Do you want me to make you some tea?
　　（お茶を入れましょうか。）
(4) Would you like me to make you some tea?
　　（お茶をお入れいたしましょうか。）

発音　would you［ウッヂュー］　shall I［シャラーィ］　should I［シュダーィ］
make you［メーィキュー］　some tea［スム　ティー］

解説します。

　　Do you want me　　to make you some tea?
あなたは私にしてほしいですか　あなたにお茶を入れること
　　　　Would you like me　　　　to make you some tea?
(できれば)あなたは私にしてもらいたいですか　あなたにお茶を入れること
このような意味が本来の意味で、自然な日本語にすると、**〜しましょうか、〜いたしましょうか**のようになるのです。

第11章　助動詞について

[アメリカ英語最新情報]

　アメリカでは、かたい感じがする Shall I~?よりもくだけた感じで使える Should I~?の方がよく使われています。相手があなたの提案に対して Yes.と答えてくれる自信がない時に Should I~?、自信がある時に Shall I~?を使うと考えている人もいます。アメリカでは Shall I~?を使わずに、Do you want me to~?や Would you like me to~?を使う人が多いようです。

これだけは覚えましょう

　いらっしゃいませ。
（1）May I help you?
（2）Can I help you?
（3）How may I help you?
（4）How can I help you?
（5）What can I do for you?

解説します。直訳すると次のようになります。
（1）お手伝いさせていただいてもよろしいでしょうか。
　　（May I help you?）
（2）お手伝いしてもいいですか。
　　（Can I help you?）
（3）どのようにしてお手伝いをさせていただきましょうか。
　　（How may I help you?）
（4）どのようにお手伝いしましょうか。
　　（How can I help you?）
（5）あなたのために何をすることができますか。
　　（What can I do for you?）

もともとは May I~?は、**〜させていただいてもいいですか**、Can

I~?は、**〜してもいいですか**のように許可を求める言い方ですが、店屋などでは、**お手伝いしましょうか。**のような意味で使われています。

ここが大切

　店などでは May I help you?を**お手伝いしましょうか。**の意味で使いますが、普通の会話で**お手伝いしましょうか。**の意味で言い表したいなら、Should I help you?や Do you want me to help you?を使います。少していねいな言い方をしたい時は、Shall I help you?や Would you like me to help you?などを使います。

15 must not と don't have to は なぜ意味が違うのか

ここからは助動詞に関する疑問に答えていきたいと思います。

ここが知りたい

（質問）must = have to なのに、否定文にすると意味がまったく違うようになると聞いたことがあります。それは本当ですか。

（答え）その通りです。たとえば、次のようにまったく違った意味になります。

You must not do your homework.
（あなたは宿題をしてはいけません。）

You don't have to do your homework.
（あなたは宿題をする必要はありません。）

なぜもともと同じ意味なのに、否定文にすると意味がまったく違ってくるのでしょうか。次のように考えるとよくわかります。

must = have to を**〜しなければいけない**と覚えていますが、must を**〜しないとダメ**と覚えてください。そうすると、must not が**〜してはダメ**となるはずです。

そして、have to を**〜する必要がある**と覚えてください。そうすると、don't have to が**〜する必要はない**となるはずです。

つまり、must と have to は意味の強さが違うので、否定文にした時にかなり意味が違ってくるのです。

（質問）なぜ have to が**〜する必要がある**という意味になるのですか。

（答え）　<u>You have</u>　＋　<u>to do your homework.</u>
　　　　　あなたにはある　　　　宿題をすること

というように考えてください。**宿題をすることがある**ということは**宿題をする必要がある**ということなので、結局、**宿題をしなければならない**という意味になるのです。

ここが大切

You must not study English.
（あなたは英語を勉強してはいけない。）
You don't have to study English.
（あなたは英語を勉強する必要はない。）

この２つの英文はなぜ違った意味になるのでしょうか。

You must study English.
（あなたは英語を勉強しなければならない。）
＝It's essential for you to study English.
（あなたが英語を勉強することが絶対必要です。）

You must not study English. という英文は、study を否定していると考えてください。すると、It's essential **for you not to study English**. これを訳すと、（あなたにとって英語を勉強しないことは絶対必要です。）となります。このことから、**あなたは絶対に英語を勉強してはいけない。** という意味が出てくるのです。

次も同じように考えてみることにします。

You have to study English.
（あなたは英語を勉強しなければならない。）
＝It's essential for you to study English.
（あなたにとって英語を勉強することは（絶対）必要です。）

第11章　助動詞について

　You don't have to study English.は have to study English を否定しているので、**It's not essential** for you to study English.となり、**あなたにとって英語を勉強することは（絶対）必要ではない。**という意味になります。

　このことから、must と have to を否定文にすると意味が違ってくる理由がわかるのです。

ここが知りたい

（質問）「私は勉強しなければならないのですか。」を英語でどう言えばよいのですか。

（答え）「私は勉強しなければならない。」をまず英語に訳してから、疑問文にすればよいのです。

　　I must study.＝I have to study.
　　Must I study?＝Do I have to study?

（質問）must be と have to be を訳す場合、**〜しなければならない**と**〜に違いない**はどうやって区別すればよいのですか。

（答え）簡単に言うと、自分の力でどうにもならないものの時は、**〜に違いない**と訳すとぴったりで、自分が努力するとどうにかやれる時は、**〜しなければならない**と考えるとよいと思います。

　訳し方について考えてみましょう。You must be careful.の場合、**careful** [ケァフォー]が、**注意深い**という意味で、自分の努力で注意深くすることができるので、**あなたは注意しなければならない。**という意味で訳せばよいのです。

　ただし Tony must be careful. のような文では、（1）トニーは注意深くしなければならない。（2）トニーは注意深いに違いない。の

ように2つの意味がでてきます。

You must be tired.の場合は、**tired** [ターィアドゥ] が疲れている、という意味で、自分の努力で**疲れている**状態にするというのは、不自然なので、**あなたは疲れているに違いない**。と理解すればよいでしょう。

ここが大切

　　You are careful.（あなたは注意深い。）
　　You are quiet.（あなたは静かだ。）
　　You are kind.（あなたは親切です。）
　　You are patient.（あなたは忍耐強い。）

このような英文に must を入れると、人の性格や人の状態を表している**形容詞**が**動詞**の働きに変わります。

　　You must be careful.（注意をしなければならない。）
　　You must be quiet.（静かにしなければならない。）
　　You must be kind.（親切にしなさい。）
　　You must be patient.（我慢しなさい。）

You must be kind.の英文を否定文にすると、次のような意味になります。

　　You must not be kind.（親切にしてはいけない。）
　　You mustn't be kind.（親切にしてはいけない。）

　発音　careful [ケアフォー]　quiet [クワーィアットゥ]　kind [カーィンドゥ]
patient [ペーィシャントゥ]　mustn't [マスントゥ]

第11章　助動詞について

ここが知りたい

（質問）なぜ mustn't［マスントゥ］と発音するのですか。

（答え）must の一番最後の音 t と、not のはじめの音 n がローマ字にならない時は、前の単語を発音せずに次の単語の最初の音を発音するために t の音を発音していないのです。

ここが知りたい

（質問）助動詞を使ったまったく同じ英文で、意味が違ってくることもあるのですか。

（答え）あります。普通は助動詞よりも動詞にアクセントを置きますが、助動詞にアクセントを置くことで意味が違ってきます。

(1) **may** には**〜してもよい**という許可を表す意味と、**かもしれない**という推測を表す意味があります。

Asami may leave for Osaka tomorrow.
この英文の場合も、次のように発音すると意味が違ってきます。大文字で表しているところを強く発音してください。

①Asami MAY leave for Osaka tomorrow.
（麻美さんは明日大阪へ出発するかもしれません。）

②Asami may LEAVE for Osaka tomorrow.
（麻美さんは明日大阪へ出発してもかまいません。）

(2) 普通、助動詞にはアクセントを置きませんが、助動詞にアクセントを置くと、意味が変わります。

I can swim.（私は泳げます。）
I CAN swim.（私が泳げると言うのは本当ですよ。）
Can you swim?（↗）（あなたは泳げますか。）
CAN you swim?（↘）（あなたは泳げるの、泳げっこないよね。）

ここが知りたい

（質問）May I use your telephone?（電話を貸していただけますか。）という質問に対する受け答えにぴったりなのは、Yes, you may.ですか。

（答え）May I~? は相手が目上の場合か、ていねいに許可を得たい場合に使い、Can I~? は仲間内で使う表現です。
　受け答えにも上下関係によって使い方が異なります。may を使うのは上下関係がある場合で、上の人が下の人に**いいですよ。**と言いたい時に、Yes, you may.を使います。上下関係がない場合に、**いいですよ。**と言いたい時は、Yes, you can.を使います。

（質問）Can I use your phone?（電話を借りてもいい？）と聞かれた場合は、どう答えればよいのですか。

（答え）Can I~?と相手が尋ねているということは上下関係がないということなので、Yes, you may.を使うと不自然です。このような場合は、上下関係のない時に使う Yes, you can.を使うとぴったりです。

これだけは覚えましょう

　Can I~?　～してもいい？
　May I~?　～してもいいですか？
　Could I~?　～させていただいてもかまいませんか？

ここが知りたい

（質問）Could I~? があるのなら、Might I~? もあるのですか。

（答え）するどい質問です。ありますが、実際にはあまり使われるこ

とはありません。

（質問）Could I〜?と尋ねられた時は、どう答えればよいのですか。普通に考えると、Yes, you could.になるような気がするのですが。

（答え）次の表を見てください。

［英語］	［関係］	
May I〜?	上下関係がある	〜してもいいですか。
Can I〜?	上下関係がない	〜してもいい？
Could I〜?	遠慮している	〜させていただいてもかまいませんか。
Yes, you may.	上下関係がある	かまわないよ。
Yes, you can.	上下関係がない	いいよ。
Yes, you could.	遠慮している	してもいいけど、本当はしてほしくない。

　このことから、Could I〜?の受け答えとして、一番ぴったりなのは、Yes, you can.です。間違ってYes, you could.と言ってしまったら、**してもいいけど、本当はしてほしくない。**という意味になってしまいます。

16 May I come in?に対するいろいろな受け答えを覚えましょう

ここが知りたい

(質問) 目上の人に May I~?、Can I~?、Could I~?と質問された時に、ていねいに答えたい場合はどう言えばよいのでしょうか。

(答え)「けっこうですよ。」と言いたい時には、"Yes, certainly."［サ〜トゥンリィ］と言ってください。

(質問) May I~？ Can I~？ Could I~?のどれかで質問された場合、「だめです。」と答えたい時はどう言えばよいのですか。

(答え) "May I come in?"「入ってもいいですか。」に対する受け答えで考えてみたいと思います。
 "No, you mustn't."「だめ。」
 "No, you may not."「だめですよ。」
 "No, you can't."「だめなんですよ。」
 "I'm sorry you can't."「ごめんなさい。だめなんですよ。」

第 11 章　助動詞について

（質問）"May I come in?" に対して、助動詞を使わずに断わることはできますか。

（答え）
"Well, I'm sorry but I'm getting dressed."
「すみませんが、今、服を着ているところなんですよ。」
"Well, not now. I'm getting dressed."
「今はだめなんですよ。服を着ているところなんですよ。」
"Please wait a minute."
「ちょっと待ってくださいね。」

17 Will you～?と Can you～?とでは どちらがていねいなのか

ここが知りたい

(質問) 中学校で、Will you open the window?と Can you open the window?はほとんど同じ意味だと習いましたが、どちらの方がていねいな言い方なのですか。

(答え) 英語では、相手に直接頼んでいない方がていねいな言い方になります。

　Will you～?は、直訳すると**～する意志はありますか**ということを尋ねているので、直接的な表現であると考えられます。このことから、Will you～?は、上下関係がある場合によく使われます。上司が部下に物を頼む時にぴったりな表現です。

　Can you～?は、**～することができますか**と尋ねているだけで、**～する意志はありますか**と直接的に尋ねているわけではありません。

　これらのことから、Can you open the window?は、**窓を開けることができますか、できなければ仕方がないのですが窓を開けてもらえますか。**という意味を表し、Will you open the window?は、**窓を開ける意志はありますか、あるなら開けてくれますか。**のような意味を表していると考えられるのです。日本語訳を比べるとどちらがていねいに聞こえますか。Can you～?の方が Will you～?よりもていねいに感じるはずです。

　よくわかっていただけましたか。

第11章 助動詞について

18 Could you〜?と Would you〜?とでは どちらがていねいなのか

ここが知りたい

(質問) Could you〜?と Would you〜?はどちらの方がていねいなのですか。

(答え) Could you〜?の方が Would you〜?よりもていねいであると言う人が多いのは事実ですが、Would you〜?の方がていねいだと感じる人もかなりいるようなので、決めつけない方がよいと思います。
　次のように覚えておいてください。

Will you〜?
Can you〜?
Could you〜?　] ほぼ同じ
Would you〜?

ていねいさが増す

(質問) You had better〜?という表現を〜した方がいいですよ。という意味で習ったのですが、だれにでも使うことができるのですか。

(答え) You had better〜.〜した方がいいですよ。という表現は、目上の人が目下の人に命令に近い形で使うか、親が子に使うことが多い表現です。この表現は失礼な表現なので、使う相手を間違わないようにしてください。

275

これだけは覚えましょう

(1) Lose weight.
体重を減らしなさい。

(2) You must lose weight.
体重を減らしなさい。(そうしないと後で困るよ。)

(3) You have to lose weight.
体重を減らしなさい。(そうしないと後で困るといけないから。)

(4) You had better lose weight.
あなたは体重を減らした方がいいよ。(そうしないと後でひどいめにあうよ。)

(5) You should lose weight.
あなたは体重を減らすべきですよ。(確かではないけれど、後で困ると思いますよ。)

(6) You ought to lose weight.
あなたは体重を減らすべきですよ。(確かではないけれど、後で困ると思いますよ。)

発音　lose [ルーズ]　weight [ウェーィトゥ]　must [マストゥ]
have to [ヘァフトゥ]　should [シュッドゥ]　ought to [オー・トゥ]

ここを間違える

〜すべきですよという意味の should や ought to よりも、**〜した方がよい**という意味の had better の方が命令文に近いのです。

ここが大切

should の場合には、should は助動詞なので、強く発音しませんが、should と同じ意味の ought to の場合には ought を強く読みます。

第11章　助動詞について

ここが知りたい

（質問）You had better go to Tokyo.という表現は、目上の人には使えない表現だということですが、同じ意味を表す、だれに対しても使うことができるていねいな表現はないでしょうか。

（答え）あります。had better よりも should を使う方がいくらかソフトな感じがします。この表現を I think と組み合わせると、ていねいな表現になります。

　　I think you should go to Tokyo.

（質問）You had better go to Tokyo.を否定文にする時は、どこに not を入れればよいのですか。

（答え）You had better not go to Tokyo.とすればよいのです。

ここを間違える

　had better を否定疑問文のパターンで使うことがあります。この時には、**hadn't** という形で使われます。

　　Hadn't you better go to Tokyo?
　　（東京へ行った方がいいんじゃないの。）

　この表現も had better と同じような意味を持つ表現で、ていねいな表現ではありません。

　had better はよく使われますが、Hadn't you better〜?はあまり使われません。

ここが知りたい

（質問）I had better や We had better のような使い方はできないのですか。

(答え) できます。
　　I had better go to Tokyo.（私は東京へ行った方がよい。）
　　We had better go to Tokyo.（私たちは東京へ行った方がよい。）
のように使うことができます。

(質問) had better の短縮形はあるのでしょうか。

(答え) あります。
　　You had better → You'd better

(質問) You'd better の時は You had better であるということはわかりましたが、You'd となっていても had 以外の単語の短縮形になっていることはないのですか。

(答え) よい質問です。'd になるのは had 以外にも would と should があります。
　　I would like to play tennis with you.
　　I should like to play tennis with you.
このどちらの表現も短縮すると同じになります。
　　I'd like to play tennis with you.
　　（(できれば) あなたとテニスをさせていただきたいのですが。）

［英語最新情報］
　イギリス英語では、I should like to を使うこともありますが、とてもかたい表現なので、最近では I would like to を使う人が多いようです。
　話し言葉では、I'd like to を英米ともに使います。

これだけは覚えましょう

●「～した方がよい」をていねいな順に並べるとこうなる

人によってもとらえ方が違うこともありますが、私の調査では次のようになりました。数字が小さいほどていねいです。

[とてもていねいな表現]
 ① It might be better for you to～.
 ② You might want to～.
 ③ It would be better for you to～.
 ④ You might～.
 ④ You could～.

[ていねいな表現]
 ⑤ You might as well～.
 ⑤ I think you should～.
 ⑤ You may as well～.

[あまりていねいではない表現]
 ⑥ You will do well to～.
 ⑥ You should～.
 ⑥ You ought to～.
 ⑦ You want to～.

[命令文に限りなく近い表現]
 ⑧ You had better～.
 ⑧ Hadn't you better～?

[命令文と同じレベル表現]
 ⑨ You have to～.
 ⑩ You must～.

ここが知りたい

(質問) 相手の許可を得る時に使える表現をていねいな順に教えてください。

(答え) 人によって感覚が違うこともありますが、だいたい次のようになります。数字が小さいほどていねいな表現です。

　電話をお借りしてもいいですか。
　① Would you mind if I used your phone?
　② Do you mind if I use your phone?
　③ May I use your phone?
　④ Could I use your phone?

　電話を借りてもいいですか。
　⑤ Is it all right if I use your phone?
　⑤ Is it OK if I use your phone?
　⑥ Can I use your phone?

　発音　mind [マーィンドゥ]　use [ユーズ]　used [ユーズドゥ]
all right [オーゥラーィトゥ]　OK [オーゥケーィ]　phone [フォーゥンヌ]

(質問) if という単語が出てきていますが、どういう意味で使われているのですか。

(答え) if [イフ] は**もし**という意味で使われています。

(質問) if I used と if I use の使い分けがあるようですが、どのようにして使い分けるのですか。

第11章　助動詞について

（答え）if I の後ろに過去形がきている場合は、**特にていねいな表現の場合**に使われています。

　　Would you mind if I used your phone?
　　(**もし**私があなたの電話を**使ったら**、気にされますか。)
　　Do you mind if I use your phone?
　　(**もし**私があなたの電話を**使うと**気にしますか。)

ここが知りたい

（質問）Is it all right if I use your phone?と Is it OK if I use your phone?を直訳すると、どのような意味になるのですか。

（答え）all right と OK は**だいじょうぶな**という意味なので、直訳すると**もし私があなたの電話を使ってもだいじょうぶですか。**となることから、**あなたの電話を使ってもいいですか**、という意味で使われているのです。

（質問）**電話**は telephone と習いましたが、phone との使い分けはあるのですか。

（答え）**電話**という意味では、telephone [テリフォーウンヌ] が正式な英語の単語で、話し言葉や仲間内の書き言葉では、phone を使うことが多いようです。正式な書類やきちんとした手紙などでは、telephone を使ってください。

（質問）短縮形の方がよく使われる例は他にもあるのですか。

（答え）よく使われる例ではテレビがあります。
　　television [テレヴィジュンヌ] というよりも TV [ティヴィー] の方がよく使

われます。

数学という意味の mathematics [メァすィメァティックス] のような長い単語も math [メァす] のような短縮形がよく使われます。

この他にも、**体育**という意味の physical education [フィズィコーエデュケーィシュンヌ] でも PE [ピーィー] という言い方で使われることが多いようです。

ここが知りたい

(質問) 助動詞に関する使い分けで、日本語と英語がよく似ているものはありますか。

(答え) あります。日本語でも英語でも、**過去形**にすると、可能性が低くなったり、ていねいな表現になることがあります。

●過去形にするとていねいになる場合
(1) 窓を開けて**くれる**。
　　Will you open the window?
(2) 窓を開けて**いただけますか**。
　　Would you open the window?
(3) 窓を開けて**もらえますか**。
　　Can you open the window?
(4) 窓を開けて**いただけますか**。
　　Could you open the window?

解説します。
　くれる―い**た**だけますか。
　もらえますか―い**た**だけますか。
　している（現在）―してい**た**（過去）

第11章　助動詞について

　日本語では、**〜していた**のように言うと、ていねいな感じを相手に与えます。

●過去形にすると可能性が低くなる場合
(1)　もし私が**勉強したら**、私は司法試験に受かるかもしれない。
　　　If I **studied**, I **could** pass the bar exam.
(2)　もし私が**勉強すると**、私は司法試験に受かるかもしれない。
　　　If I **study**, I **can** pass the bar exam.
　もし私が**勉強したら**のように**過去形**を使うと、することはまずないだろうが、もし勉強したらを表します。それに対して、もし私が**勉強すると**の場合は、勉強する可能性があることを表しています。

19 「〜してはいけない」を表す英語表現

ここでは、〜してはいけないから〜しないでくださいまでを表す表現をまとめて紹介したいと思います。

これだけは覚えましょう

(1) No smoking in here.
　　この中でたばこを絶対吸うなよ。

(2) Never smoke in here.
　　決してこの中でたばこを吸わないように。

(3) Don't smoke in here.
　　この中でたばこを吸ってはいけません。

(4) Don't you smoke in here.
　　あなたはこの中でたばこを吸ってはいけない。

(5) You mustn't smoke in here.
　　あなたはこの中でたばこを吸ってはいけません。

(6) You shouldn't smoke in here.
　　あなたはこの中でたばこを吸うべきではありません。

(7) You may not smoke in here.
　　あなたはこの中でたばこを吸うことを許されていません。

(8) You can't smoke in here.
　　あなたはこの中でたばこを吸うことはできません。

(9) Please don't smoke in here.
どうかここでたばこを吸わないでください。

発音 smoke [スモーゥク]　never [ネヴァ]　mustn't [マスントゥ]
shouldn't [シュドゥントゥ]

ここが大切

　Don't の後に you を入れると、**あなたは～してはいけない**を表す表現になります。この場合は you を強く発音してください。

（質問）You may not～．You can't～．You shouldn't～．You mustn't～．の違いについて、もう少しくわしく説明してもらえますか

（答え）わかりました。
　You mustn't～．と You shouldn't～．を比べると、You mustn't～．の方がかなりきつく、**絶対してはだめだよ**。と言っています。
　You may not～．は、話し手が許可を与える権限を持っていて、**～してはいけない**と言っています。You can't～．は規則、法律などで禁止されている場合に使われます。

（質問）前のページの「これだけは覚えましょう」には出てきていませんが、助動詞＋not で**～してはいけない**という意味はないのですか。

（答え）鋭い指摘です。
　You will not～．で**～してはいけない**を表すこともできます。
　話者が権限を持って**～してはいけない**という時に使えます。
will は、**～しなさい**を表す時にも使える助動詞なので、否定文にすると、**～してはいけない**を表すことができるわけです。

ここが知りたい

（質問）Would you mind opening the window? のように mind を使った表現は、mind が**気にする**という意味なので、No. と言えば、**いいですよ。気にしませんよ。**の意味を表せるということはわかりましたが、No. だけだと何となく冷たい感じがするように思います。もっと他の言い方はないのでしょうか。

（答え）次のような言い方があります。
　　No, not at all. ［ナッタトーオ］
　　Not at all.
　　Of course not. ［オヴコースナットゥ］
　　Certainly not. ［サ～トゥンリィ　ナットゥ］

（質問）**気にしません。**を表さないといけないので否定語が必要だとは思いますが、否定語を使わない言い方で、**いいですよ。**を表すことはできないでしょうか。

（答え）あります。次の表現も合わせて覚えておくとよいでしょう。
　　With pleasure. ［ウィず　プレジァ］
　　All right. ［オー　ゥラーィ・］

（質問）Do you mind opening the window?
という言い方で尋ねられた場合、No, I don't. と答えることもできるのですか。

（答え）No, I don't mind.（気にしませんよ。）の意味なので、正しい言い方です。

第11章 助動詞について

20 willとwouldの使い分け方

ここが大切

(1) I <u>think</u> (that) Asami <u>will</u> come.
　　 現在形　　　　　　　　現在形
　（私は麻美さんは来ると思いますよ。）

(2) I <u>thought</u> (that) Asami <u>would</u> come.
　　 過去形　　　　　　　　過去形
　（私は麻美さんは来ると思っていました。）

英語では、**前の動詞が過去形**であれば、**後から出てくる動詞、または助動詞も過去形**になります。このような働きを、文法用語で、**時制の一致**と言います。

発音　think［ｽィンク］　thought［ソートゥ］

これだけは覚えましょう

(1) I think so.（私はそう思います。）

(2) I would think so.（私はそうだと思いますよ。）

英語では現在のことを話している時に、think（思う）、say（言う）、imagine（想像する）などの前にwouldを置くことによって、**ひかえめな気持ち**を表すことができます。

発音　so［ソーゥ］　say［セーィ］　imagine［イメァヂンヌ］

これだけは覚えましょう

(1) "Guess how old I am?"

　(私は何才だと思いますか。)

　"I'd say you're about twenty."

　(私はあなたが20才ぐらいではないかと思うのですが。)

　この場合のI'dはI wouldのことを表しています。

　I'd say you're about twenty.のように **would＋say** というパターンを使って、**私はあなたが20才ぐらいではないかと言わせていただきます。**という意味から、**私はあなたが20才ぐらいではないかと思うのですが。**という訳になっていると思ってください。

　"Guess how old I am?"

はCan you guess how old I am?と言うこともできます。

　guess [ゲス]は**予測する**という意味の単語です。

　この他にも、次のように言うこともできます。

　"How old would you say I am?"

　この英文にwould you sayが使ってあるのは、do you say (あなたは言いますか→あなたは思いますか)よりも would you say (たぶん〜だろうとあなたはおっしゃいますか→たぶん〜だろうと思われますか。) の方がこの場合にはぴったりだと考えられるからです。

(2) "How old is Tony?"

　(トニーさんは何才ですか。)

　① I **don't** know. (知りません。)

　② I **wouldn't** know. (知らないのですが。)

　ここでも、don'tの代わりにwouldn'tを使うことで、ひかえめに言っています。

第11章 助動詞について

これだけは覚えましょう

[普通の言い方]

I think so.（私はそう思います。）

I think so, too.（私もそう思います。）

I don't think so.（① 私はそんなことはないと思います。② 私はそう思いません。）

[ひかえめな言い方]

I would think so.（私はおそらくそうだろうと思います。）

I would think so, too.（私もおそらくそうだろうと思います。）

I wouldn't think so.（① 私はそのようなことはないように思います。② 私はそのようには思わないのですが。）

ここが知りたい

（質問）I'd like to の I'd は I should または I would の短縮形で、意味は I want to のていねいな表現が I'd like to だとこの本には書いてありますが、I think so.のひかえめな表現の場合は、I would think so.だけではなく、I should think so.のように言うことはできるのですか。

（答え）おっしゃる通りです。どちらでも同じ意味を表すことができます。would はアメリカ英語とイギリスの若い人によく使われています。

第12章
不定詞について

1 不定詞について

ここが大切

不定詞とは、**定まらない**という意味だと考えてください。

　I am（私は~です）

　He is（私は~です）

　You are（あなたは~です）

　They are（彼らは~です）

　下線を引いたところの be 動詞は、主語（~は）の部分の単語によって is, am, are のどれを取るかが決まります。つまり、主語でどの be 動詞を取るかが**決まる**ということです。ところが、to の後ろに be 動詞がくる時は、is, am, are のどれか 1 つを選ぶ力がないために、is, am, are の中から選ぶことができないので be を使います。

　一般動詞の時も同じように考えます。

　I run.（私は走る。）

　You run.（あなたは走る。）

　Tony runs.（トニーは走る。）

　We run.（私たちは走る。）

　主語によって、run になる場合と runs になる場合があります。ところが、to の後ろに一般動詞がくる時は、いつも run（この場合は原形）になります。

　不定詞という文法は、次のように考えると、簡単に理解できます。

第12章　不定詞について

これだけは覚えましょう

動詞が 2 つ という合言葉を覚えておいてください。

　使い方を説明します。
　　「私は東京タワーを見に東京へ行った。」
という日本語を英訳したい時、次のように考えます。
　　私は東京へ行った　そして　私は東京タワーを見た。
　　私は行った〈どこへ〉東京　そして　私は見た〈何を〉東京タワー
　　I went　　 to Tokyo　　　 I saw　　 Tokyo Tower.
　　1つめの動詞　　　　　　 2つめの動詞

　動詞が2つを思い出してください。まず2つめの動詞の前のIをto に変えます。次にsaw を see に書き換えます。**to＋動詞の原形**にしなくてはならないので、to see にします。これが不定詞の to の使い方です。

　　I went to Tokyo to see Tokyo Tower.

ここが大切

　東京タワーを見にとなっていますが、**東京タワーを見るために**、または**東京タワーを見る目的で**という意味を表していることに気がつきます。
　このことから、to see の to には、**〜をするために、〜をする目的で**という意味があることがわかります。
　不定詞には色々な使い方がありますが、考え方はすべて同じです。to の使い方はとても簡単です。合言葉はただ1つ、**動詞が2つ**です。とにかく2つめの動詞の前に to を入れればよいのです。

ここが大切

(1) 私は走るのが好きです。
(2) 私はネコが好きです。
(3) 私はネコを見るのが好きです。

この3つの日本文を英文にしてみます。

(1) <u>私は好きです</u>　〈何が〉　<u>走ること</u>
　　　　動詞　　　　　　　　　　動詞

(2) <u>私は好きです</u>　〈何が〉　<u>ネコ</u>
　　　　動詞　　　　　　　　　　名詞

(3) <u>私は好きです</u>　〈何が〉　<u>見るのが</u>　〈何を〉　ネコ
　　　　動詞　　　　　　　　　　動詞

ここで**動詞が2つ**の合言葉を使って英語に訳します。

(1) I　　<u>like</u>　　　　<u>run</u>　　→ I <u>like</u> to <u>run</u>.
　　　1つめの動詞　2つめの動詞　　　　　1　　　2

(2) I　<u>like</u>　<u>cats.</u>
　　　動詞　　名詞

(3) I　　　<u>like</u>　　　<u>see</u>　　<u>cats.</u>　→ I <u>like</u> to <u>see</u> cats.
　　　1つめの動詞　2つめの動詞　名詞　　　　　1　　　2

294

第12章 不定詞について

2 不定詞の3つの用法について

　実は不定詞の使い方を大きく分けると3つの用法があります。
　その内の2つの使い方をこれまで紹介しましたので、最後の用法を紹介しておきます。

ここが大切

　「私は読む本がほしい。」
　この日本語を英語に訳してみます。
　　私は<u>ほしい</u>　〈何が〉本〈どんな本〉　<u>読む</u>
　　　　　動詞　　　　　　　　　　　　　　動詞

　並べ方がわかったら、**動詞が2つの合言葉**を使って英語に訳します。2つめの動詞の前に to を入れます。

I　<u>want</u>　　a book　<u>read</u>.　→　I　<u>want</u>　a book to　<u>read</u>.
　1つめの動詞　　　　2つめの動詞　　　　1　　　　　　　2

これだけは覚えましょう

　不定詞の用法には3つの用法があります。
　　(1) 副詞的用法
　　(2) 名詞的用法
　　(3) 形容詞的用法
　英語を理解する上では、副詞、名詞、形容詞の意味を知っているのと知っていないのとでは、大きな差が出てきます。

295

次の特徴を覚えましょう。

(1) なぜ、何の目的で、という疑問が生まれたら**副詞的用法**です。
(2) 何を、だれを、という疑問が生まれたら**名詞的用法**です。
(3) どんな、何のための、という疑問が生まれたら**形容詞的用法**です。

では3つの用法について実際に考えてみたいと思います。

ここが大切

(1) I like to run.（私は走るのが好きです。）
(2) I want a book to read.（私は読む本がほしい。）
(3) I went to Tokyo to see Tokyo Tower.
　　（私は東京タワーを見に東京へ行きました。）

まずto＋動詞の前だけを考えてどんな疑問が生まれるかを考えてみることにします。

(1)　I like　　　　　　to run.
　　私は好きです　〈何が〉　走るのが
　　この英文の場合は〈何が〉という疑問が生まれているので、**名詞的用法**であることがわかります。

(2)　I want　a book　　　　　　to read.
　　私はほしい　1冊の本　〈どんな本〉　読む
　　この英文の場合は〈どんな本〉という疑問が生まれているので、**形容詞的用法**であることがわかります。

(3)　I went to Tokyo　　　　　to see Tokyo Tower.
　　私は東京へ行った　〈なぜ〉
　　この英文の場合は〈なぜ〉という疑問が生まれているので、**副詞的用法**であることがわかります。

第12章　不定詞について

　よく名詞的用法だから**〜すること**、形容詞的用法だから**〜するための**、副詞的用法だから**〜するために**のように覚えなくてはならないと思っている人が多いようですが、実際には、to＋動詞の前でどのような疑問が生まれるかを考えて、その時と場合に応じて日本語に訳せばよいのです。

ここが大切

　　(1) I will go to Tokyo tomorrow **to buy books**.
　　(2) I like **to study**.
　　(3) I want a house **to live in**.
　この3つの英文を日本語に訳してみましょう。

(1) I'll go to Tokyo tomorrow　　to buy books.
　　私は明日東京に行きます　〈何しに〉　本を買いに
　　（訳）私は明日本を買いに東京へ行きます。

(2) I like　　to study.
　　私は好きです　〈何が〉　勉強するのが
　　（訳）私は勉強するのが好きです。

(3) I want a house　　to live in.
　　私はほしい　家　〈どんな家〉　住む
　　（訳）私は住む家がほしい。

297

3 I have to do something. と I have something to do. の違いについて

これだけは覚えましょう

　I want　　　　to live in this house.
　私はほしい〈何が〉　この家に住むこと

このままでは不自然なので、次のような日本語にしてください。

　（訳）私はこの家に住みたい。

　I want＋**名詞**.の場合は、**私は〜がほしい**。

　I want＋**to 動詞**の場合は、**私は〜したい**。

ここを間違える

(1)　　I have　　　　　　to do something.
　　　私は持っている〈何を〉　あることをすること

　　私はあることをすることを持っている。ということから、

　　（訳）**私はあることをしなければならない**。

(2)　　I have　　　　　　something to do.
　　　私は持っている〈何を〉　しなければならないあること

　　私はしなければならないあることを持っている。ということから、

　　（訳）**私はしなければならないことがあるんですよ**。

第12章 不定詞について

ここが知りたい

(質問) なぜ、名詞、形容詞、副詞のような働きを知っていると英語を勉強する上で役に立つのですか。

(答え) 私たちは、日本人なので、どのようなシステムで英語の文章が成り立っているのかを分析しながら勉強した方が丸暗記するよりも応用が利くからです。

特に、名詞、形容詞、副詞の働きを理解することで、とても早く英語の文章の作り方を覚えることができます。

(質問) 名詞の働きについて教えてください。

(答え) 名詞とは簡単に言うと、物の名前だと思ってください。

名詞には、数えられる名詞と数えられない名詞があります。 ペンは1本、2本と数えられるので、**数えられる名詞**です。

それに対して**ミルク**は、1滴、2滴と数えても何の役にも立たないことから、**数えられない名詞**と考えることができます。

この他にも、**1つの大きなかたまり**を表す時があります。このような時は、名詞的な働きをしていると考えることができます。

　　　I know　　　　　that dog.
　　私は知っている〈何を〉　あの犬

dogだけでも**名詞**なのですが、**that dog**も名詞の働きをしている**大きなかたまり**と考えることができます。

　　　I know　　　　　that Tony is a teacher.
　　私は知っている〈何を〉　トニーが先生であるということを

たとえいくら複雑に見えても、〈何を〉という疑問が生まれている時はすべて、**名詞的な働きをしている**ということです。

299

ここが知りたい

(質問) 形容詞の働きについて教えてください。

(答え) 形容詞とは、**名詞**の説明に使う言葉だと考えてください。

〈どんな〉という疑問が生まれた時は、すべて**形容詞、または形容詞的な働き**をしていると覚えてください。

that boy（あの少年）は名詞的な働きをしている1つのかたまりだと考えてください。この**名詞の働きをしてるかたまりの説明をしているものは形容詞**なので、次のようなものが形容詞であることがわかります。

  that running boy（　走っている　　あの少年　）
    走っている   形容詞的な働き 名詞的な働き
  that saved boy（　救助された　　あの少年　）
    救助された   形容詞的な働き 名詞的な働き
  that tall boy（　背が高い　　あの少年　）
    背が高い   形容詞的な働き 名詞的な働き

次のようなものが形容詞的な働きをしています。

  that boy running there そこで走っている あの少年
    そこで走っている 形容詞的な働き 名詞的な働き
  that boy saved by me 私に救助された あの少年
    私に救助された 形容詞的な働き 名詞的な働き

ここが知りたい

(質問) 副詞の働きについて教えてください。

(答え) 副詞とは簡単に言うと、**おまけ（付け加え）**の働きをしていると考えることができます。

第12章　不定詞について

(1) <u>I walk</u> fast.
　　私は歩く
(2) <u>I work</u> here.
　　私は働いています
(3) <u>I speak English</u> well.
　　私は英語を話します
(4) <u>I like you</u> very much.
　　私はあなたのことが好きです
(5) <u>I'll go to Tokyo</u>　if it rains tomorrow.
　　私は東京へ行きます
(6) <u>I'll go to Tokyo</u>　to buy books.
　　私は東京へ行きます

(1)〜(6)の下線のところを日本語に訳すと、その部分だけで意味がはっきりわかることに気がつくと思います。つまり、下線以外の英語はおまけとして付け加えてあるに過ぎないのです。

(1) I walk〈どうやって〉fast（速く）
(2) I work〈どこで〉here（ここで）
(3) I speak English〈どれぐらい〉well（じょうずに）
(4) I like you〈どれぐらい〉very much（とても）
(5) I'll go to Tokyo〈どんな条件だったら〉if it rains tomorrow（もし明日雨なら）
(6) I'll go to Tokyo〈何しに〉to buy books（本を買いに）

4 不定詞の副詞的用法について

ここが知りたい

(質問) **to＋動詞**の部分が、**名詞**の代わりに使われていると**名詞的用法**で、**どんな**という疑問が生まれていて、名詞の説明に使われていると**形容詞的用法**、**何のために**、または**なぜ**という疑問に対して答えていると、**副詞的用法**であると考えればいいのですね。

(答え) その通りです。**副詞的用法**の時は、**to＋動詞**の部分の前に来ている英文だけで、完全に意味がわかるようになっていて、理由や目的をはっきり表すために付け加えただけなのです。

(1) I'm happy   to see you.
　　　私はうれしい 〈なぜ〉 あなたに会えたので
　　(訳) **私はあなたに会えてうれしい。**

(2) I'm surprised   to hear the news.
　　　私は驚いています 〈なぜ〉 そのニュースを聞いたので
　　(訳) **私はそのニュースを聞いて驚いています。**

(3) I'll go to Tokyo   to see Tokyo Tower.
　　　私は東京へ行きます〈何のために〉東京タワーを見るために
　　(訳) **私は東京タワーを見に東京へ行きます。**

この3つの例文を見ていただくとすぐにわかると思いますが、(1) **私はうれしい。**(2) **私は驚いています。**(3) **私は東京へ行きます。**

のところだけで完全に意味がわかるので、**to＋動詞**の部分がおまけのように付け加えられていることから**副詞的用法**であることがわかります。

ここからは、1つ1つの用法についてくわしく勉強したいと思います。まずは、名詞的用法から始めます。

ここが大切

動詞の前に to を置くと、名詞的な働きをする言葉に変わります。名詞的な働きをすると言うことは名詞の代わりに使えるということです。

　　私は英語が好きです。

　I　like　English.
　　動詞　　名詞

English のところに**英語を話す**を置けば次のようになります。

　I　like　speak English.
　　動詞　　動詞＋名詞

これを見ていただくと、**動詞＋動詞**になっていることに気がつきます。ここで、　動詞が2つ　の公式を使って2つめの動詞の前に to を入れます。**to＋動詞**にすることで、1つの名詞的な働きをする言葉に変えることができるのです。

　I　like　　　to speak English
　　動詞　名詞的な働きをするかたまり

ここで、大切なことは、like という単語は、**何を**という疑問を生じさせる動詞であるということがわかります。何をという疑問が生まれると、like の後ろには、**名詞、**または**名詞的な働きをする言葉**を置かなければならなくなるので、like の後ろに動詞が来ている場合には、**to を動詞の前に置くことによって、名詞的な働きをする言葉に変えてい**

るのです。

ここが大切

　次の日本語を英語に訳しながら、日本語と英語の並べ方の違いを勉強したいと思います。

　　(1) ピアノをひくこと
　　(2) 英語を話すこと
　　(3) コインを集めること

(1)～(3)の日本語はことで終わっています。ことは to で表すことができます。日本語を英語に訳す時は次のことに注意をしてください。

　わかりにくい言葉を先に置くことで、疑問が生まれてきます。その疑問に答えるように進んでいきます。

(1) ピアノ をひく ことの場合、1番意味がわかりにくいのはことなので、ことを最初に置きます。ことを最初に置くと次々と疑問が生まれてきます。そして、その疑問に答えると日本語を英語に訳すことができるのです。

　　こと〈何すること〉 ひくこと〈何を〉 ピアノ
　　to play the piano

同じように考えてみましょう。

(2) こと〈何すること〉 話す〈何を〉 英語
　　 to　　　　　　　 speak　　　 English
(3) こと〈何すること〉 集める〈何を〉コイン
　　 to　　　　　　　 collect　　　 coins

第12章　不定詞について

ここを間違える

(1) 楽器の前には the をつけることを忘れないでください。
   play the piano ［プレェーィ　ざ　ピェァノゥ］
(3) コインを集めるということは、たくさんのコインを集めることなので、2個以上のコインという意味のsを coin の後ろに付けてください。
   collect coins ［カレクトゥ　コーィンズ］

3つの用法の中で一番よく理解しなければいけないのが形容詞的用法です。形容詞的用法を勉強する前に、形容詞の使い方をもう少しくわしく考えてみたいと思います。

これだけは覚えましょう

形容詞には、次の2つの使い方があります。
　(1) That boy is tall. （あの少年は背が高い。）
　(2) that tall boy （あの背が高い少年）

解説します。
(1) That boy がどのような状態であるかについて説明する形容詞の使い方。ここで大切なことは、完全な英文になっていることです。
(2) that boy の説明を形容詞が説明している場合です。ここで大切なことは、完全な英文ではなく、1つのかたまりになっていることです。**that tall boy** で**1つの名詞的な働きをするかたまり**になっています。

ここが大切

形容詞と**形容詞的な働き**とは意味が少し違います。

形容詞とは、単語そのものが形容詞として英和辞典に載っているものです。**形容詞的な働き**とは、もともと**動詞**であったものが **ing** や **ed** がついたために**形容詞と同じような働き**をするようになったもの、**動詞が他の単語といっしょに使われることで形容詞と同じような使い方**をするようになったものです。

その内の1つが **to＋動詞**なのです。

ここが知りたい

（質問）形容詞の2つの使い方を特別な文法用語を使って表すことはできるのですか。

（答え）That boy is **tall**. のような場合の tall の使い方を**叙述用法**と言います。that **tall** boy のような場合の tall の使い方を**限定用法**と言います。

（質問）a house to live in と a plan to go to Tokyo を文法的にはどのように解釈することができるのですか。

（答え）あまりむずかしく考える必要はないと思いますが、あえて説明するとすれば、a house to live in は、a house が live in の目的語になっていると考えられ、a plan to go to Tokyo は、a plan と go to Tokyo が同格になっています。

（質問）目的語と同格という言葉がむずかしいのですが、どんな意味なのですか。

第 12 章　不定詞について

（答え）まずは目的語から説明します。

　たとえば I know（私は知っています）と言うと、次に**何を**という疑問が生まれます。この場合のように**何を**という疑問が生まれた時、動詞の後ろに来ているものを**目的語**と言います。

　次は同格について説明します。

　　I have　a plan.（私にはある計画があります。）
　　　　　　計画
　　I have　to go to Tokyo.（私は東京へ行かなければならない。）
　　　　　　東京へ行くこと

この 2 つの英文はどちらも have の目的語になっています。このように同じような働きで使われているものをひとつにしたものを**同格**と呼んでいます。

　　a plan to go to Tokyo（東京へ行くという計画）

5 人称代名詞の変化を覚えましょう

これだけは覚えましょう

主格 〜は	所有格 〜の	目的格 〜を、〜に	所有代名詞 〜のもの
私 I [アーィ]	my [マーィ]	me [ミー]	mine [マーィン]
あなた you [ユー]	your [ヨア]	you [ユー]	yours [ヨアズ]
彼 he [ヒー]	his [ヒズ]	him [ヒム]	his [ヒズ]
彼女 she [シー]	her [ハァ]	her [ハァ]	hers [ハァズ]
私たち we [ウィ]	our [アーゥァ]	us [アス]	ours [アーゥァズ]
彼(女)ら they [ぜーィ]	their [ゼア]	them [ぜム]	theirs [ぜァズ]

ここが大切

この表の中の**〜は**となっているところを**主格**と言います。

My father teaches English.

Toshio teaches English.

この2つの英文はどちらも**〜は**の部分に来ていることから、My father と Toshio のどちらもが**同じ主格**であることがわかります。

第12章　不定詞について

　このことから、My father Toshio（私の父のとしお）を**同格**と考えることができるのです。

これだけは覚えましょう

●That boy is **tall**.型の to 不定詞の形容詞的用法
(1) 麻美さんは学生だそうです。
　　Asami **is said to** be a student.
(2) 麻美さんは学生のように見える。
　　Asami **seems to** be a student.
(3) 私は麻美さんと知り合いになった。
　　I **came to** know Asami.
(4) 私は昨日たまたま麻美さんに出会った。
　　I **happened to** meet Asami yesterday.
(5) 私は自転車に乗れるようになった。
　　I **learned to** ride a bike.

発音　said［セッドゥ］　student［ステュードゥントゥ］　came［ケーィム］
happened［ヘァプンドゥ］　meet［ミートゥ］　bike［バーィク］　learned［ラ〜ンドゥ］
ride［ゥラーィドゥ］

　解説します。
　ここに出てきた例文には形容詞の単語は出できていませんが、これらのすべての例文は形容詞的用法なのです。その理由は、主語のことについて、**叙述的**に述べられているからです。
　叙述とは、事情を知らない人にわかるように説明するように述べることなので、主語のことについて**詳しく述べてある**と考えていただければよいと思います。

6 不定詞の形容詞的用法のうちの限定用法について

to＋不定詞が形容詞的用法の内の限定用法（名詞をくわしく説明する用法）と考えることができるものをくわしく勉強したいと思います。

これだけは覚えましょう

限定用法には、大きく分けて次の3つの使い方があります。

(1) a plan　to　go to Tokyo
　　計画　　　東京へ行く　＝（東京へ行く計画）
(2) the only friend　to　help me
　　唯一の友達　　　　私を助けてくれる
(3) the only friend　to　play with
　　唯一の友達　　　　～といっしょに遊ぶ

解説します。
(1) a plan to go to Tokyo の a plan という**名詞**が**主語**にも**目的語**にもならないパターンです。

A plan goes to Tokyo. や Go to Tokyo a plan. と書き直しても意味が通じないのがこのパターンの特徴です。

(2) the only friend to help me は **The only friend** helps me.（**その唯一の友だち**が私を助けてくれる。）のように to をはぶくと、The only friend が**主語**になるのがこのパターンの特徴です。

第12章　不定詞について

(3) the only friend to play with は to を I に書き換えて文を作ると、I play with **the only friend**.（私は**その唯一の友だち**と遊ぶ。）となり、the only friend が**目的語**となるのがこのパターンの特徴です。

ここが知りたい

(質問) 日本語を英語にする場合に、形容詞的用法の内の限定用法を使って訳すことができるのはどのような日本語の時ですか。

(答え) 名詞を説明している日本語があり、その日本語の中に次のような言葉があると、**名詞＋to＋動詞**を使って英語に訳すことができます。

(1) **〜するための**
(2) **〜するべき**
(3) **〜することができる**

(質問) **〜するべき**というのは、**〜しなければならない**という意味と考えてもよいでしょうか。

(答え) お考えの通りです。

(質問) **名詞＋to＋動詞**の英語を訳す時は、上の3つの訳し方のどれを使って訳してもよいのでしょうか。

(答え) その文章に一番ぴったりだと思う訳にすればよいと思います。一番大切なことは、どの意味を使うかよりむしろ、自然な日本語にすることです。**〜するための、〜するべき、〜することができる**をまったく使わないで訳した方が自然だと思えば使う必要はありません。
　上の**3つの訳**はあくまでも1つの目安にすぎません。

たとえば、a house to live in を日本語に訳す場合は、どの訳を使えばよいかは人によって違うと思います。
　（1）住むための家
　（2）住むべき家
　（3）住むことができる家
　（4）住む家

これだけは覚えましょう

●限定用法の内の**名詞**が**主語**にも**目的語**にもならないパターン

(1) the best way to learn English
　　（英語を学ぶ一番よい方法）
(2) a plan to go to Tokyo
　　（東京へ行く計画）
(3) time to go to bed
　　（寝る時間）
(4) a promise to teach me English
　　（私に英語を教えてくれるという約束）
(5) the ability to speak English
　　（英語を話す能力）
(6) my dream to be a math teacher
　　（数学の先生になるという私の夢）

発音　way [ウェーィ]　learn [ラ〜ンヌ]　plan [プレァンヌ]
promise [プゥラミス]　the ability [ずィ　アビリティ]　math [メァす]

　解説します。
　(1) 〜 (6) はどの例文も**名詞**の後に来ている **to＋動詞** の部分が**どんな**に対する答えになっていることから、**形容詞的用法**であることがはっきりわかります。

ここでは、~するための、~するべき、~することができるという言葉を使って訳していませんが、**~するための、~するべき、~することができる**が省略されているのです。

ここが大切

同格についてもう少しくわしく考えてみたいと思います。

My father Toshio teaches English.
（私の父のとしおは英語を教えています。）

I know your father Toshio.
（私はあなたのお父さんのとしおさんを知っています。）

この2つの例の中に出てくる My father Toshio と your father Toshio はどちらも同格です。

理由は次のように考えることができます。

<u>My father</u> teaches English.

<u>Toshio</u> teaches English.

下線のところの <u>My father</u> と <u>Toshio</u> はどちらも<u>主語</u>のところにきていることから、<u>主格</u>と考えることができます。

I know <u>your father</u>.

I know <u>Toshio</u>.

下線のところの <u>your father</u> と <u>Toshio</u> はどちらも、I know（私は知っている）〈何を〉という疑問に対して答えていることから、<u>目的語</u>のところに来ているので、<u>目的格</u>と考えることができます。このことから、どちらも下線部のところにきている英語が<u>同格</u>であると言えます。

ここで同格についてもう少し違う説明をしてみたいと思います。

My father Toshio と your father Toshio は、My father＝Toshio your father＝Toshio のような関係になっていると考えることもでき

ます。このように2つの並んでいる名詞がイコールになっていることを同格と考えることもできます。

これだけは覚えましょう

限定用法の内の**名詞**が**主語**にも**目的語**にもならないパターンを思い出してください。次の英文は、**名詞**と**to＋動詞**の部分が同格になっています。

(1) a promise to teach me English
  （私に英語を教えてくれるという約束）

(2) the ability to speak English
  （英語を話す能力）

(3) my dream to be a math teacher
  （数学の先生になるという私の夢）

これらの英文は、**名詞＋名詞**のパターンになって、名詞＝名詞となっていると考えることができます。

ただし、**前の名詞を後ろの名詞が説明しているので、形容詞的用法の限定用法**であると考えることができるのです。

(1) a promise＝to teach me English
  （約束）　　（私に英語を教えること）

(2) the ability＝to speak English
  （その能力）　（英語を話すこと）

(3) my dream＝to be a math teacher
  （私の夢）　　（数学の先生になること）

＝になるということは is で書き換えることができるということを意味します。

このように名詞＝名詞（to＋動詞）になる場合は同格と考えることができます。

第12章 不定詞について

My dream is to be a math teacher.

(私の夢は数学の先生になることです。)

my dream to be a math teacher

(数学の先生になるという私の夢)

ここが大切

(1) something to do

(2) something to eat

このようにまったく同じパターンをとっていても、その時と場合によって、意味が違う場合があります。

次の例文で考えてみることにします。

(1) I have something to do.

(2) I have something to eat.

次の3つの訳し方の中からぴったりであると思える訳を当てはめてください。①〜するための　②〜するべき　③することができる

I have を私は**持っています**、または**私にはあります**と考えることにします。

something は a thing（あること、ひとつのこと、何か）または（あるもの、ひとつのもの、何か）と訳すことができます。

(1) something to do

(2) something to eat

(1) ①するためのこと　②すべきこと　③することができること

(2) ①食べるためのもの　②食べるべきもの　③食べることができるもの

このように考えると、だいたいどの意味がぴったりかがわかります。時と場合によっては、どれにもあてはまる時もあります。この場合は次の訳がぴったりではないかと思います。

(1) I have something to do.

(私は [するべきこと、しなければならないこと] があります。)

(2) I have something to eat.

(私は食べることができるものを持っています。)

発音　something [サムスィン・] eat [イートゥ] do [ドゥー]

これだけは覚えましょう

something to do と something to eat の成り立ちを覚えましょう。to を I に変えて、I から始まる英文に書き換えることができます。

I do something.

I eat something.

英語は、**1 つのかたまり**と**1 つの文**との間に深い関係があります。

I do something.（私はあることをする。）

I eat something.（私はあるものを食べる。）

この 2 つは **1 つの文**です。これらの**文**を**かたまり**に変えることができます。

something I do（私がするあること）

something I eat（私が食べるあるもの）

次に I を to に変えると **to 不定詞**を使った**かたまり**を表す英語になります。

(1) something to do（するべきこと、しなければならないこと）

(2) something to eat（食べることができるもの）

この 2 つの英文を次のように書き換えることができます。

(1′) something I [should, must] do

（私がするべきこと、私がしなければならないこと）

(2′) something I can eat（私が食べることができるもの）

(1) と (1′)、(2) と (2′) はほとんど同じ意味です。(1) と (2) には、**私が**という意味が入っていません。もし入れたければ、to の

前に for me を入れるとまったく同じ意味になります。

(1´) something for me to do

　　　（私がするべきこと、私がしなければならないこと）

(2´) something for me to eat（私が食べることができるもの）

ここを間違える

(1) something to write with

(2) something to write on

(3) something to write about

　この(1)から(3)の表現は、write の次に with、on、about のような前置詞がくることがあります。これらの表現は、意味が少しずつ違います。これを something to write にしてしまうと、とてもあいまいな意味になります。

　まずは、something to write について考えてみたいと思います。

〜することができるという意味を補って訳してみます。

　　something to write（書くことができるもの＝何か書くもの）

something には**あるもの、あること**という意味があるので、something to write（書くことができるあること＝何か書くこと）のような意味にも訳すことができます。

　次に、**何か書くもの**と**何か書くこと**という日本語がどんな意味を表しているかを考えてみましょう。

　　何か書くもの＝(1) 筆記用具　(2) 紙

　　何か書くこと＝(3) テーマ

something to write のままでは、どのような意味で使われているかがはっきりしないので、with、on、about を使って意味をはっきりさせる必要があるのです。

　with a pen（ペンを使って）、on a piece of paper（紙の上に）about Japan（日本について）このように考えると、(1)〜(3)の意味が

はっきりわかります。
- (1) something to write with （何か書くもの＝筆記用具）
- (2) something to write on　　（何か書くもの＝紙）
- (3) something to write about （何か書くこと＝テーマ）

第12章 不定詞について

7 something cold to drink の成り立ちについて

これだけは覚えましょう

1つのかたまりの中に、2つの**形容詞を表す単語**、または**形容詞的な働きをする言葉**がいっしょにくることがあります。そのような時には、次のようにしてください。

something + 形容詞 + **to** 動詞
　　　　　　　　　　　　［トゥー］
　　(1)　　　(2)

to が two と同じ発音なので、後回しにすると覚えておきましょう。

（例）何か冷たいもの　　　something cold
　　　何か飲むもの　　　　something to drink
　　　何か冷たい飲みもの　something　cold　to drink
　　　　　　　　　　　　　　　　　　(1)　　(2)

ここが大切

something の場合だけではなく、anything や nothing も同じように使います。

（例）

I have nothing cold. （私は何も冷たいものは持っていません。）

I have nothing to drink. （私は何も飲むものを持っていません。）

I have nothing　cold　to drink. （私は何も冷たい飲み物を持っていません。）
　　　　　　　　(1)　　(2)

319

8 somethingとanythingの使い分け方

これだけは覚えましょう

something と anything を使い分けましょう。

中学校などでは、肯定文は something、疑問文や否定文では anything を使うと教えている先生もいらっしゃるようですが、実際には、疑問文でも something を使います。

次のように覚えておいてください。**相手に Yes.を期待して質問する場合は something を使い、そうでない場合は、anything を使うことができる。**

次の英語を日本語に訳すとかなり感じが違ってきます。

　　Do you have something to write with?
　　(筆記用具をお持ちですか。)

　　Do you have anything to write with?
　　(筆記用具は持っていないですよね。)

some と any も同じような考えで使い分けることができます。

　　Do you have some money?
　　(お金を持っている？)

　　Do you have any money?
　　(お金を持っていない？)

つまり、some と any または something と anything の使い分けはその時の思いによるということです。

第12章 不定詞について

ここを間違える

疑問文であっても、相手に何かを勧めたりする場合は、かならず some または something を使うように心掛けてください。

　Would you like some coffee?
　（コーヒーをいかがですか。）

9 肯定文で使う any と anything、some school と some schools の使い分け方について

これだけは覚えましょう

any または anything を肯定文(普通の文)で使う場合は、意味がまったく違ってきます。

　any—どんな〜でも、どれでも、だれでも
　anything—何でも [たくさんの中から選んで**何でも**]
(例)
Any book will do. (どんな本でもいいですよ。)
Anything to write with will do. (どんな筆記用具でもいいですよ。)
＊ここで使われている do は、**間に合う**という意味です。

ここを間違える

○some school ― ある学校、どこかの学校
○some schools ― いくつかの学校
○something ― あるもの、あること、何か
○some things ― いくつかのもの、いくつかのこと
(例)
I go to some school. (私はある学校に通っています。)
I go to some schools. (私はいくつかの学校に通っています。)
I have something to do. (私はしなければならないことがあります。)

I have some things to do.（私はしなければならないことがいくつかあります。）

ここが知りたい

（質問）something を他の英語で言い換えることはできるのですか。

（答え）something は a thing（あるもの、あること、1つのもの、1つのこと）と同じ意味です。

　　something good＝a good thing（いいもの）

否定文で使われる anything も a thing で言い換えることができます。

　　I didn't eat anything.＝I didn't eat a thing.

　（私は何も食べなかった。）

10 no=not any、nothing =not〜anything について

これだけは覚えましょう

○not〜any＝no［ノーゥ］

○not〜anything＝nothing［ナッスィン・］

これらの表現は例文で覚えておきましょう。

(1) 私はお金を（まったく）持っていません。

I don't have any money.

I have no money.

発音　money［マニィ］

(2) 私は食べるものを持っていません。

I don't have anything to eat.

I have nothing to eat.

I don't have any food.

I have no food.

単語　eat［イートゥ］食べる　food［フードゥ］食べ物

ここを間違える

私たちには食べ物がない。

① We don't have anything to eat and drink.

② We have nothing to eat and drink.

③ We don't have any food and drink.

④ We have no food and drink.

324

第12章　不定詞について

解説　飲食物となっていても、**drink and food** ということはできません。

●名詞の部分が目的語になっている場合
名詞＋to＋動詞＋前置詞のパターン
（例1）
　　I can play with my friends.
　　（私は私の友だちと遊ぶことができます。）
　　my friends to play with
　　（いっしょに遊ぶことができる私の友だち）
（例2）
　　I can sit on this chair.
　　（私はこのイスに座ることができる。）
　　this chair to sit on
　　（座ることができるこのイス）
　　this chair for me to sit on
　　（私が座ることができるこのイス）
（例3）
　　I must take care of this cat.
　　（私はこのネコの世話をしなければならない。）
　　this cat to take care of
　　（世話をしなければならないこのネコ）
　　this cat for me to take care of
　　（私が世話をしなければならないこのネコ）

　ここが大切
　ここでは、**文をかたまり**に直す練習をしましたが、完全な英文の中では、必要のない時は **for me** を入れる必要はありません。

（例）I want a chair to sit on.
　　　（私は座ることができるイスがほしい。）

では、このあたりで復習をしておきます。
●名詞の部分が目的語になっている場合
名詞＋to＋動詞のパターン
（例1）
　　I must read this book.
　　（私はこの本を読まなければならない。）
　　this book to read
　　（読まなければならないこの本）
　　this book for me to read
　　（私が読まなければならないこの本）
（例2）
　　I must see this movie.
　　（私はこの映画を見なければならない。）
　　this movie to see
　　（見なければならないこの映画）
　　this movie for me to see
　　（私が見なければならないこの映画）
（例3）
　　I must attend your party.
　　（私はあなたのパーティーに出席しなければならない。）
　　your party to attend
　　（出席しなければならないあなたのパーティー）
　　your party for me to attend
　　（私が出席しなければならないあなたのパーティー）

第12章 不定詞について

これだけは覚えましょう

●**名詞**の部分が主語になっている場合

[名詞＋to＋動詞のパターン]

まずは成り立ちを考えてみましょう。

A boy will tell lies.（ある少年がうそをつく傾向がある。）

a boy to tell lies（うそをつく傾向にある少年）

完全な英文の中でこのパターンを使ってみましょう。

Tony is not a boy to tell lies.

（トニー君はうそをつくような少年ではない。）

このパターンは the [first, second, last] ＋名詞＋to＋動詞
　　　　　　　　　　　最初　2番目　最後

意味は〜する最初、2番目、最後の〜です。

Tony was the first boy to pass the bar exam.

（トニー君は司法試験に受かった最初の少年でした。）

Tony was the last boy to come here.

（トニー君はここへ来た最後の少年でした。）

> 発音　tell lies [テオ ラーィズ]　first [ファ〜ストゥ]　second [セカンドゥ]
> last [レァストゥ]　pass [ペァス]　the bar exam [ざ バー イグゼァム]

ここを間違える

学校や受験英語などでは次のように習いますが、実際にはそのような意味で使われていません。

Tony is the last person to tell a lie.

（トニー君は決してうそをつくような人ではない。）

もしこの表現を実際に使ってみたら次のような意味に解釈されることが多いようです。

Tony is the last person to tell a lie.

（トニー君はうそをつく最後の人です。）

327

この英文では、不自然な感じがしますが、次のような例文ならば意味がよくわかります。

　Tony is the last person to come to the office.
　（トニー君はオフィスに最後に来ます。）

the last person を the first person にすると次のような意味になります。

　Tony is the first person to leave the office.
　（トニー君はオフィスを一番最初に出ます。）

コミュニケーションのための英語情報

　トニー君は決してうそをつくような人ではない。
　（△）Tony is the last person to tell a lie.
　（○）Tony would be the last person to tell a lie.

この表現は次のような表現で書き換えることができます。
（○）Tony is the last person that would tell a lie.
（○）Tony is the last person who would tell a lie.
（○）Tony would never tell a lie.

第12章 不定詞について

11 名詞的な働きをする to 不定詞についてくわしく勉強しましょう

ここでは名詞的な働きをする to 不定詞についてくわしく説明したいと思います。

ここが大切

名詞的用法は、**〜すること**という日本語になるものはすべて **to＋動詞**で表すことができます。

〜すること以外にも、**〜するのが**という日本語も **to＋動詞**で表すこともできます。

この表現が実際に文の中で使われるのは、次の3つのタイプがあります。

(1) <u>主語</u> ＋be 動詞＋補語
 　To＋動詞
(2) 主語＋be 動詞＋ <u>補語</u>
 　　　　　　　　　to＋動詞
(3) 主語＋動詞＋ <u>目的語</u>
 　　　　　　　to＋動詞

(1) <u>コインを集めるのが</u> 私の趣味 です。
 <u>To collect coins</u> is my hobby.
 　　主語　　　　　　　補語

329

(2) 私の趣味はコインを**集めること**です。

　　<u>My hobby</u>　is　<u>to collect coins</u>.
　　　主語　　　　　　　補語

(3) 私はコインを集めるのが好きです。

　　I like　<u>to collect coins</u>.
　　　　　　　　目的語

発音　　collect [カレクトゥ]　coins [コーィンズ]　hobby [ハビィ]

12 補語とはどういう意味なのか

第12章 不定詞について

ここが知りたい

（質問）**補語**とはどのような意味でしょうか。

（答え）たとえば、This is my pen. という英語があるとします。

This is **my pen**
これ ＝ 私のペン

この英語の場合、**これは**と**私のペン**が同じものを表しています。このような関係の時、This という主語に対する**補語**が my pen であると考えることができます。

文法用語ではこれらを**主格補語**と呼んでいます。簡単に言うと、**主語＋be 動詞＋名詞または形容詞.** がきている時は is の後ろにきている部分が、**主格補語**の関係になっているのです。

ここが大切

主格補語には次の 2 つのタイプがあります。
(1) 主語と補語の部分が同じものを表しているタイプ。
　　This is my pen. (これは私のペンです。)
(2) 主語の状態を表しているタイプ。
　　This is small. (これは小さい。)

331

これだけは覚えましょう

to collect coins を ing を使って書き換えてもまったく同じ意味になります。

(1) コインを集めることは私の趣味です。
　　To collect coins is my hobby.
　　Collecting coins is my hobby.
(2) 私の趣味はコインを集めることです。
　　My hobby is to collect coins.
　　My hobby is collecting coins.
(3) 私はコインを集めることが好きです。
　　I like to collect coins.
　　I like collecting coins.

ここが大切

This is my pen.のように This = my pen が成り立つような時は、My pen = this と考えることができるので、My pen is this.と書き換えても同じ意味になります。正しい英語では、is の後ろにくる言葉が一番言いたい言葉だと考えることができます。

つまり、**相手に知らせたい言葉が最後にくる**ということを意味しています。

　　This is my pen.(これは、私のペンです。)
　　My pen is this.(私のペンはこれです。)

ここが知りたい

(質問) to collect coins は、不定詞の名詞的用法であることがわかりましたが、collecting というのは文法的には何と呼ばれているのですか。

第12章　不定詞について

（答え）collecting は、動名詞と呼ばれています。

　くわしく説明したいと思います。collect は、**〜を集める**という**動詞**です。この collect という**動詞**を**集めること**という**名詞**にしたい時に**動詞**の後ろに ing をつけるのです。

　こうすることによって、to collect coins と collecting coins がどちらも**コインを集めること**というかたまり（名詞相当語句）になるのです。

（質問）**名詞相当語句**と**名詞**との違いはどこにあるのですか。

（答え）**名詞**というのは、英和辞典にはじめから**名詞**と書いてあるものです。それに対して、**名詞相当語句**とは、何かの作用で名詞と同じ扱いをされるようになった語句のことです。

（質問）To collect coins is my hobby. と Collecting coins is my hobby. は coins の後ろの be 動詞が are にならずに is になっていますがなぜでしょうか。

（答え）よい質問です。たとえば、**これらのコインは古い。**という場合は These **coins are** old. のようになりますが、**コインを集めること**となっている場合は、**コインを集めることを 1 つの趣味**と考えているので、**is** になっているのです。

コミュニケーションのための英語情報

　学校英語では、To collect coins is my hobby. を Collecting coins is my hobby. My hobby is to collect coins. を My hobby is collecting coins. と書き換えても同じ意味であると教えていますが、不定詞から始まる英文はほとんど使われません。

333

[英語最新情報]

(1) コインを集めることは私の趣味です。

Collecting coins is my hobby.

(2) 私の趣味はコインを集めることです。

My hobby is collecting coins.

この2つの例文のように、**前からコインを集めており今も集めているので、**動詞の**進行形と同じ collecting** を使う方が**自然な感じ**がすると考えている人が多いようです。

最近の英語では **To＋動詞**から始まる英語はあまり好まれないようです。ただし、is の後ろに to＋動詞がくる場合がよくあります。次のような例は、is to＋動詞がぴったりなのです。

私の夢はコインを集めることです。

My dream is to collect coins.

この場合は、collecting coins とは言いません。**私の夢はコインを集めることです。**という意味は、**私はコインを集めたい。I want to collect coins.**という意味なのです。

この場合の **to collect coins** と同じように考えて is の後ろに **to collect coins** がきているのです。つまり、is の後ろに **to 動詞**がくる場合は、**未来のことについて触れている場合**なのです。

第12章 不定詞について

13 to と〜ing は どのような時に使うのか

ここが知りたい

(質問) I like to collect coins. と I like collecting coins. はどちらも同じ意味で使われているのですか。

(答え) どちらもほとんど同じ意味で使われています。

ただし、時と場合によっては、意味が少し違ってくることもあります。たとえば、I like to swim. と I like swimming. という英語の場合、**私は泳ぐのが好きです。**という意味ですが、I like to swim. の方は、**可能なら今でも泳ぎたいぐらいですよ。**のような意味を表すと考えることもできます。それに対して、I like swimming. はすでによく泳いでいてその結果として、**私は泳ぐのが好きなんですよ。**という意味になり、My hobby is swimming.(私の趣味は水泳なんですよ。)と言い換えることもできるのです。

これだけは覚えましょう

　　like(〜が好きです)　　love(〜が大好きです)
　　dislike(〜がきらいです)　　hate(〜がきらいです)

のような単語に to が続くと、実際に行動するのが可能な場合に使われることが多いのです。それに対して、〜ing が続くと、その行動をすでにしていると考えることができます。これに基づいて考えると、like とよく似た意味を持つ want と 'd like が to + 動詞と結び付いた

335

場合の意味がよく理解できます。

I want to take this.(私はこれをもらいたい。)
I'd like to take this.(私はこれをいただきたいのですが。)

ここが知りたい

（質問）like と want や d' like が同じような意味を持つということですが、もう少しくわしく教えてください。

（答え）英語では**動詞の前に would を入れることによって、ていねいな言い方、またはひかえめな言い方を表すことができる**という考え方があります。

I think so. （私はそう思うのですが。）
I would think so. （私はたぶんそうだと思うのですが。）

これと同じように考えると、like のていねいな言い方が would like となっても何も不思議なことはないことがわかります。実際には、**want** [ワントゥ] **〜がほしい**のていねいな言い方が **would like〜をいただきたい**という意味で使われています。このことから、**want to** [ワン・トゥ] が**〜したい**であるとすれば **would like to** で**〜させていただきたい**になるということがわかっていただけると思います。実際に会話で使う時は'd like to を使うのが一般的です。

（質問）like to と want to が同じ意味を表すこともあるのですか。

（答え）like to と want to を同じ意味で使う人もいます。特に否定文の場合には、英和辞典にもはっきり同じ意味であると書いてあります。

I don't like to swim. （私は泳ぎたくない。）は I don't want to swim. とまったく同じ意味なのです。この他にも、I want you to swim.（私はあなたに泳いでもらいたい。）は I like you to swim.と言い換えること

もできるのです。

I like you to swim. のていねいな言い方が I'd like you to swim. (私はあなたに泳いでいただきたい。)になります。

ここを間違える

To＋動詞から始まる英文はあまり好まれない、と私は前に書きましたが、これは To collect coins **is** my hobby. のように**主語に to 不定詞**がきていて次に **is** がくる場合のことを言っているのであって、すべての **to 不定詞**が文頭にこないと言っているわけではありません。

(1) You must study English hard　to be an English teacher.
　　　　　　　　　　　　　　　　　英語の先生になるためには

(2) To be an English teacher, you must study English hard.

この2つの英文は、どちらも次のような意味を表しています。**英語の先生になるためには、あなたは英語を一生懸命勉強しなければならない。**

(1)と(2)の英文は次のように言い換えても同じような意味を表すことができます。

(1) You must study English hard　if you want to be an English teacher.
　　　　　　　　　　　　　　　　　もしあなたが英語の先生になりたいのなら。

(2) If you want to be an English teacher, you must study English hard.

このような英語では、英文の一部分の場所を変えることができるのです。

(質問) どのような場合に場所を変えることができるのですか。

（答え）**副詞（おまけ、つけくわえ）相当語句**の部分を動かすことができるのです。

　上の例文に下線が引いてあるところを手で隠してください。残りの英語だけで英文の意味がわかるはずです。つまり、下線のところの英語は**副詞**の働きをしているところなのです。

　副詞相当語句という言葉が出てきたので、ここからは不定詞の副詞的用法について勉強したいと思います。

これだけは覚えましょう

　不定詞の**副詞的用法**を使うことで、次の3つの意味を表すことができます。
(1) **目的**　(2) **原因または根拠**　(3) **結果**

ここが大切

　(1) I'll go to Tokyo to buy some books.
　(2) I'm happy to see you.
　(3) Tony grew up to be a good pianist.

この3つの例文は下線を引いてあるところがなくても意味がわかります。下線のところにきている **to＋動詞**のところが**付け加えた言い方**なので、**不定詞の副詞的用法**であることがわかります。

　英語を日本語に訳す時は、前からどんどん読んで行き、to不定詞のところでどんな疑問が生じるかを考えて、その疑問に答えるように訳せばよいのです。

(1)　　I'll go to Tokyo〈何をしに〉to buy some books.
　　　私は東京へ行くつもりです　　　　2、3冊本を買いに
(2)　I'm happy 〈理由は〉 to see you.
　　　私はうれしい　　　　君に会えたから

第12章　不定詞について

(3)　<u>Tony grew up</u> 〈そしてどうなった〉　<u>to be a good pianist.</u>
　　　トニー君は成長した　　　　　　　　　すばらしいピアニストになった

あとは日本語らしい訳にすればよいのです。

発音　grew up［グゥルーアップ］　pianist［ピアニストゥ］

ここが知りたい

(質問) 先ほどの3つの英文を自然な日本語訳にするとどうなるのですか。

(答え)

(1) I'll go to Tokyo to buy some books.
　　私は2、3冊の本を買いに東京へ行くつもりです。
(2) I'm happy to see you.
　　私はあなたに会えてうれしい。
(3) Tony grew up to be a good pianist.
　　トニー君は大きくなってすばらしいピアニストになった。

(質問) (1)～(3) の英文は不定詞の副詞的用法の内のどれにあてはまるのですか。

(答え)
(1) I'll go to Tokyo <u>to buy some books.</u>は本を2、3冊買う目的でと考えることができるので**目的**を表していると言えます。
(2) I'm happy <u>to see you.</u>は、あなたに会えたという理由でと考えることができるので、**理由**を表します。
(3) Tony grew up <u>to be a good pianist.</u>は、トニー君は成長した。<u>そして、その結果すばらしいピアニストになった。</u>と考えることができることから、**結果**を表していると考えることができます。

この英文は、Tony grew up and became a good pianist.と書き換えることもできます。

　発音　became［ビケーィム］

これだけは覚えましょう

　目的を表す不定詞を日本語に訳す時に、次のように2種類の訳を使い分けると自然な日本語になります。
　　(1) ～するために
　　(2) ～するように
　ただし、この (2) の～するようには、その結果～となるようにという意味で考える方がよいかもしれません。
(1) I'll go to Tokyo to buy some books.
　　(私は本を2、3冊買うために東京へいくつもりです。)
(2) I must hurry to catch the first bus.
　　(私は始発のバスに間に合うように急がなければならない。)

　　発音　hurry［ハァ～ゥリィ］　catch［キャッチ］　first［ファ～ストゥ］

ここが知りたい

(質問)「私は始発のバスに遅れないように急がなければならない。」を英語に訳したい時にどこに not を使えばよいのですか。

(答え) to 遅れる the first bus を否定すればよいので、not to 遅れる the first bus とすればよいことがわかります。このことから次のような例文が出来上がります。

　I must hurry not to miss the first bus.

第12章　不定詞について

これだけは覚えましょう

バスに間に合う　（1）catch the bus　（2）make the bus
　　　　　　　　（3）be in time for the bus
バスに遅れる　（1）miss the bus　（2）be late for the bus

発音　miss［ミス］　late［レーィトゥ］

これだけは覚えましょう

　　（1）目的　（2）原因または根拠　（3）結果
以上の3種類が副詞的用法として中学校で習うのですが、この他にもどうしても覚えておいていただきたい副詞的用法があります。
　　（4）be 動詞＋形容詞＋不定詞
　　（5）形容詞＋enough to〜　〜するほど十分に〜です
　　（6）too＋形容詞＋to〜　あまりにも〜すぎて〜できない
（例）
　　（4）This book is easy to read.
　　　　（この本は読みやすい。）
　　（5）You are not tall enough to cross this river.
　　　　（あなたはこの川を渡るには十分に背が高くない。）
　　（6）You are too short to cross this river.
　　　　（あなたは背が低すぎてこの川を渡れません。）

発音　enough［イナフ］　tall［トーオ］　short［ショートゥ］
here［ヒア］　cross［クゥロース］　river［ゥリヴァ］

（4）（5）（6）の例文は丸暗記してください。

ここを間違える

　too＋形容詞＋to〜のパターンの時は、to 以下の部分を**〜することができない**と訳すようにしてください。

ここが知りたい

(質問) なぜ (4) (5) (6) の例文は**副詞的用法**なのですか。

(答え) 名詞をくわしく説明するのが形容詞、形容詞といっしょになって名詞をさらにくわしく説明するのが**副詞**なのです。

　副詞は**形容詞**の**前**や**後ろ**にくることがあります。付け加えの言葉なので、**副詞の働きをする言葉**がなくても、残りの英文だけで意味がはっきりわかります。

(例)

(1) This is a　very　small　book.（これはとても小さな本です。）
　　　　　　　[副詞]　形容詞　名詞

　　This is a small book.（これは小さい本です。）

(2) This book is　easy　　to read.　（この本は読みやすい。）
　　　　　　　　形容詞　[副詞相当語句]

　　This book is easy.（この本は簡単です。）

(3) You are not　tall　enough　to cross this river.
　　　　　　　形容詞　[副詞]　　[副詞相当語句]

　（あなたはこの川を渡るには、十分な背の高さではない。）

　　You are not tall enough.（あなたは十分な背の高さではない。）

　　You are not tall.（あなたは背が高くない。）

(4) You are　too　short　to cross this river.
　　　　　　[副詞]　形容詞　　[副詞相当語句]

　（あなたは背が低すぎてこの川を渡れない。）

　　You are too short.（あなたは背が低すぎるのでできない。）

　　You are short.（あなたは背が低い。）

第12章 不定詞について

14 too＋形容詞＋to のパターンはなぜ「〜することができない」と訳すのか

ここが知りたい

（質問）too＋形容詞＋to〜．という文の時に、to 以下を**〜することができない**と訳すようにと習いましたが、なぜそのような意味になるのでしょうか。

（答え）too という単語は、話し言葉で使われる時には、**とても**という意味で使われることもありますが、**あまりにも〜すぎて〜できない**という意味で使われることがあるので、その時と場合によって、どちらの意味であるかを考えていただきたいのです。

（質問）too の後ろにくる形容詞によってどちらの意味で使っているかがわかるということですか。

（答え）そのように考えた方がよいと思います。日本語と同じように考えるとわかりやすいと思います。

　　君は小さすぎるよ。君は若すぎるよ。→だから、無理だよ。
　　このテレビは大きすぎるよ。→だから、私は買わない。
　　この服は小さすぎる。→だから、着られない。

　〜できないとは言っていませんが、実際には知らず知らずの内に考えてしまっているのです。英語でも日本語と同じなのです。

　ただし、日本語でも**あなたが美しすぎる**。のような場合には、**あな**

たはとても美しい。の意味にとる人が多いように英語でも too を very の意味で使うこともあると考えることができます。

ここが知りたい

(質問) You are not tall enough to cross this river. と You are too short to cross this river. は同じ意味でしょうか。

(答え) その通りです。

> You are not tall enough to cross this river.
> (あなたはこの川を渡るのには十分な背の高さがない。)
> You are too short to cross this river.
> (あなたが背が低すぎて、この川を渡ることはできません。)

という意味なので、どちらも同じ意味になります。この 2 つの英文は次のように書き換えても同じ意味を表すことができます。

> You are so short that you can't cross this river.
> (あなたはとても背が低いので、この川を渡ることができません。)

これだけは覚えましょう

次の例文はまったく同じ意味を表しています。

(1) You are too young to marry me.
   (あなたは若すぎて私と結婚できません。)

(2) You are so young that you can't marry me.
   (あなたはとても若いので、私と結婚することができません。)

(3) You are not old enough to marry me.
   (あなたは私と結婚することができるだけの十分な年齢にはなっていません。)

> 発音　young [ヤン・]　old [オーゥオドゥ]　marry [メァゥリィ]
> enough [イナフ]

第12章 不定詞について

これだけは覚えましょう

麻美さんは親切にも私を助けてくれた。
(1) Asami kindly helped me.
(2) Asami was so kind as to help me.
(3) Asami was so kind that she helped me.
(4) Asami was kind enough to help me.
(5) Asami had the kindness to help me.
(6) Asami was very kind to help me.

解説します。

kind [カーィンドゥ] は**親切な**という**形容詞**です。

kindly [カーィンドゥリィ] は**親切にも**という**副詞**です。

kindness [カーィンドゥニス] **親切**という**名詞**です。

同じ意味の日本語を英語に訳す場合、いろいろな単語や文法を使って表すことができます。

親切にも〜するを表したい時は、上の6種類で表してください。

これだけは覚えましょう

(1) 麻美さんは親切にも私を助けてくれた。
   Asami was so kind that she helped me.
   Asami was kind enough to help me.
(2) 私はとても疲れているので、走ることができない。
   I'm so tired that I can't run.
   I'm too tired to run.

   発音　tired [ターィァドゥ]

so〜that 構文の場合は、that の次に**肯定文（普通の文）**がくる時は enough to で書き換えることができ、that の次に**否定文**がきている時は too〜to で書き換えることができます。

345

ここが大切

(1) You are too young to marry me.
(2) You are so young that you can't marry me.
(3) You are not old enough to marry me.

3つの英文が同じ意味になるということをよく理解してから丸暗記してください。

注意していただきたいことは、次のことです。

(1) は英文のto以下を否定 (2) はthat以下を否定しています。

このことから次のような意味になります。

(1) to marry me は、**私と結婚することができない**
(2) that you can't marry me は、**あなたは私と結婚することができない**

という意味を表しています。

それに対して、(3) の英文は文章そのものを否定しています。

(3) You are not old enough to marry me.は、**あなたは私と結婚することができる十分な年齢ではない。**

ここが知りたい

(質問) **親切にも〜する**をhave the kindness to〜で表すことができるということは、**幸運にも〜した**を表したい時にもhad the **幸運** to〜で表すことができるということですか。

(答え) その通りです。次のような例で覚えておいてください。

私は幸運にもそのテストに受かった。

I had the good fortune to pass the test.
I had the good luck to pass the test.

発音　fortune［フォーチュンヌ］　luck［ラック］

第12章 不定詞について

ここが知りたい

(質問) This book is easy to read.(この本は読みやすい。)という不定詞のパターンは、どのような形容詞と動詞がきても正しい英文として成り立つのですか。

(答え) よい質問です。この文のパターンは本当によく理解していないと使いこなすことはできません。

主語＋is＋形容詞＋to＋動詞のパターンの使い方のコツを説明させていただきます。

This book is easy to read.を例に考えてみたいと思います。この英文を次のように書き換えることができる場合はこのパターンで使うことができます。

<u>To read</u>　　<u>this book</u>　<u>is easy.</u>
読むこと〈何を〉　この本　　簡単です
(訳) この本を読むことは簡単です。

これだけは覚えましょう

主語＋is＋形容詞＋to＋動詞.のパターンで使われる**動詞**は**〜を〜する**という動詞でなくてはいけません。**〜を〜する**という動詞を文法用語で**他動詞**と言います。

他動詞に対して、**〜する**のような動詞を**自動詞**と言います。
〜を〜する以外にも**〜に〜する**や**〜と〜する**も他動詞です。

ここを間違える

動詞によっては、自動詞の意味と他動詞の意味のどちらの意味でも使われることがあります。その時には、どちらの意味で使われているのかをきちんと理解してください。
(例) read [ゥリードゥ] 〜を読む [他動詞]、読む [自動詞]

347

15 自動詞と他動詞の区別の仕方について

ここが知りたい

（質問）自動詞と他動詞の区別の仕方について教えてください。

（答え）まず自動詞と他動詞の特徴について説明します。

　自動詞と他動詞をよく似ている漢字で考えてみるとわかりやすいのです。**自分と他人**、人と話をする時は、いつも自分がいて他人に話しかけるのです。他人に話しかけると他人を自分の話の中に巻き込むことになります。次の日本語をよく読んでください。

　（1）私は走る。　I run.
　（2）私はあなたを走らせる。　I run you.

（1）は自分だけが**走る**ので、この場合の**走る**が**自動詞**なのです。
（2）は、私があなたを**走らせる**。と言っているので、自分があなたとという他人を巻き込んでいるということがわかると思います。このことから、**走らせる**は**他動詞**なのです。

　もう1つの例をあげておきます。
（1）その戸は開く。［自動詞］
　　The door opens.［自動詞］
（2）私はその戸を開ける。［他動詞］
　　I open the door.［他動詞］

第12章 不定詞について

（質問）自動詞と他動詞の区別は辞書を見れば載っているのですか。

（答え）高校生用の英和辞典を見れば必ず載っています。中学生用の辞典の場合には、次のようになっていると**他動詞**を表しています。
 （1）〜を〜する　（例）know [ノーゥ] 〜を知っている
 （2）〜に〜する　（例）reach [ゥリーチ] 〜に到着する
 （3）〜と〜する　（例）marry [メァゥリィ] 〜と結婚する

16 他動詞＝自動詞＋前置詞と覚えましょう

これだけは覚えましょう

他動詞＝自動詞＋前置詞

 reach [ゥリーチ] ～に到着する
     他動詞

 arrive in [アゥラーィヴィンヌ] ～に 到着する
 自動詞 前置詞   前置詞 自動詞

 このことから、同じ意味の英語を表すのに**他動詞**を**自動詞＋前置詞**で表すことができることがわかります。

ここを間違える

 This river is dangerous to swim.
  この川 危険です   泳ぐ

（訳）この川で泳ぐのは危険です。

 一見この英語は正しいように思いますが、次のように書き換えることができないので間違っています。

 To swim this river is dangerous.
 泳ぐこと〈どこで〉 この川   [デーィンヂァゥラス]

〈どこで〉という疑問が生まれているので**前置詞＋名詞**というパターンを使って**この川で**というようにしなければいけないことがわかります。

第12章　不定詞について

<u>in</u>　<u>this river</u>
中で　この川　＝この川で

<u>To swim</u>　　　　　<u>in this river</u>　is dangerous.
泳ぐこと〈どこで〉　　この川で

念のためにこの英語を訳してみます。

（訳）この川で泳ぐことは危険です。

このことから正しい英文は次のようになります。

This river is dangerous to swim in.

ここを間違える

主語＋is＋形容詞＋to＋動詞. のパターンを使う時は、次のことに注意してください。

(1) あなたが英語に訳したいと思っている日本語がこのパターンにあてはまっていると思えばとにかく英語に訳してください。

　　主語＋is＋形容詞＋to＋動詞.

(2) 次に、to＋動詞＋主語　is＋形容詞　に書き換えてください。この時に前置詞が必要な場合は動詞の後ろに置いてください。

(3) その次に（2）で書き換えた英文を日本語に訳してください。ここであなたが最初に訳したいと思っていた日本語と同じ意味を表していれば、（1）で訳した英語が正しいことがわかります。

（例）

(1) この人形は壊れやすい。

This doll is easy to break.

break［ブゥレーィク］は**～を壊す**、または**壊れる**、easy［イーズィ］は**簡単な**と考えてください。

(2) To break this doll is easy.

この人形を壊すのは簡単です。

あなたが訳したかったのは、**この人形は壊れやすい**。あなたが英

作した表現を日本語に訳すと、**この人形を壊すことは簡単です**。よく考えると意味が違うことがわかります。このことから、このパターンではあなたが訳したい日本語を英語に訳すことができないことがわかります。正しくは次のようになります。

<u>This doll breaks</u>　<u>easily</u>.
　この人形は壊れる　　簡単に　＝この人形は壊れやすい。

(問題) 次の日本語を英語に訳してください。
(1) この本は理解しにくい。
〈ヒント〉hard [ハードゥ] むずかしい　understand [アンダァステァンドゥ] 理解する
(答え)＿＿＿＿＿＿＿＿＿＿＿＿＿＿＿＿＿＿＿＿＿＿＿＿＿＿
(2) この本は読みにくい。
〈ヒント〉read [ゥリードゥ] 〜を読む
(答え)＿＿＿＿＿＿＿＿＿＿＿＿＿＿＿＿＿＿＿＿＿＿＿＿＿＿
(3) この水は飲んでも安心ですよ。
〈ヒント〉water [ウオータァ] 水　safe [セーィフ] 安全な　drink [ジュリンク] 〜を飲む
(答え)＿＿＿＿＿＿＿＿＿＿＿＿＿＿＿＿＿＿＿＿＿＿＿＿＿＿
(4) 日本語を学ぶのはむずかしい。
〈ヒント〉Japanese [ヂェァパニーズ] 日本語　learn [ラ〜ンヌ] 〜を学ぶ
difficult [ディフィカオトゥ] むずかしい
(答え)＿＿＿＿＿＿＿＿＿＿＿＿＿＿＿＿＿＿＿＿＿＿＿＿＿＿
(5) トニー君を喜ばすのはむずかしい。(トニー君は気がむずかしい。)
〈ヒント〉hard [ハードゥ] むずかしい　please [プリーズ] 〜を喜ばす
(答え)＿＿＿＿＿＿＿＿＿＿＿＿＿＿＿＿＿＿＿＿＿＿＿＿＿＿

(答え)
(1) This book is hard to understand.
(2) This book is hard to read.

(3) This water is safe to drink.

解説　safe の代わりに good を使うこともできます。

(4) Japanese is difficult to learn.

(5) Tony is hard to please.

解説　hard の方が difficult よりも一般的によく使われています。複雑で技術などを伴う時は、difficult の方を使います。

これだけは覚えましょう

不定詞の主語を表したい時は、次のようにします。

　　日本語を学ぶこと　　to learn Japanese

　　私にとって日本語を学ぶこと　　for me to learn Japanese

英文の中で実際に使ってみましょう。

(1) 日本語は学ぶのがむずかしい。

　　Japanese is difficult to learn.

(2) 日本語は私にとって学ぶのがむずかしい。

　　Japanese is difficult for me to learn.

(3) 私にとって日本語を学ぶことはむずかしい。

　　For me to learn Japanese is difficult.

　　It's difficult for me to learn Japanese.

解説します。

　　For me to learn Japanese is difficult.

主語が長い場合は、主語の部分を it で置き換えることが多いので、For me to learn Japanese を It で置き換えます。

　　It's difficult　　　　　　for me to learn Japanese.

　　それはむずかしい〈それって何〉私にとって日本語を学ぶこと

ここが大切

　for me to learn Japanese は、私にとって日本語を学ぶこと、または私が日本語を学ぶことの 2 つの意味を表すことができます。

第12章　不定詞について

17 for me to＋動詞の使い方

ここが知りたい

（質問）不定詞には3つの用法がありましたが、どの用法の場合でも不定詞の前に for me to＋動詞のようにすれば、**私が**、または**私にとって**のように主語を表すことができるのですか。

（答え）どの用法でも for me to＋動詞のようにすれば主語を表すことができます。

［名詞を説明する時に使う形容詞的用法］

　　a chair to sit on（座ることができるイス）

　　a chair for me to sit on（私が座ることができるイス）

［主語の代わりに使える名詞的用法］

　　to sit on a chair（イスに座ること）

　　for me to sit on（私にとってイスに座ること＝私がイスに座ること）

［形容詞といっしょに使う副詞的用法］

　　This chair is comfortable to sit on.

　　（このイスは座り心地がよい。）

　　This chair is comfortable for me to sit on.

　　（このイスは私にとって座り心地がよい。）

　　発音　comfortable［カンファタボー］　chair［チェア］　sit on［スィトーンヌ］

(問題)次の日本語を英語に訳してください。

(1) 私にとって泳ぐこと

(2) 彼にとって英語を学ぶこと

(3) 彼女にとってピアノをひくこと

(4) 彼らにとってテニスをすること

(5) 私たちにとって勉強すること

(6) あなたにとってテレビを見ること

(答え)
(1) for me to swim [スウィム]
(2) for him to learn English [ラ〜ニングリッシ]
(3) for her to play the piano [プレーィざピエァノーゥ]
(4) for them to play tennis [プレーィテニス]
(5) for us to study [スタディ]
(6) for you to watch TV [ワッチティーヴィー]

発音　me [ミー]　him [ヒム]　her [ハァ]　them [ぜム]　us [アス]　you [ユー]

第 12 章　不定詞について

ここが大切

（1） For me to swim is easy.（私にとって泳ぐことは簡単です。）
（2） To swim is easy.（泳ぐのは簡単です。）

最近の英語では、For me to swim や To swim から始まる英語はあまり使われることはありません。その代わり（1）It's easy for me to swim.（2）It's easy to swim. を使うことが多いようです。

（問題）次の日本語を It's から始まるパターンで英語に訳してください。

(1) 日本語を学ぶことは簡単です
   〈ヒント〉easy ［イーズィ］

___

(2) 私にとって日本語を学ぶことは簡単です。

___

(3) 私にとって泳ぐことはむずかしい。
   〈ヒント〉hard ［ハードゥ］むずかしい　swim ［スウィム］泳ぐ

___

(4) あなたにとって泳ぐことはむずかしいですか。
   〈ヒント〉It is の疑問文

___

(5) 私にとって泳ぐのは簡単ではありません。
   〈ヒント〉It is の否定文

___

(6) あなたにとって泳ぐことはたぶん簡単でしょう。
   〈ヒント〉would ［ウッドゥ］たぶん〜でしょう
   ＊It would から始めてください。

___

(答え)

(1) It's easy to learn Japanese.
(2) It's easy for me to learn Japanese.
(3) It's hard for me to swim.
(4) Is it hard for you to swim?
(5) It's not easy for me to swim.
(6) It would be easy for you to swim.

これだけは覚えましょう

for me to swim を ing を使って書き換えることもできます。このやり方は中学校では習いませんが、ついでに覚えておきましょう。

(1) for me = my　　(2) to swim = swimming

(1)と(2)を1つにくっつけると次のようになります。

for me to swim = my swimming

英文の中では次のように使うことができます。

For me to swim is easy.
My swimming is easy.
It's easy for me to swim.
It's easy my swimming.

(問題) 次の ( ) に適当な言葉を入れてください。

(例) me-my

(1) him― (　　)　　　(4) us― (　　)
(2) her― (　　)　　　(5) you― (　　)
(3) them― (　　)

(答え) (1) his　(2) her　(3) their　(4) our　(5) your

第12章 不定詞について

18 for me to と of me to の使い方

ここを間違える

（1）It's very easy for me to swim.
　　（私にとって泳ぐことはとても簡単です。）
（2）It's very kind of you to help me.
　　（手伝ってくださるとは大変ご親切に。）

（1）と（2）の英文を比べると、for と of という前置詞が違うだけで後のパターンはまったく同じであることがわかります。

この2つのパターンは、実際の会話でもよく使われています。

ここでは、この2つの成り立ちをしっかり理解していただきたいと思います。

（1）It's very easy for me to swim. は、次のように書き換えることができます。

　　For me to swim　　is very easy.
　　私にとって泳ぐことは　とても簡単です。

for me to swim で**だれが泳ぐのか**を表していることがわかります。to 不定詞の前に for me を置くことで**主語**を表しています。

（2）It's very kind of you to help me. は、次のように書き換えることができます。

　　You are very kind　　to help me.
　　あなたはとても親切です　手伝ってくださるとは

359

不定詞の前に主語を入れたければ、for を使います。you の前の形容詞を使って意味のよくわかる英文ができる時は of を使います。

これだけは覚えましょう

(1) <u>You are very kind</u> <u>to say so.</u>
   あなたはとても親切です　そう言ってくださるとは

(2) <u>It's very kind of you to say so.</u>
   (そう言ってくださるとはとてもご親切に。)

この(1)と(2)はまったく同じ意味を表しています。どちらかというと、It's very kind of you to say so.の方が You are very kind to say so.よりも、very kind を強調した言い方だと考えることができます。これらの2つの表現をもっと強調した言い方が、**感嘆文**というパターンを使うことによって表すことができます。

(1)′ <u>How kind</u> <u>you are</u> <u>to say so!</u>
   何と親切なの　あなたは　そう言ってくださるとは

(2)″ How kind of you (it is) to say so!
   (そう言ってくださってどうもありがとうございます。)

＊it is は省略するのが一般的です。

これらの4つの表現をまとめて覚えておくととてもお得です。

このパターンで使える形容詞は次のようなものがあります。

親切な ─ kind [カーィンドゥ]　good [グッ・]　nice [ナーィス]

かしこい ─ clever [クレヴァ]　wise [ワーィズ]

頭が悪い ─ stupid [ステューピッドゥ]

注意深い ─ careful [ケァフォー]

不注意な ─ careless [ケアレス]

大胆な ─ bold [ボーゥオドゥ]　daring [デァゥリン・]

第12章　不定詞について

ここが知りたい

（質問）**kind**、**good**、**nice** は、**親切な**という意味だと習いましたが、使い分けはあるのでしょうか。

（答え）身内や親しい人に対して使う場合は、good または nice、他人であれば kind が適当だと思います。kind はかなりていねいな表現なので、よそよそしい感じがするからです。

（質問）**かしこい**を表す **clever**、**wise**、**smart** も意味の違いはあるのでしょうか。

（答え）**wise**（かしこい）は foolish（馬鹿な）や unwise（かしこくない）の反対の意味を表す言葉で、**人や物事をわきまえていて正しい判断をすることができる**という意味です。

　smart は stupid（頭が悪い）の反対で、**頭がよい**という意味を表します。**人だけではなく動物にも使うことができます。**

　　Asami is smart.（麻美さんは勉強ができる。）

　　My cat is smart.（私の猫は頭がよい。）

　clever（かしこい）は、**何でもするのが速くじょうずである**という意味と、**ずるがしこい**という意味があります。

　これらのことから考えると、日本語でいう**利口な**は、wise や clever よりも smart を使う方が適当なように思います。

　　Asami is a smart girl.（麻美さんは利口な少女です。）

第13章
不定詞と動名詞について

1 不定詞の名詞的用法と動名詞の関係について

　ここからは、不定詞の名詞的用法と動名詞との関係について勉強したいと思います。

これだけは覚えましょう

　　I like　　　　cats.
　私は好きです〈何が〉ネコ

　I like と言ったところで〈何が〉という疑問が生まれているということに気づいてください。**何が**という疑問に答える時に使えるのが**名詞**、または**名詞相当語句**です。

　たとえば、**私は走るのが好きなんですよ**。という日本文があるとしてください。この日本語を英語に訳したい時は、次のように考える必要があります。

　私は好きです〈何が〉走ること

　走る（run） という単語は**動詞**なので、like の後ろにくるのは**名詞**でなければいけないことから、**走る**の**名詞相当語句**を置かなければならないことに気がつきます。動詞を名詞に変える方法がありましたよね。そうです。**動詞**の前に to を置けば、**to＋動詞**で**不定詞の名詞的用法**になるのです。

　　I like **to run**.［不定詞の名詞的用法］

　この他にも、動詞を名詞の働きをする単語に変える方法があります。

第13章　不定詞と動名詞について

　動詞の後ろに **ing** をつけると、名詞の**働きをする単語**になります。この**動詞の ing 形**のことを**動名詞**と呼びます。

　I like **running**. ［動名詞］

ここが知りたい

（質問）**to＋動詞**が名詞的な働きを表す時であれば、いつでも**動詞 ing** で言い換えることができるのですか。

（答え）よい質問です。いつでも言い換えることができるわけではありません。次のパターンでは言い換えることができます。
(1) To swim is easy. = Swimming is easy.
　　（泳ぐことは簡単です。）
(2) To live in Japan is my dream. = Living in Japan is my dream.
　　（日本に住むことは私の夢です。）
(3) My dream is to live in Japan. = My dream is living in Japan.
　　（私の夢は日本に住むことです。）

　この他にも、**to＋動詞**、または**動詞 ing** のところを it で代用した言い方もあります。意味はまったく同じです。
(1)′ It's easy to swim. = It's easy swimmng.
(2)′ It's my dream to live in Japan.
　　 = It's my dream living in Japan.
　合計 (1)〜(3) と (1)′ (2)′ の合計 5 つのパターンがあります。このパターンの中には、文法的には正しいのですが、あまり使わないものもあります。

　発音　swimming ［スウィミン・］　dream ［ジュリーム］
live in Japan ［リヴィン　ヂァペアンヌ］　living in Japan ［リヴィニン　ヂァペアンヌ］

2 to＋動詞と〜ing の正しい使い分け方

コミュニケーションのための英語情報

●不定詞（to＋動詞）と動名詞（動詞 ing）の正しい使い分け方
(1) 中学英語では、To swim is easy.の Swimming is seay.の両方が使われているように教えていますが、実際には、To swim is easy.はほとんど使われていません。
(2) 中学英語では、It's easy to swim.がよく使われているように教えていますが、実際には It's easy swimming.の方がよく使われています。どうしても、To swim is easy.のように不定詞を使いたい時は、It's easy to swim.を使ってください。

次の英語にも注意してください。
(1) 私の夢は日本に住むことです。
　（○）My dream is to live in Japan.
　（×）My dream is living in Japan.
　中学校英語では、to live でも living でも正しい英語であると教えていますが、実際には、living は使われていません。
(2) 日本に住むことは楽しい。
　（○）Living in Japan is fun.
　（△）To live in Japan is fun.
　中学校では、Living と To live のどちらも正しい英語であると教えていますが、To live の方は英米人にとっては不自然な英語

ここが知りたい

(質問)なぜ、中学英語では、正しいと教えているものが、実際には使えないものがあるのですか。

(答え)大きくわけて次の2つのことが考えられます。
  (1) 昔は使われていたが、今は使われていない。
  (2) 文法的には正しいが英米人にとっては不自然に感じられる。

最近の教科書では、あまり**文法**についてうるさく言わなくなりましたが、昔の教科書は文法中心であったために、英米人が知らない英文法も教えていたようです。最近は使えるものだけがのせてあります。

これだけは覚えましょう

未来のことを表している時はto、もうすでにやっていて、今もしていると考えることができる場合は、ingと覚えておきましょう。
(例)
(1) 私の夢は日本に住むことです。

  My dream is to live in Japan.
(2) 私の趣味はテニスをすることです。

  My hobby is playing tennis.

発音 hobby [ハビィ] playing tennis [プレーイン・テニス]

解説します。
(1) **私の夢は**から始まっているので**未来のこと**だとわかります。このことから、to を使う方がよいのです。
(2) **私の趣味は**から始まっているのでもうすでにしていて今もしていると考えられるので、動名詞(〜ing)がぴったりなのです。

3 I like to swim. I like swimming. と I want to swim. の関係について

ここが大切

　未来のことを表していると to、過去のことを表していて、今もしている時は ing と説明しましたが、本当にこの法則でいろいろな英文を説明することができるかどうかについて考えてみたいと思います。

　「私は泳ぎたい。」
　〜したいを英語で表す時は、決まり文句のように次のように覚えている人が多いようです。
　　I **want to** swim.
　始めから **want to** を〜したいと覚えているのです。

　さっそく、さきほどの法則があてはまっているのかを確かめてみましょう。
　この英文は**未来**のことについて言っているので、**to** を使えばよいことがわかります。
　つまり、今までに〜したい = **want to** と丸暗記していたものも、この法則さえ知っていれば理解してから覚えられるということです。英語の表現や方法を覚える時は、できる限り理解してから覚えるようにしてください。

第13章　不定詞と動名詞について

次のような場合も理解をしていれば怖くないのです。

「私は泳ぐのが好きです。」

(1) I like to swim.

私は泳げるのだったら今でも泳ぎたいぐらい好きだ。のように want to の意味を含めて使う人もいます。

否定文では、I don't like to swim. = I don't want to swim.（私は泳ぎたくない。）となります。

(2) I like swimming.

以前から泳いでいて、今も泳ぐのが好きですよ。という意味を表しています。

4 どうすれば enjoy（〜を楽しむ）の次に to を取るか ing を取るかがわかるのか

ここが大切

英語では、動詞が2つ重なる時、2つめの動詞の前に to を置くか、動詞の ing を使って**名詞の働きをする単語**に変える必要があります。

ただし、to と ing のどちらも取ることができるものもあります。どのタイプを取るかは、初めにくる動詞によります。

これだけは覚えましょう

to を取るか、動詞の ing を取るかを調べるよい方法があります。次のように覚えてください。

(例)「泳ぐのを楽しみましょう。」

　　楽しみましょう＋泳ぐ

　　Let's enjoy + [to swim, swimming].

to swim と swimming のどちらかを選ばなければならない場合、**楽しむ**と**泳ぐ**のどちらが先に起こるかを考えて、もし**泳ぐ**が先に起こることであれば ing が答えになると覚えておいてください。**泳いで**から**楽しい**と思うわけなので、**泳ぐ**が先に起こると考えられることから、Let's enjoy swimming. が答えになります。

enjoy と同じように確かめていくと、次の動詞も必ず **ing** を取ることがわかります。

　　finish［フィニッシ］〜を終える

　　stop［スタップ］〜をやめる

泳いでいるのを終える、泳いでいるのをやめるのように考えることはできますが、終えてから泳ぐ、やめてから泳ぐということはありえないのです。

ここを間違える

　(1) Let's stop to smoke.
　(2) Let's stop smoking.

この2つの英文はまったく意味が違います。stop には意味が2つあります。

　① 〜するのをやめる
　② 立ち止まる、（活動などを）中止して〜する

これらのヒントを参考にして stop to smoke と stop smoking の意味の違いを理解しましょう。

(1) Let's　stop　to smoke.
　　　　　　 1　　　2

to が動詞の後ろにくる時は、**たばこを吸う**という動作が stop よりも後に起こることを表しています。

(2) Let's　stop　smoking.
　　　　　　 2　　　1

ing が動詞の後ろにくる時は**たばこを吸う**という動作が stop よりも先に起こることを表しています。

これらのことから、

(1) Let's stop to smoke.は、**立ち止まってから、または仕事を止めてからたばこを吸う**という意味を表します。この場合、to smoke が**結果**を表しています。

(2) Let's stop smoking.は、**たばこを吸っているのをやめる**という意味になるこがわかります。

(1) Let's stop to smoke.
　　（たばこを吸うために立ち止まりましょう。）
(2) Let's stop smoking.
　　（たばこを吸うのをやめましょう。）

ここが大切

　stop to smoke は、**たばこを吸うために立ち止まる**、または**たばこを吸うために仕事を止める**のように**目的**を表すと考えることもできます。

これだけは覚えましょう

　　(1) Try to swim.（泳ごうと努力しなさい。）
　　(2) Try swimming.（試しに泳いでみなさい。）
この2つの英文も次のように理解してから覚えましょう。

(1) Try to swim.
　　<u>努力</u>をしてその結果<u>泳ぐ</u>ことができる。
　　　1　　　　　　　　　2
泳ぐという動作が2つめにくるので to を使っている。

(2) Try swimming
　　<u>泳いで</u>から<u>試してみた</u>よと言えるので、**泳ぐ**が最初の動作なので、
　　　1　　　　2
ing を使うことができる。

(3) Remember to swim.　＝　Don't forget to swim.
　　(泳がなければならないこと　(泳ぐことを忘れてはいけないよ。)
　　を覚えていなさいよ。)

　　覚えていてその結果泳ぐから to を使うことができる。
　　　１　　　　　　　２

(4) Remember swimming.
　　(泳いだことを覚えていなさいよ。)
　　泳いだことがあってそのことを覚えていなさい。
　　　１　　　　　　　　　　　　　２
　　という意味なので、

泳ぐが最初の動作なので、ing を使うことができる。

　発音　try [チュラーィ]　remember [ゥリメンバァ]　forget [ファゲッ・]

第14章
比較について

1 比較について勉強しましょう

ここからは、比較の勉強をしたいと思います。

比較とは、だれかとだれか、何かと何かを比べる時に使う英語表現を文法用語で**比較**と言います。

これだけは覚えましょう

比較には、次の4つのパターンがあります。

[原級]　　　I am **tall**.（私は背が高い。）

[比較級]　　I am **taller** than you.（あなたよりも背が高い。）

[最上級]　　I am **the tallest**.（一番背が高い。）

[同等比較]　I am **as tall as** you.（あなたと同じぐらいの背の高さです。）

単語　tall［トーオ］背が高い　taller［トーラァ］〜の方が背が高い
the tallest［ざ　トーリストゥ］1番背が高い

解説します。

形容詞（名詞の説明に使われたり、主語の様子や状態を表す時に使う単語）にerやestをつけて、新しい意味を表すことができます。

英和辞典に載っている見出し語の形容詞を**原級**、**er**をつけたものを**比較級**、estをつけたものを**最上級**と呼んでいます。だれかとだれかを比べる時に使う表現で、どちらか一方がもう一方よりも背が高い時に **taller than**〜よりも背が高い、どちらも同じぐらいの背の高さを表す時に **as tall as** を使います。

第14章 比較について

as tall as のことを**同等比較**、**taller than** のことを**比較級**と言います。たくさんの人の中やひとつのグループの中で **1 番背が高い**を表す時に **the tallest** を使います。この表現パターンを**最上級**と言います。

2 er や est をつけるときの注意について

ここを間違える

er や est をつける時に、注意が必要です。

	原級	比較級	最上級
[パターン1]	tall [トーオ]	tall<u>er</u> [トーラァ]	the tall<u>est</u> [トーリストゥ]
[パターン2]	big [ビッグ]	big<u>ger</u> [ビガァ]	the big<u>gest</u> [ビギストゥ]
[パターン3]	pretty [プゥリティ]	prett<u>ier</u> [プゥリティア]	the prett<u>iest</u> [プゥリティイストゥ]

［パターン2］のbigのように最後の文字の前にア、イ、ウ、エ、オの音が1つしかない時は、最後の文字を重ねてからerやestをつけます。

［パターン3］のprettyのようにyで終わっている時はyをiに変えてからerやestをつけます。

普通は［パターン1］の単語のようにerやestをつけるだけで大丈夫です。ただし、次のように上のパターンの例外があります。単語が長い場合は、moreやthe mostをerやestをつける代わりに単語の前に置きます。

[パターン4]　beautiful　　more beautiful　the most beautiful
　　　　　　［**ビュ**ーティフォー］　［モ**ア**ビューティ　　［ざ**モー**ゥストゥ
　　　　　　　　　　　　　　　　　　フォー］　　　　　　ビューティフォー］

ここが知りたい

(質問) 単語が長い場合というのは、どれぐらい長いことを言うのですか。

(答え) 一つの単語の中にア、イ、ウ、エ、オの音が2つ以上あるものを長いと言っていると考えてください。

3 more や most を er や est の代わりに使う形容詞とはどんなものがあるのか

ここが知りたい

(質問) more や the most を使う形容詞で、覚えておいた方がよい単語はどんなものがあるのですか。

(答え) 次のようなものがあります。
　　○interesting [インタゥレスティン・] おもしろい
　　○famous [フェーィマス] 有名な
　　○wonderful [ワンダフォー] すばらしい
　　○difficult [ディフィカオトゥ] むずかしい
　　○popular [パピュラァ] 人気のある
　　○useful [ユースフォー] 役に立つ
　　○convenient [カンヴィーニャントゥ] 便利な
この他にも、ly で終わる副詞があります。
　　○slowly [スローウリィ] ゆっくりと

(質問) more や most を ly で終わる副詞につけるということは、形容詞だけではなく副詞にも er や est をつけることができるのですか。

(答え) **形容詞**の話ばかりをしてきましたが、実は**副詞**も er や est をつけることができるのです。
　比べたりすることができる単語であれば、形容詞でも副詞でも er

や est をつけることができます。

　簡単に言うと、**よりも　than** [ザン]という単語といっしょに使える時は、er や est をつけることができるということなのです。
（例）私はあなたよりも速く歩く。

　　　I walk faster than you.

ここが大切

　副詞と形容詞の区別について考えてみたいと思います。

　　形容詞は主語＋be 動詞＋形容詞.

　　副詞は主語＋動詞＋副詞.

となると覚えておきましょう。

　副詞についてはもう少しくわしく説明しておきます。
　　（1）　私は速く歩く。
　　（2）　私はゆっくり走る。
　　（3）　私は早く寝る。
　この(1)～(3)の日本語の中で1単語だけはぶいて意味のわかる日本語にすると次のようになります。
　　(1)´私は歩く。
　　(2)´私は走る。
　　(3)´私は寝る。
　つまり、速く、ゆっくり、早くは付け加えの言葉にすぎないのです。
　　付け加え＝おまけ＝副詞
と覚えておいていただければわかりやすいと思います。
　　(1)～(3)を英語に訳すと次のようになります。
　　（1）　I walk fast.
　　（2）　I run slowly.
　　（3）　I go to bed early.

下線を引いてあるところの単語が**副詞**です。これらの単語に er や est、more や most をつけることができるのです。

ここが知りたい

（質問）**速く**と**早く**とでは英語の単語は違うのですか。

（答え）はい、違います。**速度**を表す場合は、**fast** [フェァストゥ] で、そうでない場合は、**early** [ア〜リィ] なのです。

（質問）「私はあなたよりも速く走る。」と「私はあなたよりもゆっくり走る。」を英語に訳す場合の注意点はありますか。

（答え）いくつかあります。
　日本語を英語に訳す場合は、次のように考えてください。
　「私はあなたよりも速く走る。」
まず、何を言いたいのかを考えます。
　私は走る。
どんな疑問が生まれるのかを考えます。

　<u>私は走る</u>〈どのようにして〉<u>速く</u>
　　1　　　　　　　　　　　　2

<u>あなたよりも</u>が残ってきます。この時、<u>あなた</u>と<u>よりも</u>のどちらを先に言うと疑問が生まれるかを考えます。

　<u>よりも</u>〈だれよりも〉<u>あなた</u>
　　3　　　　　　　　　4

このことから、

　<u>I</u>　<u>run</u>　<u>fast</u>　<u>than</u>　<u>you</u>.
　1　　2　　3　　4

になることがわかります。

382

最後に、fast に er をつければ OK です。

（答え）I run faster than you.

「私はあなたよりもゆっくり走る。」
<u>私は走る</u>〈どのように〉<u>ゆっくり</u>＋<u>よりも</u>〈だれよりも〉<u>あなた</u>
I run slowly than you.
（答え）I run more slowly than you.

これだけは覚えましょう

比較を勉強する上で、必ず覚えておいていただきたい表現や単語があります。

○ than ［ザン］ 〜よりも
○ of ［アヴ］ 〜の中で
○ in ［イン］ 〜の中で
○ tall ［トーォ］ 背が高い
○ taller ［トーラァ］ 〜の方が背が高い
○ the tallest ［ザ　トーリストゥ］ 1番背が高い
○ as tall as ［アズ　トーラズ］ 〜と同じくらい背が高い

ここが知りたい

（質問）of と in が同じ意味になっていますが、使い分けがあるのでしょうか。

（答え）鋭い質問ですね。次のように考えて使い分けてください。

○ of はたくさんの中で
○ in はひとつのグループの中で

たとえば、**私たちのクラスの中で**を訳したければ、**1つのグループの中で**と考えて **in** our class、**すべての本の中で**ならば、たくさんの

中でと考えて **of** all the books のように使い分けることができます。

ここを間違える

次の (1) と (2) の日本文と英文をしっかり覚えてください。
　(1) 私は背が高い。　　I am tall.
　(2) 私の方が背が高い。I am taller.
この2つの日本文と英文を覚えたら、次の説明を読んでください。
　「私はあなたよりも背が高い。」
英語では、一番何が言いたいのかをまず言います。そうすると、付け加えの言葉が残ります。

　<u>私は背が高い</u>　＋　<u>あなたよりも</u>
　一番言いたいこと　　　付け加え

英語では、**意味のわかりづらいものを先に置くことによって疑問が生まれます。**そして、その疑問に答えながら進んで行きます。

あなたよりもの場合、**よりも**〈だれよりも〉**あなた**のように、並べればよいことがわかります。

　私は背が高い＋よりも＋あなた

この順番に並べると次のような英語が出来上がります。

　I am tall than you.

ところが、この英語は正しい英語ではありません。I am tall は<u>私は背が高い</u>。というように、文章が終わってしまっています。そこで、次のように考えてください。

　私の方が背が高いですよ＋あなたよりも
　<u>私の方が背が高いですよ</u>＋<u>よりも</u>＋<u>あなた</u>
　　　I'm taller　　　　　than　　you.

4 very と much の使い分け方について

これだけは覚えましょう

I am tall.（私は背が高い。）

I am taller.（私の方が背が高い。）

I am the tallest.（私は一番背が高い。）

この3つの表現をもっと強めたい時は次のような単語を tall, taller, the tallest の前に置きます。

very（とても）、much（とても）、この2つの単語を使って tall, taller, the tallest を強めることができます。

very と much のどちらを使えばよいかは次のように考えるとわかりやすいと思います。

強めの言葉＋形容詞にすることで文章が終わりになる場合は、very＋形容詞にすればよいのです。

強めの言葉＋形容詞の後ろにまだ文章が続くことが考えられる場合は、**much＋形容詞**にすればよいのです。

たとえば、I am tall.の場合は、**私はとても背が高い**。というところで文章が終わってしまうことから、very を使えばよいということがわかります。

次の I am taller.は（私の方が背が高い。）と言っていますが、時と場合によってはこのままでも意味は通じますが、〈だれよりも〉という疑問が生まれることがあります。このことから、I am taller.の後ろにまだ文章が続くと考えられるので、much を使えばよいことがわ

かります。

最後のI am the tallest.の場合も（私は一番背が高い。）でわかる時もありますが、〈何の中で〉という疑問が生まれることがあるので、まだ文章が続くと考えられるので、much を使えばよいことがわかります。

ここを間違える

(1) two of you（君たちの内の2人）
(2) the two of you（君たち2人）

この2つの英語はとても間違いやすいので、注意が必要です。
次の関係をしっかり覚えておきましょう。

○ a boy（たくさんいる内の）ある少年
○ the boy（1人しかいない）その少年
○ two boys（たくさんいる内の）2人の少年
○ the two boys　その2人の少年

これらの例でわかるように the がつくと、そこにいる人の全員を表すということがわかります。

つまり、**two of you** は、そこにいるのは君たちの内の2人だけで全員ではない。**the two of you** は、**君たちの内の全員で2人**という意味であることがわかります。

これだけは覚えましょう

(1) Of all places, imagine meeting you here!
（よりにもよってこんなところであなたに出会うとは、夢にも思いませんでしたよ！）
(2) Of all (the) places to pick!
（数ある場所の中から、よりにもよってこんな場所を選ぶとは！）

第14章　比較について

(3) Imagine meeting you, of all people.
（数ある人の中から、よりにもよってあなたに会うとは、夢にも思いませんでしたよ！）

発音　places［プレーィスィズ］　imagine［イメァヂン］
meeting［ミーティン・］　people［ピーポー］　pick［ピック］

これだけは覚えましょう

〜の中で、〜の内でを表す of の使い方を覚えましょう。

私は3人の兄弟の内で一番背が高い。

I am the tallest of the three brothers.

Of the three brothers, I am the tallest.

このように、**of＋たくさんの人、または物**で、**〜の中で、〜の内で**を表すことができます。ただし、数えられない名詞が of の後ろにくる場合は、名詞に s をつける必要はありません。これを利用すると、次のようなことも表すことができるようになります。

one＋ of you ＝ one of you
1人　君たちの内の　君たちの内の1人

two＋ of them ＝ two of them
2人　彼らの内の　彼らの内の2人

some＋ of you ＝ some of you
何人か　君たちの内の　君たちの内の何人か

many＋ of you ＝ many of you
　多く　君たちの内の　君たちの内の多く

most ＋ of you ＝ most of you
ほとんど　あなたたちの内の　あなたたちの内のほとんど

most ＋ of my work ＝ most of my work
ほとんど　私の仕事の内の　私の仕事のほとんど

発音　one［ワンヌ］　two［トゥー］　three［すゥリー］

brothers [ブゥラざァズ]　many [メニィ]　most [モーゥストゥ]
work [ワ〜ク]

これだけは覚えましょう

(1) この本はおもしろい。
This book is interesting.

(2) この本はとてもおもしろい。
This book is very interesting.

(3) この本は一番おもしろい。
This book is the most interesting.

(4) この本の方がおもしろい。
This book is more interesting.

(5) この本はずば抜けて一番おもしろい。
This book is much the most interesting.

(6) この本の方がずっとおもしろい。
This book is much more interesting.

(7) この本はすべての本の中で一番おもしろい。
This book is the most interesting of all the books.

(8) この本は3冊の本の中で一番おもしろい。
This book is the most interesting of the three books.

(9) これらの4冊の本の内のどれが一番おもしろかったですか。
Which of these four books was the most interesting?

(10) 4冊の本の内の私はこの本を読みたい。
Of the four books, I want to read this book.

発音　want to [ワン・トゥ]　read [ゥリードゥ]
most [モーゥストゥ]　interesting [インタゥレスティン・]

第14章 比較について

(問題) 次の英語を日本語に訳してください。

(1) One of you, help me with my homework.

〈ヒント〉help [ヘオプ] ～を手伝う　homework [ホーゥムワ～ク] 宿題

───────────────────────────────

(2) The two of us want to talk.

〈ヒント〉us [アス] 私たち　want to [ワン・トゥ] ～したい　talk [トーク] 話す

───────────────────────────────

(3) Twenty of the fifty members of our tennis club are men.

〈ヒント〉twenty [トゥウェンティ] 20　fifty [フィフティ] 50　members [メンバァズ] メンバー　tennis club [テニスクラブ] テニスクラブ　men [メンヌ] 男の人たち

───────────────────────────────

(4) The lion is called the king of animals.

〈ヒント〉lion [ラーィアンヌ] ライオン　is called [イズコーオドゥ] 呼ばれている　king [キン・] 王　animals [エァニマオズ] 動物たち

───────────────────────────────

(5) Tony is a man of men.

〈ヒント〉man [メァンヌ] 男の人　men [メンヌ] 男の人たち

───────────────────────────────

(6) Of the three rooms, Asami is using the one in the middle.

〈ヒント〉rooms [ゥルームズ] 部屋　using [ユーズィン・] 使っている
the one [ざワンヌ] その部屋　in the middle [インざミドー] 真ん中に (ある)

───────────────────────────────

(答え)
(1) 君たちの内のだれか、私の宿題を手伝ってよ。
(2) 私たち2人で話をしたい。
(3) 私たちのテニスクラブの50人のメンバーの内の20人は男の人です。
(4) ライオンは動物の中の王（百獣の王）と呼ばれています。
(5) トニー君は男の中の男です。
(6) 3つの部屋がある内、麻美さんは真ん中の部屋を使っています。

5 better、(the) best はどのような単語の変化なのかをしっかり覚えましょう

第14章 比較について

これだけは覚えましょう

good [グッドゥ]	よい
better [ベタァ]	もっとよい、〜の方がよい
the best [ざ ベストゥ]	一番よい
as good as〜 [アズ グッダズ]	〜と同じぐらいよい

very much [ヴェゥリィ マッチ]	とても
better [ベタァ]	もっと
(the) best [ざ ベストゥ]	一番
as much as〜 [アズ マッチァズ]	〜と同じぐらい

well [ウェオ]	よく
better [ベタァ]	もっとよく、〜の方がよく
(the) best [ざ ベストゥ]	一番よく
as well as〜 [アズ ウェラズ]	〜と同じぐらいよく

well [ウェオ]	じょうずに
better [ベタァ]	もっとじょうずに、〜の方がじょうずに
(the) best [ざ ベストゥ]	一番じょうずに
as well as〜 [アズウェラズ]	〜と同じぐらいじょうずに

解説します。

　ここで紹介してあるのは、形容詞、または副詞が**規則的**に er や est、または more や most をつけるのではなく、**不規則**な変化をする単語についてまとめてあります。どの単語も better, the best のように変化をします。

第14章 比較について

6　good、better、the best、as good as の使い方を覚えましょう

これだけは覚えましょう

●good, better, the best, as good as の使い方

(1) Your bike is good.
　　（あなたの自転車は上等です。）

(2) Your bike is better.
　　（あなたの自転車の方が上等です。）

(3) Your bike is better than mine.
　　（あなたの自転車は私の自転車よりも上等です。）

(4) Your bike is the best of all the bikes here.
　　（あなたの自転車はここにあるすべての自転車の中で一番上等です。）

(5) Your bike is as good as this one.
　　（あなたの自転車はこの自転車と同じくらい上等です。）

発音　bike [バーィク]　　here [ヒァァ]

●very much, better, the best, as much as の使い方

(1) I like English very much.
　　（私は英語がとても好きです。）

(2) I like English better.
　　（私は英語の方が好きです。）

(3) I like English better than music.
　　（私は音楽よりも英語の方が好きです。）

393

(4) I like English (the) best.
（私は英語が一番好きです。）

(5) I like English (the) best of all the subjects.
（私はすべての教科の中で一番英語が好きです。）

(6) I like English as much as music.
（私は音楽と同じくらい英語が好きです。）

発音　subjects [**サブ**ヂェクツ]　music [**ミュー**ズィック]

第14章 比較について

7 well、better、the best、as well as の使い方を覚えましょう

これだけは覚えましょう

●well, better, the best, as well as の使い方

(1) I know Kaoru well.
（私はかおるさんをよく知っています。）

(2) I know Kaoru better.
（私はかおるさんの方をもっとよく知っています。）

(3) I know Kaoru better than Aoi.
（私はかおるさんの方をあおいさんよりもっとよく知っています。）

(4) I know Kaoru (the) best of all the girls in our class.
（私は私たちのクラスのすべての女の子の中で一番かおるさんをよく知っています。）

(5) I know Kaoru as well as Aoi.
（私はあおいさんと同じぐらいよくかおるさんを知っています。）

発音　know [ノーゥ]

(1) I speak English well.
（私は英語をじょうずに話します。）

(2) I speak English better.
（私は英語の方をもっとじょうずに話します。）

(3) I speak English better than Japanese.
（私は日本語よりも、もっとじょうずに英語を話します。）

395

(4) I speak English the best of all the languages.
　　（私はすべての言語の中で英語を一番じょうずに話します。）
(5) I speak English as well as Japanese.
　　（私は日本語と同じぐらい英語をじょうずに話します。）

発音　speak［スピーク］　Japanese［ヂェァパニーズ］
languages［レァングウィッヂズ］

8 I'm taller than he.と I'm taller than him.は同じ意味なのか

ここが大切

　私は彼よりも背が高い。

　　I am taller than he.

という言い方を覚えている人もあるでしょうが、この言い方よりも次の言い方がより一般的です。

　　I am taller than he is.

なぜこの言い方が好まれるかと言いますと、比較の性格上 is があった方が自然であると考えられるからです。比較は、er の前と than の後ろが同じ関係になるようにする必要があります。

　　<u>I</u>　<u>am</u>　<u>taller</u>　<u>than</u>　<u>he</u>　<u>ない</u>.
　　2　　3　　　1　　　　　1　　2　　3

つまり、比較は左と右をつり合せる必要があるのです。理科の実験でよく使う上皿てんびんで説明してみると次のようになります。

　天秤があって、左の皿に I am taller をのせて、右の皿に than he is をのせるとつり合うということです。

ここが知りたい

（質問）I am taller than him.のように言うことはできないのですか。

（答え）できないことはありませんが、文法的には正しい英語ではありません。

ただし、最近ではこのI am taller than him.を使う人が増えてきているようです。

コミュニケーションのための英語情報

私は彼よりも背が高い。

(1) I'm taller than he is.
(2) I'm taller than him.
(3) I'm taller than he.

(1)(2)(3)の順番でよく使われています。(2)のI'm taller than him.は話し言葉やくだけた文でよく使われています。

ここが知りたい

(質問) I'm taller than him.も間違いであると言い切ることはできないのは、よく使われているからですか。

(答え) 日本語の<u>食べれる</u>と<u>食べられる</u>が、I'm taller than him.とI'm taller than he is.と同じような関係にあてはまると考えることができます。つまり、よく使われるようになると間違いだとは言い切ることができなくなるのです。

もう1つの理由は、I'm taller <u>than</u> he is.のthanは**接続詞**で、I'm taller than him.のthanは**前置詞**と考えられるからです。

接続詞+主語+動詞.=than he is
前置詞+名詞=than him

(質問) than he と than him のどちらで覚えていた方がよいでしょうか。

第14章　比較について

（答え）できれば than he is、または than he で覚えておいた方が日本人の場合はよいように思います。

ここを間違える

I'm taller than he. と I'm taller than him. のようにどちらも同じ意味を表すことができる場合は、問題がないのですが、次のように he と him のどちらを使うかによって意味が違ってくることがあります。

(1) I like her better than he.
(2) I like her better than him.

この2つの英文は意味が違います。次のように考えると、意味が違ってくる理由がわかります。

(1) I like her better than he　　likes her.
　　　　　　　　　　　　　　省略されている
(2) I like her better than　　I like　　him.
　　　　　　　　　　　省略されている

（日本語訳）
(1) 私は彼が彼女を好きなよりも、もっと彼女を好きです。
(2) 私は私が彼を好きなよりも、もっと彼女を好きです。

次のような場合は上の (1) と (2) のどちらの意味で使ってあるかわからないので you の後ろに do をつけて区別します。

(1) I like her better than you do.
　　（私はあなたが彼女を好きなよりも、もっと彼女を好きです。）
(2) I like her better than you.
　　（私は私があなたを好きなよりも、もっと彼女を好きです。）

(1) の場合は、than you like her の部分を do で表しています。
(2) の場合は、her と you を比べているので、her と you を強く発音してください。

これだけは覚えましょう

(1) この木はあの木ほど高くない。

This tree is not as tall as that one.

This tree is not taller than that one.

(2) この木はあの木の3倍の高さがあります。

This tree is three times as tall as that one.

This tree is three times taller than that one.

この2つのパターンのどちらにも共通していることは、as tall as と taller than を使っていることです。この2つの表現の前に not が入るとマイナス面の意味で同じ意味になり、three times（3倍）のようなプラス面の言葉が入るとプラス面で同じ意味になるのです。

ここが知りたい

（質問）as tall as～（～と同じぐらい高い）と taller than～（～よりも高い）のようにもとの意味がお互いに違うのに、not が入るとなぜ同じ意味になるのですか。

（答え）鋭い質問ですね。私は次のように考えています。

as tall as に **(1)** ～と同じぐらいという意味と **(2)** ～のように高いという2つの意味があるので、この場合は、(2) の意味で考えてみるとわかりやすいと思います。

(1) This tree is not as tall as that one.

（この木はあの木のように高くない。）

(2) This tree is not taller than that one.

（この木はあの木よりも高くない。）

このように考えるとどちらの英文も次のような意味になることがわかります。

この木はあの木ほど高くない。

9 This tree is as tall as that one. には2つの意味がある

これだけは覚えましょう

　This tree is as tall as that one.
　この英文の中で one が使ってあるのは、1つの英文の中に同じ名詞を繰り返して使うのを嫌う傾向があるからです。
　ところで、この英文は、時と場合によって2つの意味が生まれることがあります。

　それでは、なぜ2つの意味が生まれるのかを考えてみることにします。
　tall には、2つの意味があります。
　　tall (1) 背の高い、高い　(2) 身長がある、高さがある
　このことから、2つの意味を持つのです。
[that tree がとても高くてみんなに知られている場合]
　　この木はあの木のように高い。
[that tree が特に高くない場合]
　　この木はあの木と同じぐらいの高さがあります。

　tall のように、2つの意味を持つ形容詞には次のようなものがあります。
　　high [ハーィ] ① 高い　② 高さがある
　　long [ローン・] ① 長い　② 長さがある

big [ビッグ] ① 大きい　② 大きさがある
deep [ディープ] ① 深い　② 深さがある
wide [ワーィドゥ] ① 広い　② 広さがある
old [オーゥオドゥ] ① 古い、年とった　② できてから〜経っている、生まれてから〜経っている

第14章 比較について

10 「私の本はあなたの本の3倍の大きさがあります」を英語でどう言うのか

これだけは覚えましょう

私の本はあなたの3倍の大きさがあります。

(1) My book is three times as big as yours.
(2) My book is three times bigger than yours.
(3) My book is three times the size of yours.
(4) Your book is one-third as big as mine.

単語 size [サーィズ] 大きさ　one-third [ワンサァ〜ドゥ] 3分の1
of [アヴ] の　yours [ユアズ] あなたの物＝あなたの本

解説します。

three times（3倍）と one-third（3分の1）を使って同じ意味を表すことができます。

比較のパターンを使わない場合には、the size（大きさ）という単語を使って同じ意味を表すことができます。

次の形容詞と名詞の関係をしっかり覚えておきましょう。

[形容詞]　　　　　　　　　　　　　[名詞]

long [ローン・] 長さがある　　　　the length [ざ レンクす] 長さ
old [オーゥオドゥ] 生まれてから〜　the age [ずィ エーィヂ] 年齢
　経った
wide [ワーィドゥ] 広さがある　　　the width [ざ ウィドゥす] 広さ
deep [ディープ] 深さがある　　　　the depth [ざ デプす] 深さ

403

high [ハーィ] 高さがある	the height [ざ ハーィトゥ] 高さ
many [メニィ] 多数の	the number [ざ ナンバァ] 数
much [マッチ] 多量の	the amount [ずィ アマーゥントゥ] 量

ここが知りたい

(質問) なぜ、My book is three times as big as yours. で、私の本はあなたの本の3倍の大きさがあります。を表すことができるのですか。

(答え) 次のように考えると成り立ちがよくわかります。

<u>Three times</u>　<u>two</u>　<u>is</u>　<u>six</u>.
　3倍　　　　2の　　なる　6に

<u>Six</u>　<u>is</u>　<u>three times</u>　<u>two</u>.
　6　です　　3倍　　　　2の

<u>My book</u>　<u>is</u>　<u>three times</u>　as big as　<u>yours</u>.
　私の本　　です　　3倍　　　　　　　　　あなたの本の

<u>My book</u>　<u>is</u>　<u>three times</u>　<u>as big as</u>　<u>yours</u>.
　私の本　　です　　3倍　　　同じぐらいの大きさ　あなたの本の

(直訳) 私の本はあなたの本の3倍で同じぐらいの大きさになる。

(意訳) 私の本はあなたの3倍の大きさがあります。

(質問) なぜ、My book is three times bigger than yours. <u>私の本はあなたの本の3倍の大きさがあります。</u>となるのですか。

(答え) My book is bigger than yours. <u>私の本はあなたの本よりも大きい。</u>この英語に three times (3倍) を入れると、

第14章 比較について

My book is three times bigger than yours.
（直訳）私の本はあなたの本よりも 3 倍大きい。
（意訳）私の本はあなたの本の 3 倍の大きさがあります。

ここが知りたい

（質問）three times as big as と three times bigger than が同じ意味になるということを習いましたが、one-third の場合は、one-third as big as と one-third bigger than が同じ意味にはならないのでしょうか。

（答え）次のような英文で考えてみたいと思います。

My book is three times as big as yours.
（あなたの本を 3 倍すると、私の本はあなたの本と同じ大きさになる。）

この考え方に基づいて次の英文を日本語に訳してみることにします。

Your book is one-third as big as mine.
（私の本を 1/3 にすると、あなたの本は私の本と同じ大きさになる。）

となり、どちらも同じ意味を表す英文であることがわかります。

次は、bigger than について考えてみましょう。

My book is three times bigger than yours.
（私の本はあなたの本より 3 倍大きい。）

Your book is one-third bigger than mine.
（あなたの本は私の本よりも 3 分の 1 大きい。）

となり、意味が違ってくるので、結果的には次の 3 つが同じ意味になることがわかります。

私の本はあなたの本の 3 倍の大きさがあります。
(1) My book is three times as big as yours.
(2) My book is three times bigger than yours.
(3) Your book is one-third as big as mine.

ここを間違える

私はトニー君ほど背が高くない。

(1) I'm not taller than Tony.
(2) I'm not as tall as Tony.

(2)の英文を読む時、必ず tall と Tony を強く発音してください。トニー君が背が高いということが皆に知られているという条件の場合には、**私はトニー君のように背が高くない。**という意味になるということを以前に書きましたが、同じように、as busy as a bee で**ハチのようにいそがしい。＝とてもいそがしい。**という決まり文句があります。このように決まり文句の場合でも1つめの as が省略される場合があります。

つまり、1つめの as は大切な単語ではないので、普通は弱く読みます。もし、このルールに反する読み方をしたらどうなると思いますか。

I'm not as tall as Tony.

もし1つめの as を強く読むと、私はトニー君のように背が高くない。という意味から、私ほどトニー君は背が高くない。というようにまったく反対の意味になってしまうのです。

ここを間違える

倍数＋as〜as＝倍数＋〜er than

この2つのパターンを使って同じ意味を表すことができるのですが、twice（2倍）という単語だけは〜er といっしょに使うことができません。

ただし、twice と同じ意味の two times ならば、two times ＋〜er than＝twice as〜as のように同じ意味を表すことができます。

第 14 章　比較について

これだけは覚えましょう

「as ＋形容詞 ＋ as ＋名詞」のパターンを使って**とても〜です**の意味を表すことができます。1 つめの as は省略することができます。これは慣用的に使われているものなので、勝手に**名詞**の部分を変えることはできません。

(1) 私はハチのようにいそがしい。＝私はとてもいそがしい。

　　I'm (as) busy as a bee.

(2) 私はビーバーのようにいそがしい。＝私はとてもいそがしい。

　　I'm (as) busy as a beaver.[アメリカ英語]

(3) 彼らはうりふたつです。＝彼らはとてもよく似ています。

　　They are (as) like as two peas.

解説　彼らは 2 つの豆のようによく似ている。という意味です。

発音　busy [ビズィ]　bee [ビー]　beaver [ビーヴァ]　peas [ピーズ]

これだけは覚えましょう

[as ＋形容詞　または　副詞 ＋ as ＋数字] のパターンを使って数字が意外に多いと感じる時に使うことができます。

(1) Tony has ten bikes.

　　（トニー君は 10 台自転車を持っている。）

(2) Tony has as many as ten bikes.

　　（トニー君は 10 台もの多くの自転車を持っている。）

(3) Tony is two meters tall.

　　（トニー君は背の高さが 2m ある。）

(4) Tony is as tall as two meters.

　　（トニー君は 2m もの背の高さがある。）

発音　meters [ミータァズ]

これだけは覚えましょう

(1) I am <u>ten years younger</u> than you.
(2) This bag is <u>three times bigger</u> than mine.

下線部を問う文を作る練習をしたいと思います。

下線部の答えになるような質問をまず考えます。そして、その質問＋疑問文？のようにすれば出来上がりです。

(1) <u>ten years younger</u>（10才若い）を何才若いと考えて、
　　How many years younger＋疑問文？
(2) <u>three times bigger</u>（3倍大きい）を何倍大きいと考えて、
　　How many times bigger＋疑問文？

このことから、答えは次のようになります。

(1) <u>How many years younger are you than I</u>?
(2) <u>How many times bigger is this bag than yours</u>?

[英会話自由自在]

<u>How many years</u> younger are you than I?の <u>How many years</u> の代わりに <u>How much</u> を使うこともできます。

　　How much younger are you than I?
　　（あなたは私よりも<u>どれぐらい若い</u>のですか。）

この How much はどんなものとでも置き換えができます。

　　あなたはどれぐらい私よりも背が高いですか。
　　How much taller are you than I?

<u>何センチ</u>と聞きたくても、<u>何センチ</u>を何と言えばわからない時は、How much を使えばよいのです。

ここを間違える

(1) 私はあなたよりも<u>早く</u>起きた。
(2) 私はあなたよりも<u>速く</u>走ることができます。

(1) と (2) の日本語を英語に訳す時に注意をしていただきたいことは、早くは early [ア〜リィ]、速くは、fast [フェアストゥ] を使わなければならないということです。

　日本語の場合はスピードを表している時も、早くという漢字を使っていることがよくありますが、英語では、スピードを表している時は、fast、時間的に早くを表している時は、early を使います。

　(1) I got up earlier than you.
　(2) I can run faster than you.

この2つの英文は次のように言うこともできます。

　(1) I got up earlier than you did.
　(2) I can run faster than you can.

この2つの英文の earlier と faster の前に数字を入れることもできます。

　(1) I got up ten minutes earlier than you.
　　　(私はあなたよりも10分早く起きました。)
　(2) I can run two minutes faster than you.
　　　(私はあなたよりも2分速く走ることができます。)

下線を問う文を作ることもできます。

　(1) How much earlier did you get up than I?
　　　(あなたは私よりもどれぐらい早く起きましたか。)
　(2) How much faster can you run than I?
　　　(どれぐらい速くあなたは私よりも走ることができますか。)

これだけは覚えましょう

トニー君は私たちのクラスの中で一番背が高い少年です。
(1) Tony is the tallest boy in our class.
(2) Tony is the tallest of all the boys in our class.
(3) Tony is taller than any other boy in our class.

(4) Tony is taller than the other boys in our class.
(5) No other boy in our class is as tall as Tony.
(6) No other boy in our class is taller than Tony.

解説します。
(1)から(6)の英文は、日本語に訳すと少しずつ違いますが、表している内容はまったく同じです。

このように、同じ意味を表すかたまりをたくさん覚えることが一気に英語の力をつける秘訣です。

(1) トニー君は私たちのクラスの中で一番背が高い少年です。
(2) トニー君は私たちのクラスの中のすべての少年の中で一番背が高い。
(3) トニー君は私たちのクラスの中のどんな他の少年よりも背が高い。
(4) トニー君は私たちのクラスの中の他の少年たちよりも背が高い。
(5) 私たちのクラスの中のどんな他の少年たちもトニー君ほど背が高くない。
(6) 私たちのクラスの中のどんな他の少年たちもトニー君ほどは背が高くない。

発音　Tony［トーゥニィ］　tallest［トーリストゥ］　class［クレァス］
any other［エニィ　アざァ］　the other［ずィアざァ］

ここが大切

ひとつひとつの英文を日本語に訳してみて、文のだいたいの意味がわかったら、あとはひとまとめにして覚えてしまいましょう。そして、一番背が高い少年の6つの例文を、書けるように、または言えるようにしてください。この時、日本語を思い浮かべないようにしてください。

11 「〜の中で」を表す in と of の使い分け方

ここが知りたい

(質問)〜の中でにあたる英語が 1 つの英文の中に 2 つきていますが、of と in の使い分け方を教えてください。

(答え)**1 つのかたまりの中でならば in、たくさんの物の中でならば of** を使います。

(質問)any other boy と the other boys はよく似た意味を表しているのにもかかわらず、boy になったり boys になったりしているのはなぜですか。

(答え)**any other boy** は(どんな他の少年)と、1 人 1 人の少年について話しているので、boy に s をつけることはできません。それに対して、**the other boys** は(他の少年たち)と言っているので、boys のように s をつけているのです。

(質問)No other boy in our class is taller than Tony. と No other boy in our class is as tall as Tony. の文の成り立ちについて教えてください。

(答え)I have no money. = I don't have any money.

この 2 つの英文の no＝not any が同じ意味を表しています。このことから、次のように書き換えることができることがわかります。

(1) Any other boy is not taller than Tony.
(2) Any other boy is not as tall as Tony.

　この 2 つの英文はどちらも（どんな他の少年もトニー君ほど背が高くない。）という意味になることがわかります。ただし、英文法では any（どんな）から始まっている英文の後ろに not を使うことは間違いであると決めてあるので、**Any＋not** を **No** にしてあるのです。

第14章 比較について

12 Which do you like better, tea or coffee? に対する答え方

ここを間違える

"Which do you like better, tea or coffee?"
(紅茶とコーヒーとではどちらがあなたは好きですか。)

この問いに対して、「コーヒーです。」と答えたい時は次のように言います。

"I like coffee better."
(私はコーヒーの方が好きです。)

これを間違って、"Coffee is." と言ってしまうことがあります。"Coffee." だけならば正しいのですが、"Coffee is." というと、間違った英語になってしまいます。

"Who runs faster, Tony or Judy?"
(トニー君とジュディーさんとではどちらが速く走りますか。)

この問いに対して、「トニー君です。」と答えたい時は、次のように言います。

"Tony does."

"Tony is." と言うことができません。

英語では、"Do you know me?"(あなたは私を知っていますか。)"Yes, I know you."(はい、私はあなたを知っています。)の場合、普通は、know you を do を使って表して、"Yes, I do." と言います。

この場合と同じように Tony runs faster. の代わりに does を使っているのです。

413

"Who can run faster, Tony or Judy?"

(トニー君とジュディーさんはどちらが速く走ることができますか。)

この英語に対しては、「トニーです。」を表したい時には、"Tony can."と言います。

ここが知りたい

（質問）最上級の時に the がある時とない時があるようですが、どのようなシステムで the がついたりつかなかったりしているのですか。

（答え）これはちょっとむずかしい質問です。中学校の範囲で説明するとすれば、変化をしている単語が形容詞の場合には **the ～est** のように the がつきますが、副詞の場合には the をつけずに**～est** で最上級を表します。

ただし、アメリカでは、ほとんどの最上級に the をつけて使う人が増えているようです。

［長沢式　the が必要かがわかる方法］

　　I am 　　　tall.　　　（私は背が高い。）
　　　　　この単語は大事な単語

　　I run 　　　fast.　　　（私は速く走る。）
　　　　　この単語は大事ではない単語

このように変化している単語が、**大事な単語には the がつきますが、大事ではない単語には the がつきません。**

　　I am the 　　　tallest.　　（私は1番背が高い。）
　　　　　　大事な単語の最上級

第14章 比較について

  I run   fastest.   （私は<u>一番速く</u>走る。）
     大事な単語ではない単語の最上級

 大事な単語かそうでない単語かのどちらであるかを見破る方法は、変化をしている単語を手で隠して、文の意味がわかりにくくなる時は、手で隠した単語が大事な単語であることがわかります。

 同じように考えると、fast を手で隠しても、I run. だけで意味がわかるので、大事ではない単語だということがわかります。このような単語を**副詞**と呼んでいます。

これだけは覚えましょう

●会話で使える英語表現—比較級

(1) Faster! Beat ken!
  （もっと速く！　ケンを抜け！）
(2) Go faster!
  （もっとスピードを出して。）
(3) You are much thinner than before.
  （あなたは以前よりもずっとやせましたね。）
(4) You look much younger than you really are.
  （あなたは実際の年よりもずっと若く見えますよ。）
(5) You are more important than my work.
  （あなたの方が私の仕事よりももっと大切です。）
(6) I love you more than anything in the world.
  （私は世界中の何よりもあなたのことを愛していますよ。）
(7) Too big is better than too small.
  （大は小を兼ねる。＝大きすぎる方が小さすぎるよりよい。）
(8) Your eyes are bigger than your stomach.
  （欲張ってたくさん取っても食べられないよ。＝胃よりもあなたの目で見ている方が大きい。）

(9) Two heads are better than one.

(3人寄れば文殊の知恵。＝1人で考えるよりも2人の方がよい。)

単語　beat [ビートゥ] やっつける　thinner [すィナァ] もっとやせた
before [ビフォー] 前　look [ルック] 見える
younger [ヤンガァ] もっと若い　really [ゥリァリィ] 本当に
important [インポータントゥ] 大切な　work [ワ〜ク] 仕事
anything [エニィすィン・] 何でも　world [ワ〜オドゥ] 世界
too small [トゥー スモーオ] 小さすぎる　eyes [ア〜ィズ] 目
stomach [スタマック] 胃、おなか　heads [ヘッヅ] 頭

第15章
受動態について

1 受け身を勉強しましょう

ここが大切

　英語の文法用語では、**〜される**という日本語を英語に訳してある英文のパターンを**受け身**または**受動態**と呼んでいます。

　受け身という言葉で思い出すのは、柔道です。女性の方の中にはあまり柔道についてはご存知ではない方もいらっしゃるでしょうが、まあ、私の説明を聞いてください。

　A 選手が B 選手を投げる。

そうすると、

　B 選手は A 選手によって投げられる。

すると、A 選手は怪我をしてはいけないから、受け身をします。

　英文法では、**A 選手が B 選手を投げる。**というように、**自分が動いて相手に何かをする。**というような文のことを**能動態**と言います。これに対して、自分がするのではなくて、相手が何かをしたことによって、自分が〜された状態になる文のことを**受け身**または**受動態**と呼んでいます。

　簡単に言うと、**能動態と受け身の関係は、立場を逆にして考えよう**という勉強なのです。車の事故があった場合、**加害者**と**被害者**ができます。つまり、**被害者の立場で考える英文が受け身または受動態なのです。**

第15章 受動態について

ここが知りたい

(質問) 能動態の文を受け身の文に書き換えて同じ意味を表すことができるということですか。

(答え) はい、その通りです。

(質問) たとえば、日本文を英文に訳す時に、勝手に立場を変えて訳してもよいということですか。

(答え) だいたいの場合は、立場を変えて訳しても問題ありませんが、英語では日本語ほど受け身の英文は使いません。
　ただし、時と場合によっては、受け身の英文の方がぴったりであることがあります。

これだけは覚えましょう

●受動態を使うのがぴったりの場合
［受動態の主語に重点が置かれている場合］
　　This picture was taken by my father.
　　(この写真は私の父に撮られた。)
［意図的に行為者を出したくない場合］
　　This bike is broken.
　　(この自転車はこわれている。)
［行為者がだれかわからない場合］
　　My bag was stolen.
　　(私のバッグが盗まれた。)
［行為者がだれであるかについてふれる必要がない場合］
　　English is spoken all over the world.
　　(英語は世界中で話されています。)

419

[行為者が自分の感情を表さずに、事実をありのままのべたい場合]

It's believed that Tony is clean.

(トニー君は白だと信じられています。)

ここを間違える

save [セーィヴ] 〜を救助する

save は動詞です。この save という動詞に ing をつけると、saving [セーィヴィン・] 救助している、save という動詞に d をつけると、saved [セーィヴドゥ] 〜が救助される、〜が救助された、となります。

解説します。

save という動詞に ing をつけると、救助するという動作を表す動詞から状態や様子を表す形容詞に変わります。

同じように save に d をつけると、状態を表す形容詞になるのです。

これだけは覚えましょう

日本語を英語に訳す時には、日本語の中に動詞があるかどうかを確認しなければなりません。もしなければ必ず主語の後ろにいつのことかを表すために、**be 動詞**（**is**、**am**、**are**、**was**、**were** など）を補わなければならないのです。

(例)

　　私は走っている。→ I am running.
　　　　形容詞　　　　　　　現在

　　私は走る。→ I run.
　　　　動詞

　　私は救助された。→ I was saved.
　　　　形容詞　　　　　　　過去

第15章 受動態について

2 能動態を受動態に書きかえる方法

これだけは覚えましょう

●能動態を受動態に変える方法

[ホップ]

　I　saved　him.
　( )( )　↓
　　　　　He (　)(　) by me.

　I　save　him.
　( )( )　↓
　　　　　He (　)(　) by me.

　I will　save　him.
　　( )( )　↓
　　　　　　He will (　)(　) by me.

　I am　saving　him.
　　( )( )　↓
　　　　　　He is (　)(　) by me.

　I have　saved　him.
　　( )( )　↓
　　　　　　He has (　)(　) by me.

解説します。

(1) 動詞の部分に（カッコ）（カッコ）をつけます。

421

(2) 次に動詞の次にきている代名詞から始まる文を作ります。この場合は、He から始めます。
(3) 動詞の前に will、am、have がある場合は、それらの単語を主語の次に書いてから（　）（　）をつけます。ただし、He is、He has のように変えなければいけない時は変えます。
(4) 最後に <u>by me（私によって）</u> をつけてしめくくります。

[ステップ]

（　）（　）の2つめの（　）に save の d をつけた形を入れます。

I **saved** him. → He （　） (saved) by me.
I **save** him. → He （　） (saved) by me.
I will **save** him. → He will （　） (saved) by me.
I am **saving** him. → He is （　） (saved) by me.
I have **saved** him. → He has （　） (saved) by me.

[ジャンプ]

（　）（　）の1つめの（　）に be 動詞を入れます。

I <u>saved</u> him. → He (<u>was</u>) (saved) by me.
　過去形　　　　　　　　過去形

I <u>save</u> him. → He (<u>is</u>) (saved) by me.
　現在形　　　　　　　　現在形

I will <u>save</u> him. → He will (<u>be</u>) (saved) by me.
　　　原形　　　　　　　　　　原形

I am <u>saving</u> him. → He is (<u>being</u>) (saved) by me.
　　現在分詞形　　　　　　　　現在分詞形

I have <u>saved</u> him. → He has (<u>been</u>) (saved) by me.
　　　過去分詞形　　　　　　　　過去分詞形

解説します。

動詞や be 動詞には変化があります。

原形	現在形	過去形	過去分詞形	現在分詞形
save	save, saves	saved	saved	saving
be	is, am, are	was, were	been	being

ここが大切

●受動態

Tony was saved by my father.

(トニー君は私の父に救助された。)

(否定文) Tony wasn't saved by my father.
　　　　(トニー君は私の父に救助されなかった。)

(疑問文) Was Tony saved by my father?
　　　　(トニー君は私の父に救助されましたか。)

●能動態

My father saved Tony.

(私の父はトニー君を救助した。)

(否定文) My father didn't save Tony.
　　　　(私の父はトニー君を救助しなかった。)

(疑問文) Did my father save Tony?
　　　　(私の父はトニー君を救助しましたか。)

解説します。

受動態の場合は、必ず **be 動詞**（**is、am、are、was、were**）などを使って、**否定文と疑問文**を作ります。

能動態の場合は、必ず **do、does、did** などの**助動詞**を使って、否

定文と疑問文を作ります。

（問題）次の能動態を受動態にしてみましょう。
(1) My father didn't save Tony.
(2) Did my father save Tony?

解説します。
　(1) と (2) の英文には、didn't や Did が入っているので、とてもむずかしく感じます。このような時には、基本になる英文（肯定文）に直してから考えるとわかりやすいのです。
(1) My father didn't save Tony.［否定文］
　　My father　<u>saved</u>　Tony.［肯定文］
　　　　　　　（　）（　）

　　Tony (was) (saved) by my father.［肯定文］
　　この英文を**否定文**にすると答えになります。
　　（答え）Tony wasn't saved by my father.［否定文］
(2) Did my father save Tony?［疑問文］
　　My father　<u>saved</u>　Tony.［肯定文］
　　　　　　　（　）（　）

　　Tony (was) (saved) by my father.［肯定文］
　　この英文を**疑問文**にすれば答えになります。
　　（答え）Was Tony saved by my father?［疑問文］

慣れてくれば、一度に答えを出すことができます。

3 疑問詞のついている疑問文を受動態にする方法

これだけは覚えましょう

Where did you save Tony?

(あなたはトニー君をどこで救助したのですか。)

この英語を受動態にする時は次のようにしてください。

Where did you <u>save</u> Tony?　　　過去
　　　　　　　( )( )
　　　　　　　Tony (was) (saved) by you.
　　　　　Was Tony saved by you?
Where was Tony saved by you?

(トニー君はあなたによってどこで救助されたのですか。)

What do you call this flower?

(あなた方はこの花を何と呼びますか。)

What do you　<u>call</u>　this flower?
　　　　　　( )( )
　　　　　　This flower (is) (called) by you.
　　　　Is this flower called by you?
What is this flower called by you?

(あなた方によってこの花は何と呼ばれているのですか。)

ここが知りたい

（質問）What is this flower called by you?
　　　（あなた方によってこの花は何と呼ばれているのですか。）
の日本語訳は少し不自然だと思います。<u>あなた方によって</u>というところはないほうがよいと思うのですが。どうでしょうか。

（答え）あなたのおっしゃる通りです。日本語では、わざわざ<u>あなた方によって</u>という言い方はしません。この場合は、英語でも<u>by you?</u>を省略するのが一般的です。

（質問）What do you call this flower?に対する答え方としてはなんと言えばよいのですか。

（答え）たとえば、次のように言えばよいのです。
　　私たちはこの花を"sunflower"と呼びます。
　　We call this flower a "sunflower."
この英文を受動態にすれば、What is this flower called?の答えになります。
　　We　　<u>call</u>　　this flower a "sunflower."
　　　　　（　）（　）
　　This flower (is) (called) a "sunflower" by us.
　　（この花はサンフラワーと呼ばれています。）
この英文も<u>by us（私たちによって）</u>を省略するのが一般的です。

（質問）What's this flower called?に答える時、This flower is called a "sunflower."のThis flowerをItで置き換えてもよいのですか。

（答え）そうすることができれば、より自然です。

第15章　受動態について

4 どのような時に by you、by us、by them を省略することがあるのか

ここが知りたい

（質問）by us や by you を省略することができるということを習いましたが、他にも省略することができるものはあるのですか。

（答え）by them を省略することができます。つまり、**一般の人々**を表している時は、省略することができます。ただし、受動態を能動態に書き換える時は、何が省略されているのかをよく考えて、省略されている単語を主語にしなければなりません。

　　This flower is called a "sunflower."

この英語の場合は by us が省略だと考えて、We から始まる能動態を作らなければならないのです。

　　We call this flower a "sunflower."

ここを間違える

　　English is spoken in America.
　　（英語はアメリカで話されています。）
　　Japanese is spoken in Japan.
　　（日本語は日本で話されています。）

　この英語を能動態にしたい時は、省略されている単語を探しあててから、その単語から始めなければなりません。時と場合によって、by them なのか by us なのかを考える必要があります。ここでは、アメ

427

リカのことなので by them、日本のことなので by us と考えるのがこの場合は適当だと考えられます。

　　They speak English in America.
　　We speak Japanese in Japan.

ただし、あなたがアメリカ人と話している時であれば、

　　You speak English in America.

と言う方がよいでしょう。

ここが知りたい

（質問）by them、by us のように省略が可能な場合があるということはわかったのですが、反対に省略されていない場合は **by＋名詞**または**代名詞**の部分がとても大切だと考えることができるのですか。

（答え）by＋名詞は大切な情報なので省略しませんが、代名詞の場合は省略されることが多いようです。

ここが大切

　英語では、すでに知っている情報とまだ知らない情報があった場合、文の最初にくるのはすでに知っている情報で、最後にくるのがまだ知らない情報なのです。
　このことから、**by＋名詞**が最後にくるということは、話し手が**by＋名詞**を相手に知らせたいという気持ちがあることがわかります。

これだけは覚えましょう

　　My father told me to study hard.
　　（私の父が私に一生懸命勉強しなさいといった。）

という能動態の英文がある場合、受動態にする場合、次のような2つの英文ができるのです。

第15章 受動態について

(1) I was told by my father to study hard.
(2) I was told to study hard by my father.

この2つの英文は by my father の位置が途中にくるか最後にくるかだけの違いで、どちらも正しい英文なのです。

(1) の英文が普通ですが、(2) のように by my father を最後に持ってくると by my father（他の人ではなく私の父によって）のように強調した言い方になるのです。

これだけは覚えましょう

同じ意味を表す能動態が2種類ある場合、受動態も2種類作ることができます。

(1) トニー君は私にこの本をくれた。
　①Tony　　gave　　me　　this book.
　　（　）（　）　　人　　物
　　　　　　　↓
　I (was) (given) this book by Tony.
　②Tony　　gave　　this book　to　me.
　　（　）（　）　　物　　　　　人
　　　　　　　↓
　This book (was) (given) to me by Tony.

　　発音　gave [ゲーィヴ]　given [ギヴンヌ]

(2) トニー君は私に彼の自転車を見せてくれた。
① Tony　showed　me　his bike.
　　　（　）（　）　人　　物
　　　　　　　↓
I (was) (shown) his bike by Tony.
② Tony　showed　his bike　to　me.
　　　（　）（　）　物　　　　人
　　　　　　　↓
His bike (was) (shown) to me by Tony.

　発音　showed [ショーゥドゥ]　shown [ショーゥンヌ]

ここが知りたい

(質問) どのような時に、能動態が2種類できるのですか。

(答え) 英語の動詞によって、2種類できるものがあります。
　日本語で考えて**を**と**に**が1つの日本文の中に出てくる時は、ほとんどの場合は、2種類の能動態があると考えて差しつかえありません。

これだけは覚えましょう

(1) トニー君は私にこの本をくれた。
　　Tony gave　me　this book.
　　　　　　　人　　物
　　Tony gave　this book　to　me.
　　　　　　　物　　　　　　人

このように、**人＋物**のようにきている時は単語を置くだけでよいのですが、**物**が先にくる時は、**to＋人**のように to を置いてから**人**を置かなければならないのです。

動詞によっては、to の代わりに for を置かなければならないものもあります。

　(2) トニー君は私にこの本を買ってくれた。

　　　Tony bought　me　this book.
　　　　　　　　　　人　　　物

　　　Tony bought　this book　for　me.
　　　　　　　　　　　物　　　　　　人

　　発音　to [トゥ]　for [フォー]　bought [ボートゥ]

5 for me と to me の使い分け方のコツ

ここが知りたい

(質問) to と for を使い分けるコツはあるのですか。

(答え) 英語のおのおのの動詞には単語の使い方が決まっていて辞書を見れば to を取るか、for を取るかがわかります。

まれに to と for のどちらも取る動詞もあります。

これだけは覚えましょう

[長沢式　to と for の使い分けがわかる方法]

for という単語を**～の代わりに**と覚えてください。

「トニー君は私にこの本をくれた。」という日本語を for を使って英語に訳してみます。

Tony gave this book for me.

という英文を作ったとします。今度はこの英語を日本語に訳してみます。

　　[×]　Tony gave　　this book　　for me.
　　　　トニー君はくれた　　この本を　　私の代わりに

この日本語と、はじめに訳したいと思った日本語との意味が変わっていなければ、この英文は正しいということになります。

ところがこの英文の場合、意味がまったく変わってしまっているので、for ではなくて to を使わなければならないことがわかります。

[×]　Tony gave　this book　for me.
　　　トニー君はくれた　この本を　私の代わりに

トニー君は私にこの本を買ってくれた。
[○]　Tony bought　this book　for me.
　　　トニー君は買ってくれた　この本を　私の代わりに

訳したい日本語と、英語を日本語に訳したものが同じ意味を表しているので、このままで正しい英語だということがわかります。

ここを間違える

能動態が2つあれば、受動態も2つできるのが一般的ですが、2つの受動態がいつも正しいとは限りません。

前から日本語に訳して不自然であるものについては、あまりよくない英文であると考えても差しつかえありません。

ただし、少しおかしいと思っても、英米人によっては正しいと感じる人もあるようです。少なくとも、学校英文法上は、日本語に訳して不自然なものは間違っていると考えてください。

Tony gave me this book.
(1) I was given　this book by Tony. [○]
　　 私は与えられた

Tony gave this book to me.
(2) This book（was）（given）　to me by Tony. [○]
　　　　　　この本は与えられた

(1) と (2) の英文を日本語に訳してもおかしくないので、この2つの受動態は正しいことがわかります。

Tony bought me this book.
(1) I (was) (bought)　this book by Tony.［△］
　　私は買われた

Tony bought this book for me.
(2) This book (was) (bought)　for me by Tony.［〇］
　　この本は買われた

　(1)の英文を日本語に訳すと、不自然な日本語になるので、この受動態は避けた方がよいのです。

ここが大切

　能動態が2つあって、受動態が2つできる場合でも、必ず日本語に訳して不自然でないかを確認してください。
　特に注意していただきたいことは、次のようなことです。
　受動態の主語が人から始まっている時は必ず日本語に訳して不自然ではないかを確認してください。
（例）トニー君は私にコーヒーを1杯入れてくれた。
　　　Tony　　made　　me a cup of coffee.
　　　　　（　）（　）
　　　I (was) (made)　a cup of coffee by Tony.［△］
　　　　私は作られた
　この受動態は人から始まっているので、不自然ではないか確認してみると、不自然なことがわかったので、この英文を受動態の答えとしては避けた方がよいということがわかります。

第15章 受動態について

Tony　made　a cup of coffee for me.
　　　　(　)(　)

A cup of coffee (was) (made)　for me by Tony.　[○]
　1杯のコーヒーが入れられた

この英文を訳しても不自然ではないので、正しい受動態であることがわかります。

発音　a cup of coffee [ア　カッパヴ　コーフィ]

これだけは覚えましょう

(1) トニー君は先生だそうです。

　They say that Tony is a teacher.

　次の2つの英語がこの英文の受動態になります。

　① It's said that Tony is a teacher.
　② Tony is said to be a teacher.

(2) 人々はあなたが有名な歌手であるということを知っています。

　People know that you are a famous singer.

　次の2つの英語がこの英文の受動態になります。

　① It's known that you are a famous singer.
　② You are known to be a famous singer.

(3) 私たちはあなたが無実だと信じています。

　We believe that you are clean.

　次の2つの英語がこの英文の受動態です。

　① It's believed that you are clean.
　② You are believed to be clean.

発音　say [セーィ]　said [セッドゥ]　know [ノーゥ]
known [ノーゥンヌ]　believe [ビリーヴ]　believed [ビリーヴドゥ]
clean [クリーンヌ]　famous [フェーイマス]　singer [**ス**ィンガァ]

この他にも、このパターンを取る動詞がいくつかあります。

think [スィンク] 思う
thought [そートゥ] 思われる
find [ファーィンドゥ] 見つける
found [ファーゥンドゥ] 見つけられる
understand [アンダァステァンドゥ] 理解する、〜だそうです
understood [アンダァストゥッドゥ] 理解されている

ここが知りたい

(質問) We believe that you are clean. の受動態が2種類あるということは、能動態も2種類あるということですか。

(答え) その通りです。

　私たちはあなたが無実だと信じています。
　(1) We believe that you are clean.
　(2) We believe you to be clean.

この2種類の能動態があるので、次の2種類の受動態ができるのです。それでは、くわしく受動態の成り立ちを説明しておきます。

(1) We　<u>believe</u>　that you are clean.
　　　　　(　)(　)

That you are clean (is) (believed) by us.
is の前の主語の部分が長すぎるので、it で置き換えます。

<u>It</u> is believed <u>that you are clean</u> by us.
by us は省略ができるので、次のような英文になります。

<u>It</u> is believed <u>that you are clean</u>.

(2) We believe you to be clean.
   　　　( )( )

You (are) (believed) to be clean by us.

by us を省略することもできるので、次のような英文になります。

You are believed to be clean.

ここを間違える

They say that he is a teacher.だけは、現在では、They say him to be a teacher.は使われていません。believe と同じように使える say 以外の動詞はいつも能動態 2 種類と受動態 2 種類を使って同じ意味を表すことができます。

6 Everyone knows you.の受動態は何か

ここを間違える

Everyone knows you.
（みんなあなたを知っていますよ。）
この英文を受動態にする時は、by を使うことはできません。

［○］ You are known to everyone.
［△］ You are known by everyone.

ただし「みんながあなたを意図的に知ろうとした結果、あなたはみんなに知られている。」という意味ならば、by になることもありうるのです。

ここが知りたい

（質問）なぜ You are known by everyone. にすることができないのですか。

（答え）know は**動作**を表している**動詞**ではなく、**状態**を表している**動詞**なので、**だれによってされる**という考え方がこの場合はふさわしくないのです。

この場合に to になっているのは、何に知られているのかという**対象を表す to** を使ってあると考えてください。

known という単語は、**知られている**という意味ですが、どちらかというと、動詞の変化というより**形容詞**的な意味合いが強いと考える

ことができます。

（例）Sachiko is kind **to** everyone.
　　　（佐知子さんはみんなに親切です。）
　　　This song is known **to** everyone.
　　　（この歌はみんなに知られています。）

7 English interests me.と同じ意味の表現があと2種類ある

これだけは覚えましょう

英語は私にはおもしろい。
(1) English interests me.
(2) English is interesting to me.
(3) I'm interested in English.

解説します。
(1) 英語は私に興味を与える。＝英語は私に興味を持たせる。
(2) 英語は私にはおもしろい。
(3) 私は英語に興味があります。

interest は興味を与える＝興味を持たせるという意味の**動詞**です。interesting はおもしろいという**形容詞**です。interested は**動詞の過去分詞形**ですが、完全な**形容詞**と考えることもできます。形容詞の意味ならば興味を持った、関心があるという意味で使われます。

(1) 英語は私に興味を与えてくれるので、私は英語に興味がある。という意味になります。
(2) 英語は私に興味を与えてくれるのが続いているので、英語は私にとっておもしろい。
(3) 私は英語に関しては興味があるので、私は英語に興味がある。

　発音　interests［インタゥレスツ］　interesting［インタゥレスティン・］
interested［インタゥレスティッドゥ］

440

8 surprise、surprising、surprised の使い方を覚えましょう

これだけは覚えましょう

(1) surprise [サプゥラーィズ] 驚かせる
(2) surprising [サプゥラーィズィン・] 驚くべき、びっくりするような
(3) surprised [サプゥラーィズドゥ] 驚いた

(1) surprise は動詞
(2) surprising は形容詞
(3) surprised は形容詞

「私はそのニュースで驚いた。」
この日本語を動詞を使って表したい時は、

<u>The news</u>　　<u>surprised</u>　　　　<u>me</u>.
　そのニュースは　　驚かせた　　〈だれを〉私を

驚きを与えるということが続いているという意味の**形容詞**を使うと、

<u>The news</u>　　　　　　<u>was surprising</u>　　　　<u>to</u>　<u>me</u>.
　そのニュースは　びっくりするような感じだった　には　私

驚いたという形容詞を使うと、

<u>I was surprised</u>　<u>at the news</u>
　私は驚いた　　　　そのニュースに

この場合の at は原因や理由を表す**〜のために、〜に**を表しています。

441

「私はそのニュースを聞いて驚いた。」
と考えて、to 不定詞を使って訳すこともできます。

　　I was surprised　　to hear the news.
　　　　私は驚いた　　　　そのニュースを聞いて

この場合の to は、原因または理由を表しています。

　「そのニュースを聞いて私は驚いた。」

　　　Hearing the news　　　made　　me　　surprised.
　　そのニュースを聞くことが　させた　私を　驚いた状態に

9 過去分詞には、動詞の変化と考えられる場合と、形容詞と考えたほうがよいものがある

動詞の**過去分詞**には、動詞の変化としての意味と、辞書の見出し語に形容詞としてのっているものがあります。

たとえば、interest（興味を持たせる）

　［動詞の変化］interested（興味を引かれる、興味をそそられる）

　［形容詞］interested（興味がある）

I was interested by Asami's story.
　　　　　　［動詞の変化］
（私は麻美さんの話に興味をそそられた。）

I'm interested in English.
　　　　　［形容詞］
（私は英語に興味がある。）

この２つの例のように、動詞の変化として使われている場合は by、形容詞として使われている場合は in が使われます。他の動詞の場合も同じように考えてください。動詞の変化として使われている場合は by、形容詞として使われている場合はその時と場合に応じて違う前置詞［at、in、to など］が使われます。

ここが大切

(1) みんながこの歌を知っています。

　　Everyone　knows　this song.　［動詞］
　　　　　　　知っている

　　This song is　known　to　everyone.　［形容詞］
　　　　　　　　知られている　に［対象を表す］

(2) 英語は私に興味を持たせる。

　　English　interests　me.　［動詞］
　　　　　　興味を持たせる

　　English is　interesting　to　me.　［形容詞］
　　　　　　　おもしろい　　　に［対象を表す］

　　I'm　interested　in　English.　［形容詞］
　　　　興味がある　に＝〜に関して

(3) そのニュースは私を驚かせた。

　　The news　surprised　me.　［動詞］
　　　　　　　驚かせた

　　The news was　surprising　to　me.　［形容詞］
　　　　　　　　　びっくりするような　にとって［対象を表す］

　　I was　surprised　at　the news.　［形容詞］
　　　　　驚いた　　に＝ために［理由、原因を表す］

解説します。

　動詞が過去分詞になっていても、動詞の変化というよりもむしろ1つの形容詞として使われる場合は、by（〜によって）という前置詞を使わずに、そのほかの前置詞を使います。

　ただし、過去分詞に動詞の変化としての意味が強く残っている時はby を使うこともあります。

第15章 受動態について

10 interestedの便利な使い方

これだけは覚えましょう

I'm interested.（私は興味があります。）
この表現は色々な使い方ができます。

(1) "Would you be interested in joining the tennis club?"
（テニスクラブに入りませんか。）

"I'm not interested."
（興味がありません。）

このように言えば、誘いを断ることができます。

(2) Judy seems interested in you.
（ジュディーさんはあなたに気があるようですよ。）

解説 is の代わりに seems(〜のように見える)を置き換えた英文。

(3) I tried to get her interested in me but it didn't work out.
（私はジュディーさんの気を引こうとしたけど、だめだった。）

解説 tried to [チュラーィ・トゥ] 〜としようと努力した
get her interested in me [ゲッ・ハァ **イン**タゥレスティッディン ミー]
（彼女を私に興味があるようにさせる。）

but it didn't work out [バッ・ イッディドゥン ワ〜**カー**ゥトゥ]
（しかし、それはよい結果とはならなかった。）

(4) Don't be interested in me.
（私には興味を持つな。）

445

11 surprised の便利な使い方

これだけは覚えましょう

I'm surprised.（私は驚いています。）
この表現は色々な使い方があります。

"Mr. Nishio passed the bar exam." "I'm not surprised."
(西尾君が司法試験に受かったよ。)　　　　(そうなると思っていたよ。)

発音　passed [ペァストゥ]　the bar exam [ざ　バー　イグゼァム]

(1) Don't be surprised if I pass the bar exam.
(司法試験に受かっても驚かないでね。)

(2) I'm very surprised to pass the bar exam.
(私は司法試験に受かってとても驚いています。)

(3) I'm surprised (that) you forgot to call me.
(私に電話をかけるのを忘れるとは君にはあきれましたよ。)

(4) I'm surprised at you.
((君がそんなことをするとは) 君にはあきれましたよ。)

(5) Am I surprised to see you!（↘）
(あなたに会えてとても驚いていますよ。＝とてもうれしいですよ。)

解説　see を1番強く、surprised を2番めに強く言ってください。

ここを間違える

You surprise me!（何だ君らしくないね。）
You surprised me!（びっくりするじゃない。）

第15章 受動態について

12 動作と状態を表す受動態

これだけは覚えましょう

　　be interested in（〜に興味がある、〜に気がある）
　be 動詞が使ってあると状態を表している表現なのですが、be の代わりに get または become を使うと**状態（〜です）から動作（〜になる）を表す表現に変わります**。
　be の代わりに seem を使うと、**〜のように見える**を表すことができます。

　　"I'm interested in Sachiko."
　　（私は佐知子さんに気があります。）

　　"How did you get interested in Sachiko."
　　（どうして君は佐知子さんに魅力を感じるようになったの?）

　　"Sachiko doesn't seem interested in you."
　　（佐知子さんは君には興味がないようだよ。）

ここを間違える

　次の表現はとても間違いやすいので、まとめて覚えておきましょう。
（1）直也君はさおりさんと結婚した。
　　Naoya married Saori.
　　Naoya got married to Saori.

447

(2) 直也君はさおりさんと結婚しています。

Naoya is married to Saori.

単語 marry [メァゥリィ] 〜と結婚する
get married to [ゲッ・メァゥリドゥ トゥ] 〜と結婚する

ここが知りたい

(質問) I'm interested in English.(私は英語に興味があります。) という表現パターンを使って、私は英語を話すことに興味がある。を表したい時はどうすればよいのですか。

(答え) in は前置詞なので動詞の ing 形を使って英語に訳せばよいのです。つまり、I'm interested in speaking English.

(質問) interested は興味があるという形容詞と考えることもできると習いましたが、形容詞であるとすれば、I'm glad to see you.のようなパターンで interested を使うことはできるのですか。

(答え) 鋭い質問ですね。to 不定詞を使った表現もできます。ただし、使い方がややこしいので、あまり使わない方がよいと思います。私は、I'm interested in〜ing.のパターンをおすすめします。

(質問) I'm interested in 〜ing.のパターンの場合は、私は〜に興味がある。というよりもむしろ私は〜したい。を表していると考えることができるのです。それに対して、I'm interested to〜.は 2 つの意味があります。
　(1) 私は〜したい。
　(2) 私は〜して、興味を持った。
(2) の場合は、I was interested to〜.で使うことが多いようです。

第15章　受動態について

ここを間違える

I'm interested in ～ing.と I'm interested to～.はどちらも同じ意味のように考えてしまいますが、実際には少し違っています。

I'm interested to の後ろには**動作**を表す動詞を置くことができないのです。それに対して、I'm interested in～.は動作を表す動詞にingをつければ、正しい英文を作ることができるのです。

　私はコインを集めたいと思っています。

　［○］I'm interested in collecting coins.

　［×］I'm interested to collect coins.

ただし、次のような意味であれば可能です。

　私はコインを集めて興味を持った。

　I was interested to collect coins.

この場合の to の使い方が、I'm glad to see you.（あなたに会えて私はうれしい。）と同じ使い方なのです。

　私はあの少女の名前が知りたいと思っています。

　I'm interested to know that girl's name.

最後に、I'm interested in ～ing.と I'm interested to～.の違いについて説明しておきます。

I'm interested in ～ing.の場合は、自分の性質上好きなことを in の後ろに置きます。

I'm interested to～.は**～したい**という今の自分の気持ちを言っているだけなのです。

ここが知りたい

（質問）interested を**形容詞**だと考えた場合、名詞の前に interested を使って英文を作ることができるのですか。

（答え）できます。ただし。前後の英文がないと意味がわからない場合は、使うことを避けてください。

　　［○］Tony is an interested teacher.
　　　　（トニーさんは教えるのに興味のある先生です。［熱心な先生です。］）
　　［×］Tony is an interested man.
　　　　（トニーさんは熱心な男の人です。）

ここを間違える

　私は英語に興味があります。
　（1）I'm interested in English.
　（2）I'm interesting in English.
　（2）の英文はありえないように見えるかもしれませんが、ないわけではありません。in English（英語に関しては）と考えると、

　I'm interesting　＋　in English.
　私はおもしろい　　　英語に関しては

もう少しわかりやすく説明しますと、私が英語を話しているのを聞くと私はおもしろいですよ。私が話しているのを聞く価値がありますよ。のように理解することができるのです。

　ただし、会話をする相手があまり英語がわからない場合や学校の先生などに対しては、I'm interesting in English.はまず通じないと思ってください。

第15章 受動態について

ここを間違える

I'm interested in～.（私は～に興味がある。）

I'm surprised at～.（私は～に驚いています。）

　このように覚えていると、本来の受動態の時に使う by を使うことができないと思ってしまいがちです。interested と surprised を**形容詞**と考える場合は in や at を使いますが、interested や surprised を**動詞の変化**と考える場合は by を使うことができます。

I was interested by Asami's story.

（私は麻美さんの話に興味を［引かれた、そそられた。］）

I was surprised by Asami's absence.

（私は麻美さんが休んでいるのには驚いた。）

この他にも次のような例があります。

This song is known to everyone.

（この歌はみんなに知られている。）

be known to～と熟語のような感じで覚えていますが、be known by が使われないというわけではありません。よく使われる例では次のようなものがあります。

You were known by your voice.

（あなたの声であなたであるということがわかりましたよ。）

ただし、この英文の by は受動態といっしょに使う by ではありません。ここで使われている by は、**判断の手段や基準を表す時に使う by** で、この場合の **know** は**わかる**という意味で使われています。次の英文が能動態です。

I knew you by your voice.

（私はあなたの声であなただとわかった。）

13 be＋過去分詞＋前置詞で使われる決まり文句を覚えましょう

これだけは覚えましょう

受動態にすると、[be＋過去分詞＋前置詞] のようになるものがあります。このパターンでは能動態に前置詞があるので、その前置詞を使って受動態にします。by は省略するのが普通です。

(1) I filled the box with apples.
（私はリンゴで箱をいっぱいにした。）

The box was filled with apples.
（その箱はリンゴでいっぱいだった。）

(2) I cover my room with posters.
（私はポスターで私の部屋をおおっている。）

My room is covered with posters.
（私の部屋はポスター［でおおわれています、だらけです。］）

(3) We make wine from grapes.
（私たちはぶどうからワインをつくる。）

Wine is made from grapes.
（ワインはぶどうから造られている。）

(4) We make this desk of wood.
（私たちはこの机を木でつくる。）

This desk is made of wood.
（この机は木でつくられています。）

(5) We make milk into butter.
(私たちはミルクをバターに加工する。)

Milk is made into butter.
(ミルクはバターに加工される。)

14 be made of と be made from の使い分け方はあるのか

ここが知りたい

（質問）be made from と be made of がほとんど同じ意味のように思いますが、どのようにして from と of を使い分ければよいのですか。

（答え）あるものが A から B に変化する場合、変化する + A into B のように訳します。英語では、from A into B （A から B に）または from A to B （A から B に、A から B まで）の意味を from を省略して表すことがあります。もともとは from があったわけです。

つまり、from は変化をするという意味のからであると考えることができます。このことから、原材料の質が変化していると思われる時は from を使えばよいということがわかります。これに対して of の場合は、もともとの意味が～からできた、～から成り立っているという意味なので、変化するという意味はないのです。

このことから、目で見て、～でできているということがわかる時は of を使えばよいのです。

（質問）もし、原材料の質が変化しているかいないかがわからない時はどちらを使えばよいのですか。

（答え）そのような時には、from を使ってください。

第15章　受動態について

これだけは覚えましょう

The wind changed from south to north.
(風が南から北に変わった。)

The wind changed to the south.
(風が南風に変わった。)

これだけは覚えましょう

[be＋過去分詞（形容詞）のパターンでよく使われる表現1]

(1) You are fired.　○君は首だ。

　単語　fire［ファーィア］～を首にする　fired［ファーアドゥ］首にされる

(2) Tony is finished.
　○もうこれでトニーはおしまいだ。　○トニーは再起不能です。

　単語　finish［フィニッシ］～を終える、終わる

(3) It's finished.
　○万事休すだ。　○一巻の終わりだ。

(4) It's finished.
　○仕上がった。　○でーきた。

(5) Are you finished?　○もうおすみですか。

　単語　finished［フィニッシトゥ］仕事などをすませている

(6) It's well made.
　○なかなかよくできていますね。　○いいできばえだ。

　単語　made［メーィドゥ］作られる　well［ウェオ］よく

(7) It's very well done.
　○仕上がりは本当にすばらしいですね。　○最高の仕上がりですね。

　単語　very well［ヴェゥリィ　ウェオ］とてもよく
done［ダンヌ］すんだ、仕上がった

　［応用］Well done!　○よくやった！

(8) The damage is done.　○後の祭りですよ。

> **単語** damage [デァミッヂ] 損害 done [ダンヌ] 与えられる

これだけは覚えましょう

[be＋過去分詞（形容詞）のパターンでよく使われる表現2]

(1) I wasn't born yesterday.　○そんなことぐらい知っているよ。

> **単語** born [ボーンヌ] 生まれて yesterday [ぃェスタデーィ] 昨日

(2) We are almost lost.
○私たちは道に迷ったも同然です。

> **単語** almost [オーォモーゥストゥ] ほとんど
> lost [ローストゥ] 道に迷った

(3) My wish was answered.　○私の夢は叶えられた。

> **単語** wish [ウィッシ] 願い
> be answered [ビー エァンサァドゥ] 叶えられる

(4) Hitomi is gone!　○瞳さんがいなくなった。

> **単語** gone [ゴーンヌ] いなくなった

＊さっきまでいたのに、どこかへ行っちゃった。というような場面で使う時に便利。

(5) The butter is all gone.
○バターがまったくなくなっちゃったよ。

> **単語** all [オーォ] まったく

(6) My hair dryer is broken.　○私のドライヤーは壊れています。

> **単語** hair dryer [ヘァァ ジュラーイアァ] ドライヤー
> broken [ブゥローゥクンヌ] 壊れて

(7) The toast is burned.　○トーストが丸こげになっちゃった。

> **単語** toast [トーゥストゥ] トースト burned [バ〜ンドゥ] こげて

(8) "Is this seat taken?" "No, it's not."
「この席はふさがっていますか。」「いいえ、ふさがっていませんよ。」

> **単語** seat [スィートゥ] 席 taken [テーィクンヌ] ふさがっている

第15章 受動態について

ここを間違える

　Is this seat taken?を自然な日本語に訳すと、「この席は空いていますか。」となります。

　ただし、この日本語訳と英語をペアーにして覚えていると、だれかに尋ねられた時に、間違って自分の言いたいことと反対のことを言ってしまう可能性があります。次のように覚えておいてください。

　　Is this seat taken?（この席はふさがっていますか。）
　　No, it's not.（ふさがっていませんよ。）
　　Yes, it is.（ふさがっていますよ。）

ここが知りたい

（質問）ドライヤーを英語で言うと、hair dryer と言うのですか。dryer では通じないのですか。

（答え）dryer だけだと乾燥機のことを指すので、何のための dryer なのかを示さなければならないのです。英語では**何のための**の部分を強く発音することが多いので、hair を dryer よりも強く発音してください。hair dryer を hair drier と書くこともできますし、hairdryer または hairdrier のように1語にすることもできます。

（質問）all には、**まったく**のように強めの意味があるのですか。

（答え）all は強めの意味でよく使うことがあります。
　　Are you alone?（お1人ですか。）
　　Are you all alone?（まったくのお1人ですか。）
　　　発音　alone［アローゥンヌ］　all alone［オーラローゥンヌ］

これだけは覚えましょう

I'm tired.

単語　tired［ターィアドゥ］疲れた、くたびれた

私はくたくたです。

(1) I'm very tired.
(2) I'm tired out.
(3) I'm dead tired.
(4) I'm tired to death.
(5) I'm all tired.

単語　very［ヴュゥリィ］とても　out［アーゥトゥ］完全に
dead［デッドゥ］疲れきって　to death［トゥ　デす］すっかり
all［オー］まったく、すっかり、完全に

解説します。

tired は、もともと tire［ターィア］疲れさせる、という動詞ですが、tired で疲れたという形容詞で使うことが多いので、very を使って強めることができます。

very の他にも上で紹介したように色々な強めの表現があります。ここに紹介したものを覚えておけば、これから先の英語の勉強をする上でとても役に立つと思います。

最後に、I'm all in.［アーィムオーリン］という表現を覚えてください。私はくたくたです。という意味の口語表現です。この表現は、中学校の教科書にも載っています。

第15章　受動態について

15 very、much、very much の使い分け方

ここが大切

　much または very much は、動詞または動詞の変化としての過去分詞形の意味を強める時に使われます。

　interested のように見出し語として単独で辞書にのっている時は、形容詞として興味があるという意味を表します。とても興味があると言いたい時は very、または very much を使います。ただし、very much を使うとかたい感じがするので、普通は very を使います。

　これに対して、by といっしょに使われる動詞の変化としての過去分詞形 interested の場合には、興味をそそられる、興味を引かれるという意味で使われます。この意味で使われる時は much、または very much を使って（very）much interested（とても興味をそそられる）を表します。

　much と very much を比べると、much のほうが very much よりも少しかたい表現なので、very much のほうがよく使われます。

(1) I'm interested in English.

　　（私は英語に興味があります。）

　　(○) I'm very interested in English.

　　　　（私はとても英語に興味があります。）

　　(○) I'm very much interested in English.

　　　　（私はとても英語に興味があります。）

(2) I was interested by Judy's story.
　　（私はジュディーさんの話に興味をそそられました。）
　　(○) I was much interested by Judy's story.
　　　　（私はジュディーさんの話にとても興味をそそられました。）
　　(○) I was very much interested by Judy's story.
　　　　（私はジュディーさんの話にとても興味をそそられました。）

これだけは覚えましょう

●〔助動詞＋be＋過去分詞（形容詞）を使った表現〕

(1) This copy machine must be broken.
　　（このコピー機は壊れているに違いない。）

(2) Can this be fixed right away?
　　（これはすぐに直してもらえますか。）

(3) Can this still be used if it's fixed?
　　（もしこれは直してもらうとまだ使えますか。）

(4) I think I'll take this one. Can it be delivered?
　　（これをもらおうと思います。配達してもらえますか。）

(5) When will it be delivered?
　　（それはいつ配達してもらえますか。）

(6) It can't be helped. ＝ I can't help it.
　　（それは仕方がないですよ。）

(7) It can't be done.
　　（笑われますよ。［普通の人はそんなことしませんよ。］）

(8) Tony can be bought.
　　（トニー君はお金でどうにでもなるんですよ。）

単語　copy machine［カピィ　マシーンヌ］コピー機　must［マストゥ］違いない
can［キャン］できる　broken［ブゥローゥクンヌ］壊れている
fixed［フィックストゥ］修理される　right away［ゥラーィタウェーィ］すぐに

still [スティオ] まだ　if [イフ] もし　think [すィンク] 思う
delivered [ディリヴァドゥ] 配達される　when [ウェン] いつ　will [ウィオ] でしょう
helped [ヘオプトゥ] 避けられる　done [ダンヌ] される　bought [ボートゥ] 買われる

ここが知りたい

（質問）must、will、can などの助動詞の次にくる be 動詞はいつも be なのですか。

（答え）はい。その通りです。

ここが大切

　助動詞 + be + 過去分詞形の例文ではできるだけそのまま覚えてください。by + 代名詞の部分が省略されているので、わかりにくいかもしれませんが、気にしないでください。

　念のために能態を示しておきます。参考にしてください。

(1) Can you fix this?（これを直してもらえますか。）
　　→Can this be fixed?
(2) Can you deliver it?（それを配達してもらえますか。）
　　→Can it be delivered?
(3) When will you deliver it?（いつそれを配達してもらえるでしょうか。）
　　→When will it be delivered?
(4) I can't help it.（私はそれを避けられません。）
　　→It can't be helped.

次の2つはそのまま覚えておきましょう。

○ It can't be done.（笑われますよ。）
○ Tony can be bought.（トニー君はお金でどうにでもなる。）

16 主語＋動詞＋目的語になっているといつも受動態にすることができるのか

ここが知りたい

（質問）主語＋動詞＋目的語.で成り立っている英文ならばどんな英文でも、受動態［目的語＋be動詞＋過去分詞＋by＋名詞.］にすることができるのですか。

（答え）よい質問です。
次のような場合は受動態にすることができません。
(1) **状態を表している動詞**　(have、know など)
(2) **意志が働かない動詞**（hold など）
(3) **主語＋動詞＋目的語.を目的語＋動詞＋主語.のように並び換えても英文が成り立っている場合**

I have long hair.　—(1)
（私は長い髪をしています。）

I know Tony.　—(1)
（私はトニーを知っています。）

This hall holds twenty people.　—(2)
（このホールは 20 人収容ができます。）

I met Tony.　　　　　＝Tony met me.　—(3)
（私はトニーに出会った。）（トニーは私に出会った。）

Judy married Tony.　　　　＝Tony married Judy.　—(3)
（ジュディーはトニーと結婚した。）（トニーはジュディーと結婚した。）

（質問）have には意味がいろいろありますが、by をともなう受動態にできる時もあるのですか。

（答え）よい質問ですね。have が**持っている**という意味以外の**食べる、手に入れる**という意味で使われている場合には、受動態にすることができます。
　hold も**〜を開催する**という意味の場合には、by をともなう受動態にすることができます。

第16章
関係代名詞について

1 関係代名詞について

ここが大切

　関係代名詞とは、代名詞でありながら、1つの文章を名詞で終わる1つのかたまりにする方法です。次のような例を通して感じ取ってください。

　　That boy can run fast. (あの少年は速く走ることができる。)
　　that boy　　who　　can run fast (速く走ることができるあの少年)
　　　　　　関係代名詞

　解説します。
　That boy can run fast.(あの少年は速く走ることができる。)という完全な英文があるとします。この英文の that boy の後ろに who を入れるとどんな少年という疑問が生まれるために、that boy who can run fast (速く走ることができるあの少年) という名詞で終わる1つのかたまりを作ることができるのです。

ここが知りたい

(質問) どのような時に関係代名詞を使って日本語を英語に訳すことができるのですか。

(答え) 名詞で終わるかたまりがあって、名詞の説明がくわしく入っている場合に関係代名詞を使うことができます。

第16章　関係代名詞について

（例）

<u>（走っている）</u>　<u>あの少年</u>　　　　that boy who is running
　　説明　　　　　　名詞

<u>（速く走ることができる）</u>　<u>あの少年</u>　that boy who can run fast
　　　説明　　　　　　　　　　名詞

これだけは覚えましょう

　関係代名詞には次のようなものがあります。

　　who ［フー］　whose ［フーズ］　whom ［フーム］

　この3つの単語を見ていただくと、中学1年生の時に習った人を表す代名詞とよく似ているような気がしませんか。who（だれが）whose（だれの）whom（だれを）という単語なのです。who、whose、whom のうちどれかを名詞の後ろに置くと、1つの**文章**が**かたまり**になるのです。

ここが知りたい

（質問）**文章**と**かたまり**の関係についてもう少しくわしく説明してください。

（答え）絵日記を思い出してください。

　1つの**絵**があるとします。その絵のタイトルをつける時にどのようにつけますか。

　　プールで泳いでいる私と私の友だち［絵のタイトル］

これを、絵の下にくわしく文章で表すと**日記**になります。

　　私と私の友だちはプールで泳いでいます。［日記］

　絵日記の絵のタイトルのように名詞で終わっていて、名詞の説明がくわしく入っているものが関係代名詞を使って訳した英文なのです。それに対して、**だれだれが～している。**のような文が関係代名詞を使

わずに訳せる普通の英文なのです。
　簡単にいうと、名詞があってその名詞の説明がくわしく入っている時、関係代名詞を使って英語に訳せるということなのです。
かたまりと私が呼んでいるのは、**名詞相当語句＝名詞の働きをするかたまり**のことです。

2 「文」を「かたまり」にする練習をすると関係代名詞の使い方がわかる

　関係代名詞を使って英語のかたまりを作る練習をすれば関係代名詞が使いこなせるようになります。

　この練習をする前に次のことをよく理解していなければなりません。

これだけは覚えましょう

　かたまりを作るためには**文**の中に関係代名詞を入れなければならないのです。たとえば、次のような**かたまり**があるとします。

　　（英語を話している）あの少年［かたまり］

　この**かたまり**を**文**に書き換えます。

　　あの少年は英語を話しています。［文］

　次にこの日本文を英文に訳します。

　　That boy is speaking English.［文］

　この英文の主語である That boy の後ろに who を入れます。who を入れると<u>どんな少年</u>という疑問が生まれます。

　そして、その疑問に対する答えをその日本語に訳します。この時必ず<u>あの少年</u>で終わるようにします。

　　<u>that boy</u>　　　who　　　is speaking English
　　あの少年　〈どんな少年〉　英語を話している

　　（訳）（英語を話している）あの少年

ここが大切

　長文を読んでいる時や聞き取りをしている場合は、必ずしも自然な日本語訳にする必要はありません。あの少年〈どんな少年〉英語を話しているのようにだいたいのイメージがわかればよいのです。

　次は、関係代名詞を使って**文**を**かたまり**にする練習をしましょう。

これだけは覚えましょう

●関係代名詞を使って**文**を**かたまり**にする方法

[ステップ1]

　　（1）（黒い髪をしている）あの少年　　［かたまり］
　　（2）（黒い髪の）あの少年　　　　　　［かたまり］
　　（3）（私が知っている）あの少年　　　［かたまり］

この（1）〜（3）の日本語は**1つのかたまり**を表しています。
この**かたまり**を文にすることができる場合は**文**にします。

　　（1）あの少年は黒い髪をしています。［文］
　　（2）あの少年の髪は黒い。　　　　　［文］

この（1）と（2）は自然な文にすることができます。

ところが（3）だけは文にすることができません。無理やり文にしようとするとあの少年は私が知っている。となります。

ところがこれは日本語では文になっているように思いますが、英語にしようとしてもどうしても訳すことができません。その理由は次のようなことです。

　　あの少年　は　私が　知っている。
　　　1　　　　　3　　　2

　　あの少年は知っている〈だれを〉

ここで〈だれを〉という疑問が生まれているのにもかかわらず**私が**が残ってしまっているので、このままでは英語に訳せないことがわか

ります。

どうしても自然な日本語にしなければいけないのなら、私はあの少年を知っています。とすれば、もとのかたまりとまったく同じ内容の文にしたことになります。

[ステップ2]

　　(1)（黒い髪をしている）あの少年　　［かたまり］
　　(2)（黒い髪の）あの少年　　　　　　［かたまり］

　　(1) あの少年は黒い髪をしています。［文］
　　(2) あの少年の髪は黒い。　　　　　［文］
　次に(1)と(2)の文を英語に訳します。

　　(1) That boy has black hair.
　　(2) That boy's hair is black.

あの少年からはじめて文にすることができなかった(3)については、次のようにします。

　　(3)（私が知っている）あの少年　　　［かたまり］
　　　［×］あの少年は私が知っている。
　　　［○］私はあの少年を知っています。［文］

この日本文を英語に訳します。

　　(3) I know that boy.

次に that boy 以外のところに下線を引きます。

　　(1) That boy <u>has black hair</u>.
　　(2) That boy<u>'s hair is black</u>.
　　(3) <u>I know</u> that boy.

次に下線を訳します。

　　(1) 黒い髪をしています。
　　(2) の髪は黒い

(3) 私は知っている

[ステップ3]

(1) That boy　has black hair.
　　　　　　　黒い髪をしている
(2) That boy's hair is black.
　　　　　　の髪は黒い
(3) 　I know　　that boy.
　　私は知っている

次にどんな疑問が生まれるかを考えます。

(1) 黒い髪をしている〈だれが〉
(2) の髪は黒い〈だれの〉
(3) 私は知っている〈だれを〉

最後に that boy の後ろに who（だれが）、whose（だれの）、whom（だれを）を入れます。

(2) の's（の）を消して whose（だれの）を入れます。

(3)は that boy の後ろに whom（だれを）を入れてから残った I know を置きます。

(1) That boy who has black hair.
(2) That boy whose hair is black.
(3) That boy whom I know

ここまできたら最後に That の T を小文字に変えます。

(1) that boy who has black hair（黒い髪をしているあの少年）
(2) that boy whose hair is black（黒い髪のあの少年）
(3) that boy whom I know（私が知っているあの少年）

3 whoを使って次の日本語を英語に訳してみましょう

(問題) whoを使って次の日本語を英語に訳してみてください。①のところに日本文、②のところにwhoを入れた英文を入れてください。

[whoを使うコツ]
　普通の日本文を作ってから英語に訳し、次に主語の後ろにwhoを入れればでき上がりです。

(1) 英語を話しているあの少年

　　〈ヒント〉speaking [スピーキン・] 話している

　　①＿＿＿＿＿＿＿＿＿＿＿＿＿＿＿＿＿＿＿＿＿＿＿＿＿＿＿
　　②＿＿＿＿＿＿＿＿＿＿＿＿＿＿＿＿＿＿＿＿＿＿＿＿＿＿＿

(2) 英語をじょうずに話すことができるあの少年

　　〈ヒント〉well [ウェオ] じょうずに　can [キャン] できる
　　speak [スピーク] 〜を話す

　　①＿＿＿＿＿＿＿＿＿＿＿＿＿＿＿＿＿＿＿＿＿＿＿＿＿＿＿
　　②＿＿＿＿＿＿＿＿＿＿＿＿＿＿＿＿＿＿＿＿＿＿＿＿＿＿＿

(3) 英語を話せない私

　　〈ヒント〉話せない＝話すことができない

　　①＿＿＿＿＿＿＿＿＿＿＿＿＿＿＿＿＿＿＿＿＿＿＿＿＿＿＿
　　②＿＿＿＿＿＿＿＿＿＿＿＿＿＿＿＿＿＿＿＿＿＿＿＿＿＿＿

(答え)
(1) ①あの少年は英語を話しています。
　　②that boy who is speaking English
(2) ①あの少年は英語をじょうずに話すことができる。
　　②that boy who can speak English well
(3) ①私は英語を話せない。
　　②I who can't speak English

　解説します。
　ここで練習しているのは、すべて**だれが**という疑問が生まれるものばかりなので、who が使ってあります。

第16章 関係代名詞について

4 whoseを使って次の日本語を英語に訳してみましょう

(問題) whoseを使って次の日本語を英語に訳してください。
①のところに日本文、②のところにwhoseを使った英文を入れてください。

[whoseを使うコツ]

のを使った日本文を作ってから英語に訳し、**の**の代わりにwhoseを入れればでき上がりです。

(1) 大きい目のあの少女

〈ヒント〉eyes [アーィズ] 目　big [ビッグ] 大きい　girl [ガ～オ] 少女

①＿＿＿＿＿＿＿＿＿＿＿＿＿＿＿＿＿＿＿＿＿＿＿＿＿＿＿＿＿＿
②＿＿＿＿＿＿＿＿＿＿＿＿＿＿＿＿＿＿＿＿＿＿＿＿＿＿＿＿＿＿

(2) 黒い髪の少女

〈ヒント〉hair [ヘア] 髪　black [ブラァック] 黒い

①＿＿＿＿＿＿＿＿＿＿＿＿＿＿＿＿＿＿＿＿＿＿＿＿＿＿＿＿＿＿
②＿＿＿＿＿＿＿＿＿＿＿＿＿＿＿＿＿＿＿＿＿＿＿＿＿＿＿＿＿＿

(3) 藤本麻美という名前のあの少女

〈ヒント〉name [ネーィム] 名前　Asami Fujimoto 藤本麻美

①＿＿＿＿＿＿＿＿＿＿＿＿＿＿＿＿＿＿＿＿＿＿＿＿＿＿＿＿＿＿
②＿＿＿＿＿＿＿＿＿＿＿＿＿＿＿＿＿＿＿＿＿＿＿＿＿＿＿＿＿＿

（答え）
(1) ①あの少女の目は大きい
　　②that girl whose eyes are big
(2) ①あの少女の髪は黒い
　　②that girl whose hair is black
(3) ①あの少女の名前は藤本麻美です。
　　②that girl whose name is Asami Fujimoto

　解説します。
　のの代わりに whose を入れれば文をかたまりにすることができます。

第16章　関係代名詞について

5 whomを使って次の日本語を英語に訳してみましょう

(問題) whom を使って次の日本語を英語に訳してください。①のところに日本文、②のところに①を訳した英文、③のところに whom を使った英語を入れてください。

[whom を使うコツ]

　名詞から始まる日本文を作ることができない時、〜がを〜はに書き換えてから、意味のよくわかる日本文を作り、それを英語に訳します。そして、英文の最後に来ている名詞を英文の頭に置けばでき上がりです。

　最後に名詞の後に whom を入れるのを忘れないようにしてください。

(1) 私が知っているあの少年

〈ヒント〉know [ノーゥ] 知っている

① _____　② _____
③ _____

(2) 私が好きなあの少年

〈ヒント〉like [ラーィク] 好きです

① _____　② _____
③ _____

〔答えと解説〕

あの少年から始まる日本文ができないので、<u>私が</u>を<u>私は</u>に書き換えて、意味のよくわかる日本文を作ります。それから、それを英語に訳します。

(1) ①私はあの少年を知っています。　②I know that boy.

次に最後にきている名詞から始め、その名詞の後に whom を入れればでき上がりです。

③that boy whom I know

(2) ①私はあの少年が好きです。　②I like that boy.

③that boy whom I like

ここが大切

who と whom の使い方を理解しましょう。

<u>That boy</u>　　<u>knows</u>　　<u>that girl</u>.
あの少年は　知っています　あの少女を

このような英文があるとします。この英文に who と whom を入れてみます。

(1) That boy <u>knows that girl</u>.

下線のところを日本語に訳します。

that boy　<u>あの少女を知っています</u>

ここでどんな疑問が生まれるかを考えます。〈だれが〉という疑問が生まれます。この疑問に対して that boy の後に〈who〉を入れます。〈who〉を入れることで〈どんな少年〉という疑問が生まれます。

<u>that boy</u>　　〈who〉　　<u>knows that girl</u>
あの少年　〈どんな少年〉　あの少女を知っています
＝あの少女を知っているあの少年

第16章 関係代名詞について

(2) That boy knows that girl.

下線のところを日本語に訳します。

あの少年は知っています　that girl

ここでどんな疑問が生まれるかを考えます。〈だれを〉という疑問が生まれます。

この疑問に対して that girl の後に〈whom〉を入れます。

〈whom〉を入れることで〈どんな少女〉という疑問が生まれます。

that girl　〈whom〉　that boy knows.

あの少女　〈どんな少女〉　あの少年が知っている

＝あの少年が知っているあの少女

ここが大切

whom の使い方には次の2つの考え方があります。

(1)（私が昨日出会った）その少年［かたまり］

その少年から始まる日本文ができる時は、その少年から、無理な時は私から始まる日本文を作ります。

　　私は昨日その少年に出会った。［文］

日本文を英文に訳します。

　　私は出会った　〈だれに〉　その少年　〈いつ〉　昨日　　［文］
　　　I met　　　　　　　　　the boy　　　　　　yesterday

（私が昨日出会った）その少年［かたまり］

このかたまりを英語に訳す時は、必ずその少年から始まる英語でなければならないので、先ほどの英文の the boy をまず置きます。もともと〈だれに〉という疑問が生まれていたわけなので、the boy の後に whom（だれに）という単語を置いてから残りの英語を並べます。すると、かたまりを英語に直したことになります。

　　the boy whom I met yesterday

(2)（私が昨日出会った）その少年

がきている時はその少年から始まる日本文を作ることが**無理**な時があります。そのような時には次のようにします。

[whom の公式] the boy　whom　＋　だれがどうする
　　　　　　　　　　　　無理

これにあてはめると、次のようになります。

　the boy whom I met 〈いつ〉 yesterday

これででき上がりです。

　the boy whom I met yesterday

なぜ whom になっているかは、I met（私は出会った）〈だれに〉という疑問が生まれているので〈whom〉がきているのです。

これだけは覚えましょう

　（私が救助した）あの少年　［かたまり］

　この日本語の場合、あの少年から始めることができる自然な日本文にすることができれば〈who〉を使って英語にすることができます。このままでは無理なのですが、よく考えると、次のような日本語にしても、もとの日本語と同じ意味を表していることがわかります。

　（私が救助した）あの少年＝（私によって救助された）あの少年

つまり、言おうとしていることがいっしょであれば、訳した英語も同じになるので、結局答えが2つできることになります。

(1)（私が救助した）あの少年［かたまり］

　あの少年から始まる英文を作ることができない場合は、私はあの少年を救助したと考えて、I saved that boy.という［文］にします。そして、あの少年から始めないとかたまりを訳したことにはならないので、that boy I saved にします。

　I saved（私は救助した）となっていることから〈だれを〉という

第16章　関係代名詞について

疑問が生まれているので、that boy 〈whom〉 I saved にすればよいことがわかります。

　　that boy whom I saved

(2)（私によって救助された）あの少年［かたまり］
　　あの少年は私によって救助された。［文］
　　That boy was saved by me.
　　　　　　　　私によって救助された

　下線のところを訳すと、私によって救助されたとなり、どんな疑問が生まれるのかを考えると、〈だれが〉となることから、〈who〉を That boy の後に置けばよいことがわかります。

　　that boy　　who　　was saved by me
　　あの少年　〈どんな少年〉私によって救助された
　　＝私によって救助されたあの少年

6 関係代名詞を省略しても同じ意味を表すこともある

これだけは覚えましょう

関係代名詞を省略しても同じ意味になることがあります。

ここでは、関係代名詞の省略について考えてみたいと思います。

(1) that boy whom I know

(2) that boy who is running

まずこの英語を日本語に訳してみます。

(1) <u>that boy</u>　　<u>whom</u>　　　<u>I know</u>
　　　あの少年 〈どんな少年〉私が知っている＝私が知っているあの少年

(2) <u>that boy</u>　　<u>who</u>　　<u>is running</u>
　　　あの少年 〈どんな少年〉走っている ＝走っているあの少年

関係代名詞を省略することができるかどうかを知りたければ、省略してみて、もとの意味と省略してからの意味が同じであるかどうかを確認してみてください。

(1) that boy I know

この英文は<u>あの少年 〈どんな少年〉私が知っている</u>となり、<u>私が知っているあの少年</u>となるので、whom があってもなくても意味がかわらないことがわかります。

英語では that boy の次に動詞がない場合には**文**ではなく、<u>かたまり</u>になると覚えておいてください。

<u>かたまり</u>になる時は必ず<u>あの少年 〈どんな少年〉</u>のような疑問が生

482

まれるので、あの少年をくわしく説明した**かたまり**になるのです。

(2) that boy who is running［かたまり］

　この英文の who を省略するとあの少年は走っています。という**文**になるので、かたまりが**文**になってしまうことから、who を省略することはできないことがわかります。

7 関係代名詞を使わずに訳す方法

これだけは覚えましょう

［関係代名詞を使わずに訳す方法］

公式　that〔1〕boy〔2〕

この公式の使い方を説明します。

〜している。〜されたなどの意味を表す日本語が**あの少年**の説明になっている時は、上の公式を使って英語に訳すことができます。**説明の部分が［1単語］である場合は［1］の位置に［2単語以上］の場合は［2］の位置に英語を置けば正しい英語になります。**

（例）

(1) **〜している**の場合

　　［走っている］あの少年

　　that　[running]　boy

　　　　　　1単語

　　［速く走っている］あの少年

　　that boy　[running fast]

　　　　　　　　　2単語

(2) **〜された**の場合

　　［救助された］あの少年

　　that　[saved]　boy

　　　　　　1単語

第16章　関係代名詞について

　　［私によって救助された］あの少年
　　that boy　［saved by me］
　　　　　　　2単語以上

ここが大切

　〜している、〜されたを表す日本語がthat boy（あの少年）を説明しているかたまりである場合は、関係代名詞と先ほどの公式を使って英語に訳すことができます。

　それではなぜ2種類の解き方ができるのかについて、説明したいと思います。

　　あの少年は速く走っています。［文］
　　［速く走っている］あの少年［かたまり］
　　あの少年は速く走っています。＝That boy　is running fast.
　　　　　　　　　　　　　　　　　　　　　　　走っている

is runningが走っていますという意味なので、〈だれが〉という疑問が生まれることから〈who〉をthat boyの後に置くことで〈どんな少年〉を表すかたまりを訳すことができます。

　　［速く走っている］あの少年＝that boy who is running fast
　　that boy　　　　　　running fast［かたまり］
　　あの少年〈どんな少年〉速く走っている＝速く走っているあの少年

　　That boy is running fast.［文］
　　あの少年は速く走っています

　　that boy　〈who〉　is running fast［かたまり］
　　あの少年〈どんな少年〉速く走っている＝速く走っているあの少年

解説します。

　英語では、主語の後ろに動詞またはbe動詞があれば、**文**になりますが、もしなければ、そのところで、〈どんな少年〉のような疑問が生まれるので、1つのかたまりを表す英語になるのです。

485

これだけは覚えましょう

「みんなが好きなあの少年」

この日本語を英語に訳したい時は、このまま関係代名詞を使って訳すか、または、同じ内容を表す別の日本語を作り、その日本語を関係代名詞を使って表すことができます。

(1) みんなが好きなあの少年＝みんなによって好かれているあの少年

（みんなが好きな）あの少年［かたまり］

あの少年から始まる日本文に書き換えることができないので、みんなはから始まる日本文を作ります。

みんなはあの少年が好きです。［文］

Everyone likes that boy.

（みんなが好きな）あの少年［かたまり］

①that boy　　　　everyone likes［かたまり］
　　あの少年〈どんな少年〉みんなは好きです＝みんなが好きなあの少年

〈だれを〉という疑問が生まれるので、that boy の次に〈whom〉を入れます。

②that boy　whom　everyone likes［かたまり］
　　あの少年〈どんな少年〉みんなが好きなあの少年

(2) （みんなによって好かれている）あの少年［かたまり］

あの少年はみんなによって好かれています。［文］

That boy　is liked by everyone.　［文］
　　　　　みんなによって好かれている

〈だれが〉という疑問が生まれるので、〈who〉を that boy の次に入れます。

　　①that boy who is liked by everyone［かたまり］

that boy の後ろにある who is を省略しても同じ意味になります。

②that boy liked by everyone［かたまり］

ここが知りたい

（質問）that boy I know と that boy whom I know が同じ意味を表しているのはなぜですか。

（答え）次のように考えてください。

英語では that boy の次に動詞、または、be 動詞がきていれば文、そうでなければ 1 つのかたまりを表します。

　　that boy〈　　〉I know
that boy の次に動詞も be 動詞もないことから、〈どんな少年かな〉という疑問が生まれるので、私が知っているあの少年という意味のかたまりになるのです。

　　that boy whom I know
の場合は、〈whom〉が〈どんな少年かな〉を表す言葉なので、私が知っているあの少年になるのです。

　これらのことから、that boy I know と that boy whom I know が同じ意味を表す理由がわかっていただけると思います。

（質問）that boy who is liked by everyone と that boy liked by everyone が同じ意味になるのは、liked が動詞でないと言うことなのでしょうか。

（答え）この場合の liked は like（好きです）という動詞の過去形ではなく、liked（好かれている）という意味で使われている形容詞の意味を持った過去分詞形であると考えてください。

　このことから、前に be 動詞が省略されていると考えることができます。もし前に be 動詞があれば、完全な**文**になります。

That boy is liked by everyone.(あの少年はみんなによって好かれています。)

is がなければ、1つのかたまりになります。

that boy 〈どんな少年〉 liked by everyone ［かたまり］
あの少年　　　　　　　　みんなによって好かれている
＝みんなによって好かれているあの少年

(問題) 次の日本語を英語に訳してください。

　1つめは、関係代名詞を使って、2つめは関係代名詞を省略した英語になります。

(1) 私が救助したあの少年

　　〈ヒント〉saved ［セーィヴドゥ］救助した

　　① _____
　　② _____

(2) 私によって救助されたあの少年

　　〈ヒント〉saved ［セーィヴドゥ］救助された　by ［バーィ］〜によって

　　① _____
　　② _____

(解答と解説)

(1) あの少年から始まる日本文を作ることができないので、次のように考えることができます。

　　あの少年〈どんな少年〉私が救助した
　　that boy　　　　　　　I saved

　　I saved（私が救助した）〈だれを〉という疑問が生まれるので、that boy の次に whom を置くことができることがわかります。

　　① that boy whom I saved
　　② that boy I saved

(2) あの少年は私によって救助された ［文］
That boy was saved by me. ［文］
私によって救助された〈だれが〉という疑問が生まれるので、
〈who〉を that boy の次に置けばよいことがわかります。
［私によって救助された］あの少年
あの少年の説明の部分が2単語以上ある時は、that boy ［2］ の
パターンで訳せるので、次のようにすることができます。
that boy ［saved by me］
① that boy who was saved by me
② that boy saved by me

8 who、whose、whom と which、whose、which の使い分け方について

これだけは覚えましょう

人の場合は、who、whose、whom と関係代名詞が変化します。
物の場合は、which、whose、which と関係代名詞が変化します。

ここが大切

[人の場合]
(1) that boy (　　) can run
(2) that boy (　　) name is Tony
(3) that boy (　　) I know

下線のところの英語を日本語に訳すと、疑問が生まれます。

(1) 走ることができる　〈だれが〉
(2) 名前はトニー　　　〈だれの〉
(3) 私は知っている　　〈だれを〉

このことから、(1) の (　　) には who、(2) の (　　) には whose、(3) の (　　) には whom が入ることがわかります。

[物や動物の場合]
(1) that dog (　　) can swim well
(2) that dog (　　) name is Rex
(3) that dog (　　) I know well

下線のところの英語を日本語に訳すと、疑問が生まれます。

第16章 関係代名詞について

（1）じょうずに泳げる　　〈何が〉
（2）名前はレックス　　　〈何の〉
（3）私はよく知っている　〈何を〉

このことから、(1) の（　　）には which、(2) の（　　）には whose、(3) の（　　）には which が入ることがわかります。

では、which、whose、which を使って英語に訳してみたいと思います。
　　(1) じょうずに泳ぐことができるあの犬
　　(2) レックスという名前のあの犬
　　(3) 私がよく知っているあの犬

(1)（じょうずに泳ぐことができる）あの犬［かたまり］
文にしてから、関係代名詞を入れて、**かたまり**に戻します。
　　あの犬はじょうずに泳ぐことができます。［文］
　　That dog can swim well.（じょうずに泳ぐことができる）
下線のところの日本語に対して、〈何が〉という疑問が生まれるので〈which〉を that dog の次に入れれば、**文がかたまり**になります。
　　（答え）that dog which can swim well
(2)（Rex という名前の）あの犬［かたまり］
　　あの犬の名前は Rex です。
　　That dog's name is Rex（の名前はレックス）
〈何の〉という疑問が生まれるので、〈whose〉を that dog の次に入れればでき上がり。
　　（答え）that dog whose name is Rex
(3)（私がよく知っている）あの犬［かたまり］
私がから始まっている場合は**文**にならないので、次のように考えてください。

491

<u>あの犬</u> 〈どんな犬〉私が知っている 〈どれぐらい〉よく
that dog   　　　　　I know 　　　　　　　　well
　　　　　　　私は知っている

〈何を〉という疑問が生まれるので、〈which〉を that dog の次に入れます。

　（答え）that dog which I know well

　関係代名詞を使っていろいろな日本語を英語に訳してみましょう。

これだけは覚えましょう

　「私は(じょうずに英語を話すことができる)あの少女が好きです。」
　このような日本語を英語に訳したい時は、まず大きなかたまりに下線を引きます。
　<u>(じょうずに英語を話すことができる) あの少女</u> ［かたまり］
次に、このかたまりの部分を (A) と置き換えて考えます。
　「私は A が好きです。」
　I like A.
最後に A のところを英語にすればでき上がりです。
　<u>(じょうずに英語を話すことができる) あの少女</u> ［かたまり］
　あの少女はじょうずに英語を話すことができる。
　That girl 　<u>can speak English well.</u> 　［文］
　　　　　　　英語をじょうずに話すことができる

〈だれが〉という疑問が生まれるので、who を that girl の次に入れます。

　（答え）I like that girl who can speak English well.

　「<u>(英語をじょうずに話すことができる)あの少女</u>は立野さんです。」
かたまりを A とします。

第16章　関係代名詞について

（英語をじょうずに話すことができる）あの少女［かたまり］

That girl who can speak English well［かたまり］

A は立野さんです。＝A is Miss Tateno.

A を That girl who can speak English well と置き換えます。

（答え）That girl who can speak English well is Miss Tateno.

ここが大切

「私が好きなあの少年はあなたを好きです。」

　この日本語を英語に訳す時、次のように考えるとよくわかります。この日本語が一番言いたいことは何かを考えます。

　「あの少年はあなたを好きですよ。」を言いたいことがわかれば、これをまず英語に訳します。すると、次のようになります。

　　That boy likes you.

次に、まだ訳していないところを次のように考えます。

　　私が好きなあの少年―あの少年＝私が好きな

　　あの少年＝私が好きな

　　that boy　　　I like

　　that boy　　　I like

　　　　　　　　私は好きです

〈だれを〉という疑問が生まれていることから、that boy〈whom〉I like にすればよいことがわかります。この英語を先ほどの英語の中にもどします。

　あの少年はあなたを好きです。

　That boy likes you.

　私が好きなあの少年はあなたを好きです。

　That boy whom I like likes you.

　このように考えると、like likes となっていても、このままで正しい英文であるということがわかります。

493

9 関係代名詞の入っている英文を日本語に訳す練習をしてみましょう

ここからは、関係代名詞の入っている英文を日本語に訳す練習をしてみたいと思います。

これだけは覚えましょう

(1) that boy who can speak English
(2) that boy whose hair is black
(3) that boy whom I know

人の場合は who、whose、whom、物の場合は which、whose、which、このような関係代名詞を見たら、どんな人かな、またはどんな物かなと思ってください。そして、最後に1つのかたまりのように訳します。

(1) that boy 〈who〉 can speak English
    あの少年 〈どんな少年〉 英語を話すことができる
    ＝（英語を話すことができる）あの少年［かたまり］

(2) that boy 〈whose〉 hair is black
    あの少年 〈どんな少年〉 髪は黒い
    ＝（髪の黒い）あの少年［かたまり］

(3) that boy 〈whom〉 I know
    あの少年 〈どんな少年〉私は知っている
    ＝私が知っているあの少年

第16章 関係代名詞について

ここが大切

　文の場合には、I know を私は知っていると訳しますが、かたまりの中に出てくる時は、I know を私が知っていると訳してください。

(問題) 次の英文を日本語に訳してみましょう。
(1) That boy who can swim well is Tony.
　　〈ヒント〉swim [スウィム] 泳ぐ　well [ウェオ] じょうずに

_____

(2) That girl whose name is Tateno can speak English.

_____

(3) I like that boy whom you like.

_____

　解説します。
(1) That boy 〈who〉　　can swim well　　+　is Tony
　　あの少年 〈どんな少年〉じょうずに泳ぐことができる　トニー君です
　　じょうずに泳ぐことができるあの少年　トニー君です。
　　(答え) じょうずに泳げるあの少年はトニー君です。
(2) That girl　whose　name is Tateno　can speak English.
　　あの少女 〈どんな少女〉　名前は立野　　英語を話すことができる
　　立野という名前のあの少女　英語を話すことができる
　　(答え) 立野という名前のあの少女は英語を話せます。
(3)　I like　　　　that boy　whom　　you like
　　私は好きです〈だれを〉あの少年〈どんな少年〉あなたが好きな
　　私は好きですよ、　あなたが好きなあの少年を
　　(答え) 私はあなたが好きなあの少年を好きです。

495

ここが大切

[文]

(1) The boy's voice is good.（その少年の声はよい。）
(2) The boy's name is Tony.（その少年の名前はトニーです。）
(3) The boy's hair is black.（その少年の髪は黒い。）
(4) The boy's father is a teacher.（その少年のお父さんは先生です。）
(5) The boy's bike is red.（その少年の自転車は赤い。）
(6) The boy's dog is black.（その少年の犬は黒い。）

[かたまり]

(1) the boy whose voice is good
　　（よい声の少年）または（よい声を<u>している</u>その少年）
(2) the boy whose name is Tony
　　（名前がトニーのその少年）または（トニー<u>という</u>名前のその少年）
(3) the boy whose hair is black
　　（黒い髪のその少年）または（黒い髪を<u>している</u>その少年）
(4) the boy whose father is a teacher
　　（お父さんが先生のその少年）または（お父さんが先生を<u>している</u>その少年）
(5) the boy whose bike is red
　　（赤い自転車を<u>持っている</u>その少年）
(6) the boy whose dog is black
　　（黒い犬を<u>飼っている</u>その少年）

　解説します。
　whoseがきている場合、時と場合によって訳し方が違ってきます。

第16章 関係代名詞について

これだけは覚えましょう

(1)　<u>黒い髪のあの少年</u>　(2)　<u>黒い髪をしているあの少年</u>が同じ意味を表していることから、英語に訳す時も、

　　あの少年の髪は黒い。[文]

　　That boy's hair is black. [文]
　　　　　　の髪は黒い

〈だれの〉という疑問が生まれるので、〈whose〉を使って**文**を<u>かたまりにする</u>ことができます。

(1) that boy 〈whose〉 hair is black [かたまり]

　　あの少年は黒い髪をしています。[文]

　　That boy　has black hair. [文]
　　　　　　黒い髪をしています

〈だれが〉という疑問が生まれるので、〈who〉を使って**文**をかたまりにすることができます。

(2) that boy 〈who〉 has black hair [かたまり]

<u>黒い髪をしているあの少年</u>を関係代名詞を使わずに訳すこともできます。<u>who has</u> の代わりに <u>with</u> を使えば、同じ意味を表せます。以上のことから、次のようになります。

　　黒い髪のあの少年＝黒い髪をしているあの少年

① that boy whose hair is black
② that boy who has black hair
③ that boy with black hair

中学校では習いませんが、次のように訳すこともできます。

④ that black-haired boy

<u>黒い髪の</u>という単語を <u>black-haired</u> で表しているのです。

10 who、whom、which の代わりに使うことができる that

　who、whom、which の代わりに使うことができる関係代名詞に that があります。

　that は、人の場合も物や動物の場合にも使うことができます。この本では、できるだけ who、whom、which の使い分けがしっかりできるようにという私の願いから、that についてはあえて説明していません。ただし、who、whom、which よりも that を使う方がよいと英文法で教えているものもあります。

これだけは覚えましょう

(1) 私が持っているすべてのお金
　　all the money (that) I have
(2) 私が知っているすべてのこと
　　all (that) I know
(3) 私が知っている唯一のこと
　　the only thing (that) I know
(4) 私が持っている物は何でも
　　anything (that) I have
(5) 私が持っているすべての物
　　all (that) I have

第16章 関係代名詞について

(6) 私が知っている一番背が高い少年

the tallest boy (that) I know

単語　money [マニィ] お金　know [ノーゥ] 〜を知っている
the only thing [ヂィ オーゥリィ**シィン**・] 唯一のこと
anything [**エ**ニィシィン・] 何でも

ここが知りたい

(質問) that を使った方がよいと考えられているものでも、who、whom や which を that の代わりに使うこともできるのでしょうか。

(答え) 実際には、学校でこの場合は、that を使わなければいけないと習うものでも、who、whom、which を使うことはよくあるようです。

(質問) 人の場合に who, whom, 物や動物の場合に which を使うと習いましたが、人や動物が関係代名詞の前にくる時は何を使えばよいのですか。

(答え) 人が who、whom、物や動物が which なので、**人と動物**の場合は、どちらにすればよいかわからないので、**that** を使います。

コミュニケーションのための英語情報

the only student who can speak French
(フランス語を話せる唯一の学生)
all the students who can speak English
(英語を話せるすべての学生)

　学校英語では、the only〜that、all〜that を使うように教えていますが、実際に that 使う人は全体の1/3ぐらいにすぎず、2/3の人は

who を使うようです。

ここを間違える

あなたの部屋でテレビを見ているあの少年はだれですか。

[△] Who is that boy who is watching TV in your room?

[○] Who is that boy that is watching TV in your room?

のように、who が 2 個くる場合の関係代名詞の who は that にした方がよいと言われています。

単語 watching TV［ワッチン・ティーヴィー］テレビを見ている

解説します。

1 つめの who は、**だれ**という意味の単語で、2 つめの who は関係代名詞です。

実際の会話では、that よりも who を使う人が多いようです。

11 2つの英文を関係代名詞を使って1つにする方法

関係代名詞を使って2つの英文を1つの英文にすることができます。そのような時に便利なのが次の公式です。この公式は私が作ったものです。

これだけは覚えましょう

[長沢式 2つの英文を1つにする公式]

```
はじめから___から___へ 右(の文) 左(の文)
    せん    せん   みぎ    ひだり
```

この公式の使い方を説明します。

(1) I have a friend.　　　　　She lives in Kumamoto.
　　(私にはある友だちがいます。)　(彼女は熊本に住んでいます。)

(2) The friend is Kaoru.　　　She likes movies.
　　(その友だちはかおるさんです。)　(彼女は映画が好きです。)

発音　friend [フゥレンドゥ]　映画 movies [ムーヴィーズ]

[ホップ]

まず、名詞と同じ意味を表している代名詞に下線を引きます。
この時、名前には下線を引かないでください。

(1) I have a friend.　　　　　She lives in Kumamoto.

(2) The friend is Kaoru.　　　She likes movies.

[ステップ]
はじめから＿＿から＿＿へ　右（の文）　左（の文）の公式を使って1つにします。
(1) I have a friend.   She lives in Kumamoto.
　　はじめから　　線から　　線へ　　　　　右の文
(2) The friend　She　likes movies　is Kaoru.
　　はじめから線から　線へ　　　右の文　　　　左の文

[ジャンプ]
代名詞の代わりに関係代名詞を入れるとでき上がりです。
(1) I have a friend 〈she〉 lives in Kumamoto.
(2) The friend 〈she〉 likes movies is Kaoru.
she（彼女は）という単語なので、who（だれは、だれが）という関係代名詞を she の代わりに入れれば完成です。

（答え）
(1) I have a friend 〈who〉 lives in Kumamoto.
　　（私には熊本に住む友だちがいます。）
(2) The friend 〈who〉 likes movies is Kaoru.
　　（映画を好きなその友だちはかおるさんです。）

第16章 関係代名詞について

これだけは覚えましょう

代名詞は、次のような関係代名詞に変えることができます。

| he(彼)
she(彼女)
they(彼ら)
we(私たち) | who | his(彼の)
her(彼女の)
their(彼らの)
our(私たちの) | whose | him(彼を)
her(彼女を)
them(彼らを)
us(私たちを) | whom |

[長沢式 代名詞を関係代名詞に変える方法]

(1) that friend (　　) likes movies
(2) that friend (　　) name is Kaoru
(3) that friend (　　) I know

(　　) の次の英語を日本語に訳します。そしてどんな疑問が生まれるかを確かめます。

(1) likes movies (映画が好きです) 〈だれが〉 なので、who
(2) name is Kaoru (名前がかおる) 〈だれの〉 なので、whose
(3) I know (私は知っています) 〈だれを〉 なので、whom

(問題) 次の2つの英文を関係代名詞を使って1つにしてください。気をつけていただきたいことは、名前には下線を引かないでください。

(1) Mr. Nagasawa is a teacher.　　We know him well.
　　(長沢さんは先生です。)　　　　(私たちは彼をよく知っています。)
　　(答え) ＿＿＿＿＿＿＿＿＿＿＿＿＿＿＿＿＿＿＿＿＿＿

(2) I know a boy.　　　　　　　　His name is Shintaro.
　　(私はある少年を知っています。) (彼の名前は慎太郎です。)
　　(答え) ＿＿＿＿＿＿＿＿＿＿＿＿＿＿＿＿＿＿＿＿＿＿

(3) That doctor is Aoi Wada.　　　　　She is dancing.
　　（あのお医者さんは和田あおいさんです。）（彼女は踊っている。）
　　（答え）_____

解説します。
(1) Mr. Nagasawa is <u>a teacher</u>. We know <u>him</u> well.
　　Mr. Nagasawa is　<u>a teacher</u>　<u>him</u>　we know well.
　　　　はじめから　　　　　線から　　線へ　　右の文
　　（答え）Mr.Nagasawa is <u>a teacher</u> <u>whom</u> we know well.
(2) I know <u>a boy</u>. <u>His</u> name is Shintaro.
　　I know　<u>a boy</u>　<u>his</u>　name is Shintaro.
　　　　　　線から　　線へ　　　　右の文
　　（答え）I know <u>a boy</u> <u>whose</u> name is Shintaro.
(3) <u>That doctor</u> is Aoi Wada. <u>She</u> is dancing.
　　<u>That doctor</u> <u>she</u>　is dancing　is Aoi Wada.
　　　　　　　　右の文　　　　　左の文
　　（答え）<u>That doctor</u> <u>who</u> is dancing is Aoi Wada.

第16章 関係代名詞について

12 関係代名詞がよく省略される英文

関係代名詞が省略されている場合がよくあります。

これだけは覚えましょう

▲のところに that が省略されています。

(1) You are all ▲ I need.
　　（あなたは私が必要なすべてです。＝私が必要なのはあなただけです。）

(2) Is that all ▲ you have to say?
　　（あなたが言いたいのはそれだけですか。）

(3) That's all ▲ I know.
　　（それが私が知っているすべてです。＝それだけしか私は知りません。）

(4) That's the only thing ▲ I know.
　　（それだけしか私は知りません。）

(5) This is all the money ▲ I have now.
　　（これが今私が持っているすべてのお金です。）＝（これだけしか今私が持っているお金はありません。）

(6) This is the only money ▲ I have now.
　　（これが私が今持っている唯一のお金です。）＝（私が今持っていお金はこれだけしかありません。）

(7) All ▲ you have to do is (to) study.
　　（あなたがしなければいけないすべてのことは勉強することです。）＝（あなたは勉強するだけでよいのです。）

505

(8) All ▲ I can do is (to) give you some advice.
　　(私ができるすべてはあなたにアドバイスをしてあげることです。)
　　＝ (私ができるのは、あなたにアドバイスをしてあげることだけですよ。)

　解説します。

　All you have to do is の次にくる単語は、文法的には to を入れなければならないのですが、慣用的に to を省略することが多いようです。

第16章 関係代名詞について

13 関係代名詞を使った会話に使える英語表現

これだけは覚えましょう

●会話に使える英語表現

(1) Take the street which goes to the right.
 （右の方へ行く通りをとりなさい。）＝（その通りを右に行きなさい。）

(2) Be sure to take the train which says "Osaka."
 （大阪と書いてある電車に必ず乗りなさいよ。）

(3) Thank you for everything ▲ you've done for me.
 （私のためにあなたがしてくださったすべてのことに感謝です。）＝（何から何までありがとうございます。）

(4) Is there anything ▲ you'd like to add?
 （何か付け加えて言っておきたいことはありますか。）

(5) You look like someone ▲ I know.
 （あなたは私が知っている人によく似ています。）

(6) I know someone who looks like you.
 （私はあなたによく似た人を知っていますよ。）

(7) I know someone who likes you.
 （私はあなたを好きな人を知っていますよ。）

(8) Do you know a teacher whose name is Neda Hitoshi?
 （あなたは根田仁という先生を知っていますか。）

発音 goes［ゴーゥズ］ street［スチュリートゥ］ says［セッズ］
add［エァッドゥ］ enything［エニィすィン・］ everything［エヴゥリィすィン・］

507

someone [サムワンヌ]

解説します。
you've done（あなたはした）〈何を〉
you'd like to say（あなたは付け加えたい）〈何を〉
you know（あなたは知っている）〈だれを〉
ような疑問が生まれる時は、関係代名詞がよく省略されます。

第16章 関係代名詞について

14 関係代名詞を使った愛の表現

これだけは覚えましょう

●関係代名詞を使った愛の表現

▲のところには関係代名詞が省略されています。

(1) It seems that I've finally met a person ▲ I really like.
（私は私が本当に好きな人についに出会ったみたいですよ。）

(2) You are the one who stole my heart.
（あなたが私のハートを盗んだ人です。）
＝（私のハートを盗んだのはあなたです。）

(3) You are the one who brings me good luck.
（あなたは私に幸運を運んでくる人です。）
＝（あなたは私にとって幸せの青い鳥ですよ。）

(4) You are the only one ▲ I can talk to without hiding my character.
（あなたは私の性格を隠さないで私が話ができる唯一の人ですよ）
＝（私が地を隠さずに話をできるのはあなただけなんですよ。）

(5) Since I first met you I've thought you were the one ▲ I was looking for.
（私があなたにはじめて出会った時から、私は私が求めているその人だと思っていたんだよ。今でもそう思っているよ。）

発音 seems [スィームズ] finally [ファーィナリィ] met [メットゥ]
person [パ〜スンヌ] really [ゥリアリィ] stole [ストーゥオ]

509

heart [ハートゥ]　brings [ブゥリングズ]　luck [ラック]　without [ウィざーゥトゥ]
hiding [ハーイディン・]　character [キャゥラクタァ]

（1）It seems that〜．〜のように見える、という意味でこの場合のthat は、**〜ということ**を表す単語で関係代名詞ではありません。

（5）Since I first met you の Since は現在完了形といっしょに使う単語で、since**〜からずっと今まで**という意味なので、Since I first met you で、私はあなたにはじめて出会ってから今まで、という意味を表しています。

著者略歴
長沢寿夫
1980年　ブックスおがた書店のすすめで、川西、池田、伊丹地区の家庭教師をはじめる。
1981年〜1984年　教え方の研究のために、塾・英会話学院・個人教授などで約30人の先生について英語を習う。その結果、やはり自分で教え方を開発しなければならないと思い、長沢式の勉強方法を考え出す。
1986年　旺文社『ハイトップ英和辞典』の執筆・校正の協力の依頼を受ける。
1992年　旺文社『ハイトップ和英辞典』の執筆・校正のほとんどを手がける。
[主な著書]『中学3年分の英語をマスターできる101の法則』『CD BOOK 大人のためのやりなおしの英語』『すっきりわかる中学・高校英語』『CD BOOK 音読で身につける英文法』『CD BOOK 英語の発音すぐによくなる105のコツ』『CD BOOK はじめての人の英語』『CD BOOK 英作文を話してみたら英会話ができる』『ゼロからわかる中学英語パーフェクトブック』『とことんわかりやすく解説した高校3年分の英語』『中学3年分の英語ととことんおさらいできる問題集』『とことんおさらいできる中学3年分の英単語』
[以上ベレ出版]
●校正協力　丸橋一広

とことんわかりやすく解説した中学3年分の英語

2005年8月25日　初版発行	
2010年7月6日　第21刷発行	
著者	長沢寿夫
カバーデザイン	竹内雄二
© Toshio Nagasawa 2005. Printed in Japan	
発行者	内田眞吾
発行・発売	ベレ出版 〒162-0832 東京都新宿区岩戸町12レベッカビル TEL　03-5225-4790 FAX　03-5225-4795 ホームページ http://www.beret.co.jp/ 振替 00180-7-104058
印刷	三松堂印刷株式会社
製本	根本製本株式会社

落丁本・乱丁本は小社編集部あてにお送りください。送料小社負担にてお取り替えします。

ISBN978-4-86064-097-2 C2082　　　　　編集担当　綿引ゆか

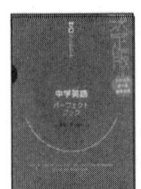

ゼロからわかる
中学英語パーフェクトブック

長沢寿夫 著

四六並製／定価1470円（5％税込） 本体 1400円
ISBN4-86064-036-5 C2082

すっかり忘れてしまった人はもちろん、英語をまったく知らない人でも中学3年分の英語を一人で学べる本です。英単語が読めない、英語の文の仕組みがまったくわからない人でも大丈夫。ABC、発音の仕方から、文法項目ひとつひとつを、長沢式独自の方法で噛み砕いて解説していきます。ゼロから中学英語のすべてを身につけられる決定版です。

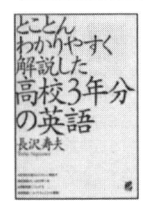

とことんわかりやすく解説した
高校3年分の英語

長沢寿夫 著

四六並製／定価2100円（5％税込） 本体 2000円
ISBN978-4-86064-126-9 C2082　■ 608頁

『とことんわかりやすく解説した中学3年分の英語』の高校英語編です。高校3年間で習う文法を網羅し、教科書どおりの順番ではなく、より理解しやすい構成で丁寧に解説していきます。高校で習う5文型や前置詞など、各項目を数ページにわたって詳しく解説しているのは本書だけです。学生も大人の人も、高校英語を使える英語としてしっかりと学べる本です。

長沢英語 Fax 塾

定期的に英語を習いたい人がありましたら、自己アピール＋Fax 番号または電話番号＋都合のよい時間を書いて0795-52-3314に Fax してください。こちらからご連絡いたします。